文化名家暨『四个一批』人才工程自主选题资助项目

经典伴书香

JINGDIAN BAN
SHUXIANG

游苏宁—— 著

人民出版社

内容简介

本书作者是一名出版行业的领军人物、"韬奋出版奖"获得者,他在浩如烟海的书籍中遴选出精品图书,并撰写书评。从名家传略及政论佳作、经典佳作及人生哲理、健康人生及趣味科学到管理实践及未来科技约百部经典好书评论,既体现了作者对好书的热诚关注和思考,又体现了作者对编辑出版工作与其他文化领域关系的通识;思于细者而不忘其大,突出重点而不略全面。

阅读本书,由衷地感到作者读书之广、学识之宏、评书之勤。韩愈在《进学解》中所说"业精于勤""行成于思",于本书可为印证。而本书的出版,也必将有助于书评的健康发展,有助于引导广大读者多读书,读好书。

作者简介

1985 年毕业于同济医科大学后加盟中华医学会杂志社，从事编辑工作 30 年，曾任杂志社社长兼总编辑，中国科技期刊编辑学会副理事长，现任中国期刊协会副会长，《编辑学报》副主编。2002 年获得第四届"全国百佳出版工作者"，2006 年获得"韬奋出版奖"，2007 年获得"国务院特殊津贴"，2008 年荣获首届中国出版政府奖"优秀出版人物"及"全国新闻出版行业领军人才"，2009 年荣获"百名突出贡献的新闻出版专业技术人员"称号，2011 年入选全国宣传文化系统"四个一批"人才，现任全国多所著名大学的特聘教授。近年来一直关注和参与全民阅读工程，微信公众号"老游评书"广受读者欢迎。

　　每年的 4 月 23 日都是读书人的节日，回顾自己伴随"世界读书日"度过的十年光阴，感慨万千。2007 年 4 月 23 日，在"世界读书日"到来之际，中宣部等 17 个部门联合发出倡议：以"同享知识，共建和谐"为主题，开展全民阅读活动，在全社会大力倡导多读书、读好书。为此，《光明日报》特邀全国知识界名家向读者推荐阅读书目。自己有幸作为其中一员向读者推荐了个人非常喜欢的《中国人史纲》和《思维的乐趣》。《中国人史纲》是我国台湾作家柏杨先生最重要的著作。该书完成于监狱之中，以近 80 万字的篇幅，讲述和评论了从盘古开天地的神话时代到 20 世纪元年八国联军入侵北京的整部中国历史。柏杨先生不仅能够洞察历史，而且以作家驾驭语言的娴熟能力，深入浅出地把它叙述出来。该书是一部历史文学著作，把中国历史抖散了给你看，而且它绝非晦涩难懂，是大多数人都可以理解的史书。特立独行的王小波也是自己非常喜欢的作家，《思维的乐趣》是其经典之作。王小波的作品有两大特征，一是自由性，二是理性。王小波是以一个经济学者的身份研究社会和人文科学，在他身上，理性的思维和人文的特质达到了完美的统一，并且这种结合还带给读者独辟蹊径的角度。他把复杂的社会问题用数学思维进行逻辑推理，从而呈现其本源面貌。他不是用叙述故事而是用叙述传奇的方法，文字往往跳离上下语境到一定高度然后又折回，使人在阅读的不经意间将古与今、真与幻流转沟通，在阅读和思索之中，带给你思维的乐趣。2008 年 4 月 23 日，自己凭借《读书是自己一生的嗜好》一文入选中宣部、新闻出版总署"读一本好书"有奖征文活动 100 篇获奖征文。回首来路，正是十年磨一剑的"书香中国"读书活动使得自己的人生更加充实。

　　古人云：独乐乐不如众乐乐。为了分享自己的读书心得，几年

自　序
立志读书郎　书香伴终生

　　作为一位好读书不求甚解的读书人，窃以为阅读对人成长的影响巨大，人的精神发育史无疑是他本人的阅读史；而一个民族的精神境界，在很大程度上取决于全民族的阅读水平。少时爱读书，更多的是学习知识，从书本中寻求未知世界的答案；随岁月流逝，在书友的陪伴下，不觉已知天命。回首往事，虽愧对5年医学院校的熏陶，未成良医；但30年的编辑生涯，使自己在"为人作嫁衣"的不归之途上乐此不疲。渐渐地，读书已是生活中不可或缺的一部分，不仅是享受，更是一种人生的习惯。

　　如今地球上增长最快的就是人类生产的信息量，一个世纪以来，新的信息以每年66%的速率增长，而在信息丰富的世界里，唯一稀缺的资源就是人类的注意力。正如著名作家茨威格在20世纪初就指出的，如今新的生活方式扼杀了人类各种内在的专心致志，就像一场森林大火把动物驱赶出自己最隐蔽的窝一样。古往今来，众多志士仁人都对读书乐此不疲，究其缘由，星云大师总结得非常精辟：所谓开卷有益，即只要我们善择好书，多读书必然对自己的人生有很大的助益，因为书中有知识、有明镜、有前途、有世界、有方法。

来分别在《中华医学信息导报》等刊物开设了书评专栏。今年恰逢
"世界读书日"到来之际，自己开设的"老游评书"这一微信公众
号得以上线，作为一种新的尝试，在分享自己悦读感悟的同时，更
期待着朋友们的热情关注和不吝指教。

扫 一 扫，
关注"老游评书"
公众号，你将与
作者一道关注好
书，与智慧相伴

目　录

II　经典佳作及人生哲理篇

Ⅲ　健康人生及趣味科学篇

Ⅳ　管理实践及未来科技篇

Ⅰ 名家传略及政论佳作篇

辉煌传奇的人生再现　知行合一的心学大师

——《王阳明：知行合一的心学大师》

伴随着难见天日的重度雾霾，笔者在抑郁的氛围中迎来了丁酉年的新年。欣遇强劲的北风，还北京一个晴空万里、阳光普照的假期，也满足了自己在阳台上品茗读书、自娱自乐的小目标。今年的春节，阅读了刚刚面世的新书《王阳明：知行合一的心学大师》。它是王阳明及其思想学说的个人传记。王阳明是我国明代著名的文学家、哲学家、思想家、政治家和军事家，创立了以"良知"为本体，以"知行合一"为实践准则，以"致良知"为实践目标的"阳明心学"，为儒家思想的发展作出了卓越的贡献。该书按时间顺序记述了他跌宕起伏的一生，在经历了当众廷杖的奇耻、下狱待死的恐惧、流放"南蛮"

的绝望、瘟疫肆虐的危险、荒山野岭的孤寂、无人问津的落寞、
龙场悟道的狂喜和圣人得道的平静之后，他不但求得了内心的安
宁，而且逐渐通过知行合一拥有了足以改变世界的力量。该书作
者端木自在是一位勤奋做事，冷眼观人，自在处事者。他高超的
汉语运用技巧，时而幽默诙谐，时而云霞满纸，令该书有很强的
可读性。掩卷而思，感慨颇多，建议感兴趣者不妨开卷一试，必
将不虚此行。

读书只为做圣贤

　　作者以翔实的史料、动人的笔触、引人入胜地介绍了王阳明传
奇的一生，真可谓满篇华章再忆旧。王阳明出生于浙江余姚的一个
书香门第，其父曾状元及第。凭借机敏与过目成诵的天赋，加上后
天的勤学努力，他在年少时就彰显卓尔不群之才。然而，其在追求
功名之路上非常坎坷。多次参加科举考试，尽管其学富五车、才华
横溢，但丰满的理想屡次败给骨感的现实，从而使他明白：科举的
实质不过是政治工具而已，在政治与欲望面前，人总是牺牲品，良
心则属于奢侈品。既然光阴不能虚度，理想不容亵渎，那就只能在
有限的空间和时间里，做无限可能的事情。针对身体欠佳的情况，
他坚持先强身，再奋斗，这样才能使得奋斗和奉献更长久。他终生
信奉天下第一等事是做圣贤，而圣人之交淡若水，在博览群书的同
时广结圣贤。秉持见贤思齐之心，与高人秉烛夜谈，惺惺相惜。他
为人的风格是专心致志，很早就已经学会站在圣人的肩膀上思考自
己的问题，悟出圣人并非完人，权威也不一定是绝对真理。他很喜
欢"雨霁僧堂钟磬清，春溪月色特分明"的清静心界。他深信记忆
越是火热，当下就越显冷清。他坚信：参圣学、做圣人，不是要人

毁灭人性，恰恰相反，是要在保持人性的基础上守住心性。事实证明仕途虽无捷径可走，但王阳明却凭着良心、智慧与勇气为自己选择了一条只做圣贤的"绿色通道"。

先悟生死后悟道

王阳明的一生命运多舛。从前是状元郎的爱子，风光霁月、潇洒无限。后来仕途坎坷，发配途中沦落得颠沛无所，沿路乞讨。在而立之年仍无大绩，壮志未酬就已身陷囹圄，这对身为"官二代"又自诩为青年才俊的王阳明是一种精神和信仰上的重击。尽管肉体饱受折磨，但他坚信意志是战胜劫难的法宝，依旧保持了精神贵族的特点：苦中作乐，永不低头。因为他的铮铮铁骨，被视为"蒸不烂、煮不熟、锤不扁、炒不爆、响当当"的铜豌豆。他因被放逐而离开京城，一路向南，没有娱情河山，只有步履沉重；没有放歌，只有视悲壮为别离的笙箫。此时他无惧死亡，心中的热血仍在汩汩流淌。屡遭磨难使得他更加坚定信念：崖再陡也要攀登，水再深也要游弋。

当在湖中经历大风大浪时，他凭借科学的技巧、坚定的意志赢得了天命的垂青。他常言：输得起不可怕，不怕输的人却输不起才可怕。他从来不是空想派，而是行动家。他对朱熹倡导的"无事存养，静中体悟"之理笃信不疑。推崇儒家知生、尽道、闻道的人生观。坦言尽管生命的每一刻不能强求，却可尽量充实，只有"息有养，瞬有存"，才能超越死亡。尽管很多人追求"生如夏花之绚烂，死如秋叶之静美"，但王阳明认为其实生也可以很静美，死也可以很绚烂。肉体短暂的寿命终挡不住精神永存，生而无憾，再走向死的超脱。

一生心血致良知

王阳明一生虽历经艰险，却仍能秉持一颗圣心、两肩正气地前行，并乐得以此为修行。

在他看来，所谓"天理"就是内存于心的"良知"，认识事物的根本方法是"致良知"，就是用"良知"做标尺去衡量一切事物，从而认识事物的道理所在。人们一切善行态度背后的真正根源就是良知，但不是所有人的良知都会生来显现，而自己的使命就是不再让良知成为看不见、摸不着的空想和口号，而是让它升级为有行动效益的"致良知"。通过"致良知"，让良知成为人的具体想法，将真理"行"出来。他悟出世间万物竟是一体的，心与物与理都不分家，天地万物和万物的理都不在外面，而是在自己的心上。

所谓格物致知其实并非要以物为主体进行穷理，相反，"求理于吾心"才是正道，因为人心是一切的主体与主宰。他将人世间的一切战斗都当成心战，即与自己心中之贼作战。除了自身修养之外，授业解惑是他人生的另一大痴迷。他的弟子遍及天下，都是胸罗文章、胆照国家的志士，一样的生不逢时，一样的命途多舛，一样的不被世人理解，一样的不知与谁诉说衷肠。共同的学术信仰使他们产生极强的凝聚力和极度和谐的师生关系。为了将心学发扬光大，年届不惑的王阳明在贵阳书院郑重地将心学中的"知行合一"提上讲学日程。他强调，"知"是人的道德意识和思想意念，"行"是人的道德践履和实际行动，知是行的主意，行是知的功夫。不能将知行关系作为单纯的认识与实践的关系，不可切割二者，而是要"知中有行，行中有知，以知为行，知决定行"。因为有理想、有信仰、有相随，所以雪里寒梅、始终傲骨的王阳明在贵阳建立起心学和个人价值的坐标系，这无疑是他30年文化求索与思想沉淀的结晶。

我绘我心昭日月

该书详细解读了王阳明跌宕起伏的人生历程，带读者领略一位大儒的强大内心和精神境界，从而感悟到阳明心学蕴含的博大精深的生命智慧。

在受命剿匪的过程中，他发觉了人心不古、良知泯灭、道德崩盘、制度崩溃的本质，坦言自己最大的担忧是"破山中贼易、破心中贼难。"越过不惑之年，他潜心研究学问，一路7次升迁，却6次辞官。作为一位笔耕不辍的人中骐骥，他记录下毕生"我笔绘我心，我心昭日月"的壮丽和哀愁。随着成长与历练，他将诗意沉淀、凝练，幻化出更为美轮美奂的文字，给人以美的享受。作者借王阳明优美的词句对其文字进行了全面的总结：他的文字是优美的，"悬知再鼓潇湘舵，应是芙蓉湘水秋"；他的文字是安静的，"悬灯夜宿茅堂静，洞鹤林僧相对清"；他的文字是动感的，"隔溪岩犬迎人吠，饮涧飞猱踔树腾"；他的文字是流淌的，"相思若潮水，来往何时休"；他的文字很大气，"乞身已拟全师日，归扫溪边旧钓台"；他的文字很深刻，"莫道仙家全脱俗，三更日出亦闻鸡"；他的文字很空灵，"天机动处即生意，世事到头还俗尘"；他的文字很励志，"不为高堂双雪鬓，岁寒宁受北风欺"；他的文字有些无奈，"忧民无计泪空堕，谢病几时归海浔"；他的文字却又乐观，"千年熟一饮，欲饷岩中客"。读王阳明的文字，如欣赏一首荡气回肠的曲子，曲折、幽远又悠扬，更像听一位老者在回忆最真实的心事和人生历程。他用时而美艳时而通俗的语言讲述自己的人生故事，尽管有过抱怨、愤恨、无奈，但最终都归于中正平和。

神奇心学育后人

王阳明是中国历史上罕见的立德、立言、立功三不朽圣人。他创立的阳明心学集儒、道、佛三家之大成，500年来被国人认可为精妙的神奇智慧，可以用以修炼强大的内心，解决一切问题。

他认为儒、道、佛三家不相互排斥，而是"去其藩篱仍旧是一家"。儒是本宗，道与佛则是对儒的理解不深刻而分离出的思想。他的心学吸收了三大宗派的思想大宗，汲取了佛、道精华，更结合了儒家的治国思想和仁爱精神，之后又构建了自己的思想体系，其所抱主旨便是儒学。

王阳明将自己心学的思想宗旨提炼为四句话：无善无恶心之体，有善有恶意之动，知善知恶是良知，为善去恶是格物。这一主旨是放之四海而皆准的法则，其核心仍然是"致良知"。总而言之，阳明心学的精髓就是以"良知"为核心价值的道德自觉精神，以民为本的人文精神，和而不同、多元和谐的包容精神，强调"知行合一"的力行实践精神。他毕生都将儒家思想的"内圣外王"视为最高理想。对内，他要求自己要有高尚的道德修养；对外，他要求自己能够做出一番惊世伟业。他以自己的一生践行了通向圣人的旅程，立好言、立大德、立大功、致良知。笔者以为，在浮躁的当下，王阳明的心外无理、知行合一、致良知仍有助于人们除去心中之贼，帮助我们更好地磨砺世间事，实现自我道德修养与人格、人性的完满，到达天人合一的洒脱之境。

文学巨匠的真实人生　不堪回首的昨日世界

——《昨日世界：一个欧洲人的回忆》

作为医学院校的毕业生，尽管对文学有一定的偏好，但真正喜欢的外国文学作品大家屈指可数，对欧洲的历史和文学作品接触不多，也不甚了解。在自己阅读过其作品的作者中，最喜欢的非斯蒂芬·茨威格莫属。笔者不仅读过他不同体裁的多部作品，而且为几本重要的著作写过书评。尤其是读到他的自传《昨日世界：一个欧洲人的回忆》，感受颇深。

这是一本风格迥异的自传，记述的是整整一代人的命运。茨威格以敏感的情思和广博的视野编织了一幅20世纪初波澜壮阔的现代欧洲画卷。他以饱满真挚的感情、平实顺畅的文字叙述了他所结识的特定时期的志士仁人、亲身经历的社会政治事件，以及对那个动荡不安时代的切身感受。该书不仅记录了当时欧洲从第一次世界大战前夜到第二次世界大战危局的社会现实，披露了许多我们耳熟能详的世界文化名人鲜为人知的生活轶事，同时穿插了作者各种细腻的内心写照。先哲曾言：厚重的历史，每一页都写着重复。笔者以为，尽管昨日的世界已经逝去，但历史会将它永远珍藏。阅读此书不仅有助于了解历史，更能陶冶读者的人文情怀。正如推荐序所言："伟大的作品中总有某种永不过时的东西，吸引着人们一遍遍重读。"

风格迥异的个人自传

茨威格是奥地利著名小说家和传记作家，《昨日世界》是其代表作之一。他出身于富裕的犹太家庭，青年时期就浪迹天涯，游历世界各地，结识罗曼·罗兰和罗丹等人，并深受他们的影响。第一次世界大战时成为著名的和平主义者，极力倡导欧洲的统一。1934 年遭纳粹驱逐，先后流亡英国、巴西。1942 年在孤寂和理想幻灭中与妻子双双自杀。他生活在人类历史上空前动荡和风起云涌的 20 世纪，在他看来，所有的荒谬、正义、癫狂、激情、期待、绝望，那些历史具备的所有性格在短短的半个世纪间轮番纠缠着那片曾经有着纯真记忆的欧陆大地，将人类的命运一再逼向绝境。

一般而言，人们写自传是为了回顾自己的一生，为往事画上句号。但茨威格无意为自己立传，他一生对抛头露面深恶痛绝，因此书中几乎没有作者的私人生活。茨威格身上有一种非常高贵的品质，造就了他对"真善美"无与伦比地追求。他指出，每个阴影说到底也是光明的孩子，只有经历过光明和黑暗、和平与战争、兴盛跟衰败的人，才算真正生活过。他要写的是反映与他休戚与共的一代人的命运，以记述他身在其中的历史。正是茨威格饱含深情地触摸了历史和生命中每一个皱纹，为我们记录下那个望其首已遥不可及、抚其尾却尚未远去的时代，欧洲民众时而惴惴时而欢欣的目光。当饱受摧残并希望尽失后，他以深沉的笔调与他曾经视为骄傲和热爱过的一切作别。字里行间皆是昔日欧洲社会的文化荣光，一切属于那个已经消逝的昨日世界。此书完成后不久，茨威格便偕妻子一起离开了那个他们早已厌倦了的战火纷飞的世界。笔者以为，他的自传就像历史遗迹中的一株标本。在茨威格的笔下，读者不仅能鸟瞰辽阔的世界，领略昔日的社会风貌，结识逝去的博学鸿儒，还能体验到人性的温暖、情趣的高雅及见解的睿智。尼采曾言：瞬间即是永恒。尽管茨威格的生命之舟仅踏入历史长河中短暂的瞬间，但作为热切关怀人类共同命运的作家，他用生命诠释了其永恒的意义。

广交豪杰并见贤思齐

茨威格无疑是人类历史上最好的传记作家。在他颇具华丽的文化之旅中，一次次探访和旅行，将整个欧洲出类拔萃的文化名人串在了一起，为我们展示甚至炫耀了一次次伟大灵魂的风云际会。这是真正的"人类群星闪耀时"。回忆欧洲文化名人，是该书重要的部分。作为一位有广泛国际交游经历的人、一位热情洋溢的欧洲主义者、一位要做"世界公民"的人，茨威格的目的在于描绘亲眼目睹的世界。书中提到的人都是对塑造这个世界的贡献者。该书重点描述的是茨威格一生经历的各个时期的时代特点，可以视为他成长及成功的背景。

茨威格带着小说家的浪漫和对美好往事的眷恋，满怀深情地描绘了自己周游列国时结识的人中骐骥：年轻时遇到的天才诗人霍夫曼·斯塔尔，和他一起力主反战的罗曼·罗兰，还有高尔基、罗丹、里尔克、理查德·施特劳斯、弗洛伊德等。笔者以为，本书最华丽的元素无疑是茨威格对人物出神入化的描写。随手寥寥数笔，那个时代博学鸿儒们群星闪耀的鲜明形象便跃然纸上，如罗丹的一丝不苟，罗曼·罗兰的不求闻达、孜孜不倦的创作精神，里尔克的质朴平易，弗洛伊德的耿直真诚，施特劳斯的自知之明。茨威格在书中对这些名人的评价言简意赅且极为中肯，表明他观察精准、分析全面、评判公允。在饱含深情的笔下，读者看到了才华、朴素、雄浑及良心。茨威格在广交豪杰的同时身体力行地见贤思齐，越践行人生，越结识名流，越接触真正的作家，他就越谦虚和自律。

笔者认为，真诚的赞美有时恰恰是一个人能给予他人最慷慨的礼物。只有一切皆被于自身、善良自信而又有安全感的人，才能常常给出这份礼物，而且其中最难的便是真心赞美自己的同辈。茨威格尽其所能为那个时代的天才——作传，不怀任何私心，不惜使用那些他在小说里都少用的溢美之词和炽热之句，好像人类赞颂自然时那样的坦然，这种精神令人叹服。

写作秘诀的无私奉献

作为一位蜚声文坛、闻名遐迩的作家，茨威格一向为人低调，视声誉为浮云，一心精雕细刻，尽情享受创作传世佳作之乐，从不在乎轻烟薄雾似的虚名。他认为人们在自己生活中忘却的一切，其实是被一种内心的本能早已判决要予以忘却的东西。只有我们自己想要记住的东西，才有权利为别人留下来。他提倡通过翻译学习写作，通过翻译世界名著，认真学习异域名家的艺术精髓和独门绝技，注重从别人的著作和走过的道路中汲取养料。他特别强调通过语言的对比，可以加深对自己祖国语言的了解。他总结自己的写作风格是：在写书的初稿时，总是信笔写去，将心中所思所想的一切尽情创造出来。在写传记时，首先要充分利用所能找到的一切文献资料中的细枝末节，在初稿完成后才开始提炼和编排工作。他通过严格的自律保持作品的影响力，宁可把精力只用在比较狭小的文学形式上，但总是限于绝对本质的东西。其写作成功的绝技就是能够忍痛割爱，删节是他自认为最惬意的事情，就是不断把压舱物扔进海里的过程，也是一个内部建筑不断浓缩和净化的过程。

他告诫我们：写作中应该抛弃任何离题万里、臃肿堆砌、笼统狂热的词句，避免含糊不清、拖拉延宕的章节。他坚信文学乃人学，真文人必将以血肉灵性唤醒时代，真实表述时代的作品都必须具备真诚和绝不拘谨。真正给读者以阅读享受的作品是不断使人情绪高涨，一口气读到最后一页都能使人屏息凝神、爱不释手之作。他坦言自己的雄心壮志就在于知道的总比表现出来的要多。

个人自由的不容侵犯

茨威格认为，个人自由是世界上最重要的东西。他毕生恪守个人自由不容侵犯的信条，坚信人应该保持自由，即使违背全世界的意愿也要忠于自己的信念。他呼唤的真正自由是让人没有恐惧和勉强，也不会让人拼命向外界求取安全感。他认为只有弱者才会对别人的言行耿耿于怀，真正的强者只会从中吸取教训然后继续前进。在他年轻的时候，科技进步、文化昌盛、秩序井然。他陶醉在和平保守的音乐之都，在飘着音乐和花香的林荫道上散步，生活是那么曼妙、从容不迫且富足安稳。经过战争的洗礼，他终于明白那些曾经的太平盛世实际上是虚幻的，是强者赋予的。既然可以赋予，就可以随时收回。他坦言："大自然对人的报复几乎都是凶狠的，当人类通过技术把大自然最秘密的威力掌握在自己手中时，所有的技术成就又会同时搅乱人类的心灵。技术带给我们最坏的咒语，莫过于它会阻止我们逃避哪怕只是一刹那的现实。"身为犹太人的茨威格，晚年为逃离纳粹的魔爪避世于巴西。经历两次世界大战的各种惨烈与丑恶，让他再也无法陶醉于精神的温柔梦乡。欧洲的噩耗不断传来，无数的同胞死于集中营。茨威格痛感昔日的欧洲已死，身处遥远的南美如同孤魂野鬼。

现实的世界，以战争的方式毫不留情地击碎了他理想主义的世界观。因此，他以追悔的心情反思到：我们共同的理想主义，进步中必然产生的那种乐观主义使得我们低估和忽视了共同的危险。笔者以为，这种近百年前的反思，对当下的现实依然不乏针砭时弊之提醒。掩卷遐思，这本责任感强、信息量大、涉及面广、文字优美、文笔细腻的自传，在恢弘的时代背景下记述了作者的心路历程，无疑是难得一见的佳作。

只做平凡事　皆成巨丽珍

——《雷锋全集》

　　每逢长假，都是自己闭门阅读或总结读书心得的大好时光。在一个高速度、快节奏的时代，追求急功近利的浮躁情绪和碎片化的阅读习惯使得人们很难静心思考。为何一位只有 22 年短暂人生的普通战士，能激励人们奋发向上，他的精神能代代相传且历久弥新，他的平凡事迹中哪些值得今日的科技工作者学习，《雷锋全集》给出了明确的答案。该书汇集了雷锋 1956 年至 1962 年期间的日记、诗歌、小说、讲话、书信、散文、赠言等共 325 篇文章，其中不少内容首次公开发表。笔者通过阅读这本史料翔实且内容丰富的书，全面、真实地了解雷锋的人生，汲取雷锋精神。

　　雷锋，原名雷正兴。1940 年出生在湖南长沙一个贫苦农民家

里。雷锋出生的时候，正值抗战时期，人民生活于水深火热之中。雷锋曾在日记中写道："我家里很穷，父、母、哥、弟，都死在民族敌人和阶级敌人的手里，这血海深仇，我永远铭记在心。"雷锋未满 7 岁就成了孤儿。新中国成立后，雷锋获得了新生。1950 年，他当上儿童团团长，后来加入少先队，并于 1957 年加入共青团。曾 3 次被评为先进工作者，5 次被评为标兵，18 次被评为红旗手，并荣获"青年社会主义建设积极分子"的光荣称号。1959 年 12 月被破例批准入伍，1960 年 11 月入党，并被选为抚顺市人民代表，1962 年 8 月因公殉职。在短暂的一生中，他全心全意为人民服务，只要对人民有利的事，都心甘情愿地去做。因公殉职后，抚顺市近 10 万普通市民自发护送他的灵柩前往烈士陵园，党和国家领导人纷纷为"学习雷锋"题词，1963 年 3 月 5 日，毛主席亲笔题词：向雷锋同志学习。从此，掀起全国人民向雷锋学习的热潮，每年 3 月 5 日便成了全民学雷锋的日子。

对于一位半个世纪前的英雄，他身上的哪些精神值得我们传承并发扬光大呢？窃以为，首先他是全心全意为人民服务的楷模，是乐于助人的典范。他曾写到：人的生命是有限的，可是，为人民服务是无限的，我要把有限的生命，投入到无限的为人民服务之中去。寥寥数语，表达出他令人钦佩的精神。在社会价值多元化的环境中，中国经济飞速发展，物质生活水平大幅度提高；受错误价值观影响，人们的私欲也在膨胀。有人渐渐对雷锋精神产生了嘲笑、质疑以及批判，更有甚者觉得那纯属无稽之谈。因为当今社会的现实，让他们潜意识里认为世上根本没有一个真正肯为大家服务的人。在人际关系明显淡漠的今天，弘扬传递爱心、乐于奉献的雷锋精神有非常现实的意义，或许多一份雷锋式的热情，人生就可以多一份希望。在雷锋的精神里，饱含着无限的热情。正是这种热情，让他在每一个人灵魂中留下浓墨重彩的一笔。无论何时，提起雷锋这个耳熟能详名字，就会使大家不约而同想起那个甘愿一生奉献给社会、奉献给革命、奉献给人民的人。时至今日，雷锋因为对于中华民族传统美德和共产党人理想信念的坚守，再次成为全民热爱的道德偶像。

其次，要学习他追求美好、热爱生活的精神。传统的教育中，人们眼里的雷锋是一个勤俭节约、朴素憨实的青年。然而，通过阅读本书，你就会发现，在伟岸的英雄光环之外，他是个真实的、有感情的、有思想的独立存在的人。雷锋的大部分照片都带着浅浅的笑容，那是一个十分可爱的阳光青年，只有灵魂纯净的人才能有如此纯真的笑容。雷锋也是一个追求时髦、爱美的人，在那个非常艰苦的年代，他曾穿着皮夹克、骑着摩托车驶过天安门广场。如此时尚的装扮和现代人相差无几。书中还首次揭秘了雷锋不为人知的青涩恋情。那是通过一本书结下的纯真和美好的姐弟情。由此可见，他是多么热爱生活，对生活充满热情。他曾在日记中写下：谁要是游戏人生，他就一事无成；谁不能主宰自己，便永远是一个奴隶。该书精选了雷锋若干感人至深的真实故事，重现了雷锋平凡而伟大的一生。我们知道在人的一生中，追求一份热情十分简单，而执着于热情，比登天还难。雷锋，穷其一生都在追逐着热情，用他的生命诠释了热情的重要性。

最后，对科研工作者而言，更多应学习他的钉子精神。"钉子有两个长处：一个是挤劲，一个是钻劲。我们在学习上，也要提倡这种'钉子'精神，善于挤和善于钻"，这就是他总结的钉子精神。在当前浮躁的科研环境中，更需要干一行钻一行的学者型人才。欧阳修曾言：强者不自勉，或死而泯灭于无闻，弱者能自力，则必有堪称于一世。对于今天的科研人员，在追求名利的社会环境中，如何执着于心无旁骛地探索真理，恪守科研道德，甘于寂寞而矢志不渝地攻坚克难，雷锋的行动恰如值得借鉴的他山之石。在科研合作日趋明显的今日，我们更应重视团队的力量。雷锋曾说："滴水只有放进大海里才永远不会干涸，一个人只有当他把自己和集体事业融合在一起的时候才能最有力量。我们是国家的主人，应该处处为国家着想。"在齐心聚力实现中国梦的今天，我们的科研人员是否胸怀祖国，是否能通过将优秀的论文投寄给中国的期刊来表达自己的爱国之情呢？

在所有为雷锋的题词中，笔者对董必武的题词"螺丝钉不锈，历史色常新。只做平凡事，皆成巨丽珍"情有独钟。美德的可贵就表现在平凡的小事上，体现在长期自觉的实践中。聚沙成塔、集腋成裘，雷锋用短暂的一生诠释了生命的真正含义，告诉我们人生的真谛，并把自己的理想和追求定格为永恒。

在物质过剩、精神贫乏的现代社会，《雷锋全集》为读者描绘出一个接地气的、鲜活的雷锋形象。让我们这些在雷锋精神激励下成长的一代人重读雷锋，在心灵上再次接受洗礼，为那些追求纯粹、高尚的人们传递温情，传送感恩，传播精神的正能量。当我们回首自己的人生时，真正能如雷锋所言：但愿每次回忆，对生活都不感到负疚。

咫尺天涯未谋面　字里行间识英才

——《李肇星说》

人们常说隔行如隔山，开卷有益，笔者通过读书深有感受。近日获赠一本由胡线勤编著《李肇星说》，拜读后方知自己对其他领域的名家了解之肤浅。李肇星曾任我国外交部部长，被誉为"铁嘴外长""性情诗人"。他的机智幽默、勇敢镇定、真诚坦率，充分展现了一位大国外长的魅力形象，同时彰显了一位时代学人的道德文章。该书撷选了李肇星在各种场合公开发表的103则经典语录，并归纳为8章，以"李肇星说""背景欣赏""智慧感悟"为体例，既解读言论渊源，又阐述其现实意义。字里行间，极富哲理，兼具趣味。古人云：言多必语失，但语言又是人际交往、相互沟通、增进了解必不可少的工具。对非文科出身的科技人员，如何提高说话的水平，一直是除专业知识以外需要学

习的重点。读完此书，深感他山之石足以攻玉，我辈如能借鉴一二，必将有助于增长才智，丰富人生。有鉴于此，现将读后感悟笔录如下，与君分享。

胸怀祖国、真诚坦率

在该书的开篇，李肇星就坦言：在我心目中，最重要的礼仪是敬民爱国、谦虚谨慎、言而有信。作为外交部长，他永远把祖国放在首位。他说，我们只有一个祖国，在国际上，只有祖国是我们最强有力的靠山。在世界面前，我微不足道；和祖国加在一起，赢得了些许骄傲。作为国家的新闻发言人，他强调：发言人代表国家，应该字斟句酌，如履薄冰……必须掌握两条：说自己知道的，可以说和应该说的真话。"说自己知道的"，是一种求真务实的态度；"说可以说的"，即是一种有限的范围，需经授权，口径一致；说"应该说的"，即是应有的责任。他认为：世界上最难也最受欢迎的事情之一，就是说真话，把真话说清楚，说准确。说真话的自由空间太大了。他告诫新闻工作者：新闻无国界，记者应有祖国，有良知。对科技工作者而言，在我们的日常工作中完全可以借鉴这些准则。

尽管足迹遍及世界 181 个国家，已成为中国外交界一代英才，但年逾古稀的他依旧童心未泯。他常说的一句话就是：在祖国面前我是永远长不大的孩子，在知识面前我是永远也学不完的学生。部长身份是暂时的，只有作为学生的身份才是永远不会改变的。他特别强调创造性的学习和劳动，坚信世界上各国的竞争最主要的就是创新能力的竞争。他认为：自由是做法律所允许做的事情的权利，创新是做科学所允许做的事情的自由。创新不是随心所欲，创新以思想解放与行动自由互为前提，互为促进，互为制约，良性互动。正是这种孜孜不倦的学习热情，使他在 2005 年就写下题为"同一个世界、同一个梦想"的诗句。

开卷有益、增长知识

在浩瀚的知识海洋中，我们的未知远远大于已知。李肇星强调：有时越简单的东西越重要、越敏感、越需要坚持学习，但这一点往往被人们忽视。随着阅读的深入，自己越发为在世界知识方面的贫乏而愧疚。我们都知道，中国是当今世界上邻国最多的国家。但当问到全世界有多少个国家时，鲜有人能够给出正确答案。对这一看似简单的问题，他带领外交部的领导团队认真查找资料后给出确切的数据：全世界有 200 多个国家和地区，有 196 个国家，联合国有 192 个成员国。

通过学习后才知道：世界上有 3000 多种语言，3000 多个民族，若干种文化。中国在 2001 年 12 月 11 日加入世界贸易组织，成为其第 143 个成员国。上海世博会有 1 亿美元的专项基金资助发展中国家参展，惠及 120 个发展中国家。我们也许很少有人确切知道，领空一般是指距离地面 10—20 公里的范围，而太空指距离地面 200 公里以上。

我估计不会有多少人知道中国的国歌一般演奏时间应是 46 秒，但他知道。在香港回归谈判时，李肇星要求在 1997 年 7 月 1 日零时前 46 秒，我们就开始演奏自己的国歌，这样到 7 月 1 日零点零分零秒时，我们的国旗刚好升到顶上。当英国人有异议时，李肇星说："你们英国人已经占领香港 100 多年了，最后 46 秒还要跟我们争。"由于他的据理力争，中国的国旗最终在 7 月 1 日零点零分零秒高高飘扬。

陶冶情操、启迪人生

李肇星认为幽默的本质是真实和善良，美好交流的本质也是真实善良。它带来的相互理解和友情，自然有利于人和社会的健康发展。简朴与坦率是一种高格调的美。幽默含蓄是一门语言交流的艺术，也是一把双刃剑，既能把复杂问题运用简单形象化的方式解剖出来，又能把敏感冲突问题遮掩起来，模糊处理，在不伤面子、不伤雅兴的和谐氛围中揭示真理，达到弘扬真善美、鞭挞假恶丑的目的。他曾经在一本书的序言中写到：老师好好学习，孩子天天向上；领导好好学习，群众奋发有为。

他一直提倡说能打动自己因而可能打动别人的话。他指出，"过头话"有形象价值，但负面作用更大。他列举出我们身边屡见不鲜的"过头话"：首长"亲自"参加会议，会议"圆满"成功，"进一步"加强，以及"切实""绝对""始终"等词的乱用。还有，本来就是人，为什么还要"平易近人"？他认为"平易敬人"更符合党密切联系群众的宗旨。他赞赏新华社前总编南振中倡导把"有话则长、无话则短"进化为"有话则短、无话则免"。这也是对"空谈误国，实干兴邦"的最好诠释。

他认为人活着实际上更像从未名到未名，生命难以有客观的序言，回忆录有点像人生的自序，世态炎凉屡屡被证明，甚至"盖棺定论"也常常靠不住。做事就会遇到困难，而战胜困难的过程最有意思。正如他在诗中所言：站着死去的是英雄，永垂不朽的是理想。

英文有这样一句格言：天使能够飞翔，是因为她们把自己看得很轻。通过阅读该书，不仅感触良多，而且颇受启发。李肇星的为人和学识，正如出版社对该书的介绍所言：面对媒体，李肇星高屋建瓴，纵横捭阖，谈笑风生，出口成章。登堂讲学，李肇星旁征博引，挥洒自如，睿智幽默，令人拍案。爱因斯坦说过：人的差异产生在业余时间。建议各位在完成本职工作之余，借闲暇假日翻阅一下该书，定会开卷有益，丰富自己的人生。

中西合璧的学界翘楚 难出其右的国学大师

——《陈寅恪的学说》

最近几年，随着国学文化的衰退和网络阅读碎片化的冲击，今人对大师的崇敬之情日趋高涨。对于生在新社会、长在红旗下的笔者，民国只是一个既未经历也无概念的年代，大师更是从未接触的模糊印象。最近有幸读到刘梦溪先生的大作《陈寅恪的学说》，不仅使自己从书中了解到国学大师陈寅恪的人生之旅，而且对其倡导的"独立之精神、自由之思想"顶礼膜拜。该书是作者深研陈寅恪的学问与思想、风骨与精神之力作。作者对陈氏学说的多方面加以梳证，言辞成章，学术性与可读性兼备。全书共分八章：学问人生和心路历程，工具·材料·观念·方法，打通文史和追求通解通识，"中西体用"的文化态度，种族与文化的学说，陈氏阐释学，佛典翻译和文体革新，陈寅恪学说的精神维度。作者结合义宁之学的渊源和

时代背景，从文本出发，忠实原典，并钩稽考索出陈寅恪著作各种文本的内在逻辑，三复其义，"以陈解陈"，循此路径解读和释证陈氏学说，自成把握陈氏学术创获与方法的简明通透之进路。

学问人生与心路历程

1890 年，祖籍江西义宁（今修水县）的陈寅恪出生于长沙。其祖父是湖南巡抚陈宝箴，被曾国藩誉为"海内奇士也"，被光绪皇帝称为"新政重臣"，是清末著名维新派骨干。父亲陈三立是诗坛泰斗，与谭嗣同、徐仁铸、陶菊存并称"晚清四公子"。这个出身名门的"官三代"兼"富三代"，最大的爱好唯有读书。从复旦公学毕业后，国学功底深厚的他便开始了西洋游学之旅。在长达十七载的岁月中，他的足迹遍及日本、瑞士、德国、美国等，就读过柏林大学、苏黎世大学、哈佛大学、巴黎高等政治学校等。尽管其天资聪慧、学富五车，学问纵横古今、贯通中西，深不可测亦高不可攀，但只求知识并特立独行的他却从未获得过任何学位。由于心无旁骛地获取知识，他掌握了梵、巴利、英、法、德等 20 余种语言，通过娴熟运用自己掌握的语言与材料等工具，直接探讨中外文化的学术本原。陈寅恪游学四方，尽管未获任何文凭，依然成为世界知名的历史学家、古典文学研究家、语言学家、诗人。他不仅是国学的大师，还是世界的学术权威。所到之处，均以博闻强记的人中骐骥而闻名。

1925 年，清华创办国学研究院，欲聘 4 位大师，以培养国学之栋梁。陈寅恪是与王国维、梁启超、赵元任同期被聘的唯一既无文凭也无著作的国学大师。胡适称他是："最渊博、最有识见、最能用材料的人。"他是全中国最博学的人中骐骥，被誉为三百年难得一遇的大师。然而，令人扼腕叹息的是，在"文革"的浩劫中，国之瑰宝的陈寅恪一家历经磨难，身患多种疾病且双目失明、膑足的他被扫地出门，备受摧残。1969 年 10 月 7 日，他因病在广州含冤驾鹤西去。尽管撒手人寰，他依然以自己毕生的实践告诫后人：才华在寂静中造就，品格在波涛中形成。这位枯坐书斋的冷静学者，外表虽朴实无华，内里却光华流转。追溯其一生，笔者以为文化之于先生，既是生命，又是信仰，亦为终极关怀。

无书不读的史学泰斗

陈寅恪一生说诗、治史、博学、通识、涉猎广泛，不仅承续先哲将坠之业，尤能开拓学术之区宇，补前修所未逮。他毕生从事学术研究和著述事业，研究范围包括历史学、宗教学、语言学、人类学、校勘学、文字学等，被尊为一代史学宗师。由于他讲课时娴熟地引用拉丁文、梵文、巴利文、满文、蒙文、突厥文、西夏文、古波斯文等稀有文字，听者常常佩服至极，击节叹赏。与陈寅恪、汤用彤并称"哈佛三杰"的国学大师吴宓，初识陈寅恪即惊其博学，而服其卓识，曾言："陈君中西学问皆甚渊博，又识力精到，议论透彻，宓倾服至极"。

陈寅恪对古人的学说持有一种"了解之同情"的态度，特别看重史学家的特见独识。他认为，取己身之思想经历，以释古人之志尚行动，很容易将古人的思想现代化，从而曲解古人。因此倡导在史学研究中既解释文句又讨论问题，而且主要是为了讨论问题才去解释文句。作者指出，陈先生的著作之所以有力量，首先，他是大学问家，能成其大，见得大体。其次，他是思想家，对中国历史文化的研究，有独辟创发的系统思想。他一生治学，对中国的文、史二学做了大量考证，所涉材料之广博，鲜有人能出其右。他的每一条引证都不是无谓而引，材料举证就是思想的发现，并在甄别考证的过程中常常闪现思想的光辉。

中学为体且西学为用

陈寅恪志趣纯洁，强识多闻，是在西学东渐之后活跃于后"五四"时代的学者。他在治学方法上已经接受了现代学术观点和科学研究方法的训练，但同时又深深植根于中国传统学术的基础之上。既具有乾嘉朴学的深厚功力，又不乏与 20 世纪世界学术文化对话的深湛学养。

陈先生认为，学者为学，最忌偏执一隅而不能会通。因此他治学一向追求通解通识，既有通人之识，又完成了通人之学，既通古今又通中西，还将文史打通。他的文化态度与抱残守缺无缘，虽主张以中国文化为本位，同时亦力主文化可以超越种族，文明的果实属于全人类。他毕生坚持文化高于种族，坚信在广为吸纳异质文化的同时，必将使自己的民族文化得到升华。他从来都是文化移植的倡导者，对外来文化强调吸收、改造、融合，而不是排拒。他强调关键在于通语言、明原典，真切了解需要吸收的异质文化的学术源流，以免以讹传讹。因此他坚信，只有当一种文化与不同质的文化融会嫁接之后，才能勃发出新的生机。作为真正的学者，一代文化所托命之人，终其一生，其治学的态度既有现代理性和深厚学养的支撑，又有义宁家学传统的熏陶。所谓东西文化的冲突，从未在他身上留下任何痕迹。

文心诗骨的力量源泉

作者坦言，许多人感到人文学术毫无力量，从业人员充满了无奈。但潜心研读陈寅恪先生的著述，了解其学问和学说之后，就会发现史学、诗学、哲思等人文学术非常有力量。作者认为，陈寅恪寄望于后人对他著作的理解，几次在诗中说："后世相知傥破颜""后世相知或有缘"。他指出，文化传承有家族、学校及宗教3种渠道。宗教在中国不发达；现代的学校制度基本上是知识教育，遗漏了"传道"的内容；所以中国文化的传承，尤为依赖家族。但近代以来，最大的问题就是家庭与家族的解体，何谈学术的传承。故在今天谈家族渠道的文化传承，无异于缘木求鱼。相反，文化衰落的迹象不时出现，与家族解体、士族文化之不传直接相关。陈寅恪在一生中，尽管只做学问，不问政治，但他也不愿为过优越的生活而离开自己的祖国。他骨子里流淌着深沉的家国情怀，其著作蕴涵有不舍的家国之情，其精神力量与家国之情紧密相连。他的很多诗都有类似的情结流露，"频年家国损朱颜，镜里愁心锁叠山""衰泪已因家国尽，人亡学废更如何"。不难看出，深沉的家国之情是他一生精神脉络的根源。

作者总结了陈寅恪文心诗骨的力量源泉，首先，他是最具忧患和悲剧意识的学者，这源于对中国历史和社会的深层了解，是一种文化情结，带有理性认知的自觉性，而非一时一事引发的情绪。其次，他视学术文化为生命，治学的目的就在治学的过程之中，不受世局及外缘的熏习影响。最后，其峻洁的操守和寂寞勤苦的学术风范，与江西义宁陈氏的家学渊源直接相关。

独立精神与自由思想

作为现代学者，陈寅恪最看重学术独立与思想自由，这是他终生秉持并为之奋斗的目标。他认为学术研究最重要的是具有自由的意志和独立的精神，而独立是自由的条件，这不仅是学者必备，且要以生死力争。1929 年，他为王国维撰碑铭，写下不同寻常且感人至深之语："士之读书治学，盖将以脱心志于俗谛之桎梏，真理因得以发扬。思想而不自由，毋宁死耳。先生之著述，或有时而不章。先生之学说，或有时而可商。惟此独立之精神，自由之思想，历千万祀，与天壤而同久，共三光而永光"。

此外，他的学问里饱有一种顶天立地、独立不倚的精神。他坚信，无自由之思想则无优美之文学。他的学行经历，体现了一般知识人士不具备的节操和气节，这就是他晚年讲的"贬斥势利，尊崇气节"，以及绝不"侮食自矜，曲学阿世"。所谓"独立之精神，自由之思想"，盖亦指此义。这是陈学最富光彩的精神层面，使他的学问充满了恒定的精神信仰力量。

通过该书，作者寄语晚辈：对陈先生学问的梳理，对史料的搜集整理，固然是研究陈学必不可少的功夫，但如何体认领悟陈学的精神脉理，如何让其精神变成自己身心的一部分，某种程度上比研究陈寅恪的学问更重要。笔者以为，先生毕生守持的独立精神与自由思想，固然是现代学者追求学术独立的应有之义，但将其恪守到如此纯度和高度，则无疑为我辈虽难以望其项背但应终生追求之境地。

看似平凡的世界　历经磨难的人生

——《路遥传：重新开启平凡的世界》

在笔者充满青春记忆的成长中，路遥的作品一直深深感动着我，激励我在纷乱的人生中不断奋进。当我们已经远离路遥生活的年代，为何其代表作《平凡的世界》仍拥有众多的拥趸，长期稳居畅销书排行榜之中？由著名作家厚夫"十年磨一剑"撰写的《路遥传：重新开启平凡的世界》一书最近出版，用路遥短暂而历经磨难的一生为读者解惑答疑。

该书是路遥一生的真实写照，我们从中能感受到路遥不平凡的人生，坚持不懈的努力。厚夫与路遥为老乡和校友，是路遥文学馆馆长以及路遥研究界的权威之一，掌握丰富的一手资料。该书披露了大量路遥鲜为人知的往事，还原路遥的写作时代，展现他的人生与文学精神。厚夫对路遥一生的记述，既让读者看到了路遥的辉煌与幸福，也了解到他的烦恼和普通。厚夫不仅激情饱满，评论分析到位，也希望能够引发人们对路遥文学价值的再认识和再思考。厚夫认为："作家的生命长度是由其作品来决定的。作为深受路遥影响的作者，我有责任也有义务做好路遥人生与精神的解读工作，给社会提供更多'向上与向善的正能量'！"品读一下这部感人的传记，不仅可以了解路遥的成长和生活经历，而且有助于加深对其文学作品的体会。

平凡世界的非凡人生

笔者认为该书资料丰富翔实，线条清晰明朗。该书从路遥的祖辈写起，一直写到他英年早逝及其经久不衰的影响。作为平凡世界中的一员，路遥的祖祖辈辈都是脸朝黄土背朝天的农民。1949 年12 月 3 日，他出生于陕北清涧县的一个贫困农民家庭。家庭由于生活艰难，把他过继给养父，但生活状况依然不容乐观。幸运的是路遥有学可上。由于他天资聪慧加上刻苦努力，不仅取得了优异的成绩，也为他进一步学习文化和以后的写作奠定了基础。"文革"中路遥曾有过短暂的辉煌，但却严重地影响了他的生活。厚夫在书中详细地记述了路遥的"文革史"，让读者真实地看到了那场"政治狂欢"给普通人带来的巨大影响。1973 年高等学校招收工农兵学员时，经过种种周折，他最终如愿以偿进入了延安大学中文系。1976 年大学毕业后，路遥就与文学结下了不解之缘，最终以骄人的文学业绩鹤立于中国当代文坛。我们知道，一个人要干成一番大事业，仅有雄心壮志与勤奋努力还远远不够，还需要机遇，更需要伯乐的赏识。他在 36 岁时就担任中国作协陕西分会的副主席，仅从这一点来说，路遥可谓时代的幸运儿。

通过厚夫浓墨重彩的描述，我们了解到，路遥的成功离不开许多好心人的帮助和扶持，更使我们坚信人间自有真情在。当他幼小时，他的生父和养父养育了他；当他生活、学费无着落时，老师和同学资助了他；在他遭遇"文革"磨难无法解脱时，有许多关键人物帮了他；当他梦寐以求要上大学时，多位领导和老师成全了他；当他厌倦政治走向文学时，许多作家指点过他；他能顺利完成大学学业，妻子林达功不可没；他能攀上文学的高峰，没有他弟弟的全面鼎力相助更是绝非可能。由于长期的营养不良加上积劳成疾，在他42岁那年，终于因肝硬化腹水而英年早逝。路遥就此永远地告别了这个平凡的世界，告别那些热爱他的朋友，以及冷落他的"敌人"。尽管路遥没有一般人生命的长度，但他在短暂的一生中通过提高生命的密度而度过了自己无悔而非凡的人生。著名作家陈忠实在悼词中写到：路遥的辞世，似一颗璀璨的星从中国的天宇间坠落，一颗智慧的头颅终止了异常活跃、异常深刻也异常痛苦的思维。就生命的经历而言，路遥是短暂的；从生命的质量来说，路遥是辉煌的。能在如此短暂的生命历程中创造出辉煌且有声有色的生命高质量，路遥无愧于他的整个人生，无愧于哺育他的土地和人民。

历经磨难却矢志不渝

一本书有一个故事，一个故事叙述一段人生，一段人生折射一个世界。许多真正的伟大就蕴含在平凡之中，所以平凡需要用心体会和理解。多年来，路遥大起大落的人生经历、英年早逝的人生状态始终像谜一样困扰我们。读此书的初衷，原本只是想了解路遥的实际人生状态，但随着阅读的深入，笔者的心情愈来愈沉重，伴随着路遥人生轨迹的不断延伸，借助厚夫的笔触，笔者强烈地感受到，路遥的生活是多么的艰辛！每当笔者详读路遥的作品时，不仅从中获得教益，受到熏陶，甚至会徜徉在作品的艺术氛围里，享受阅读的愉悦。殊不知，其作品在创作时是多么的艰难。仅凭这一点，我们就应该特别感谢路遥这位伟大的艺术家和真诚的朋友。在文学创作中，他既敢于忍受常人无法想象和难以忍受的艰苦与寂寞，也敢于迎风而立，挑战"唯洋是举"的文坛风气。路遥在生活中非常需要钱，但更爱面子，真正是"死要面子活受罪"。为稻粱谋的路遥，想过卖牛仔裤、开餐馆、建运输队，撰写过"有偿文章"，通过各种手段来维持自己的文学创作。不仅如此，厚夫笔下揭秘的伟大作品背后路遥历经磨难的一切，都令读者感叹嘘唏！

我们从书中也真切地看到路遥作为普通人的忧患和烦恼。在繁忙的创作中，路遥还要照顾生他与养他的两个贫困家庭，他的生活常常拮据，不仅要照顾年幼的女儿，还要面对不太和谐的婚姻。特别是他在写作《平凡的世界》时，生活极其艰难，尤其是吃饭，常常饥一顿饱一顿，甚至是凑合。即使去北京领取人生最重要的大奖，他的经费也是异常紧张。《平凡的世界》付梓后，他在通信中说："当别人用西式餐具吃中国这盘菜的时候，我并不为自己仍然拿筷子吃饭而害臊。"时间证明他的坚持是对的，是热心和喜爱他的读者把他抬到"茅盾文学奖"的领奖台上。路遥的一生短暂而辉煌，也许他是20世纪以来，中国文学版图上最后一名殉道者，但他短暂人生迸发出强大的生命光焰。他曾说：生活不会打到我，除非心脏停止跳动。只要没有倒下，就该继续出发。对他的评价，窃以为，贾平凹所言最为全面：他是一位优秀的作家，出色的政治家，是一个气势磅礴的人。但他是夸父，倒在干渴的路上。他虽然早已辞世，他的作品仍然被读者阅读，他的故事依旧被广为传颂。

坚忍不拔著传世之作

在阅读的过程中，笔者更深刻理解了"古之立大事者，不唯有超世之才，亦必有坚忍不拔之志"的深刻道理。窃以为，路遥就是这样一位拥有"坚忍不拔之志"的作家。他在三十而立时就攀上了《人生》这座艺术巅峰。然而，作为英年早逝的文学骐骥，路遥坦言："人，不仅要战胜失败，而且还要超越胜利。"出自内心的真诚和永远不丧失一个普通人的感觉，这是路遥毕生的追求。正当大家以为他会暂时沉寂，恐怕一下子无法超越昔日的辉煌时，经过一段时间短暂的调整，路遥敢于花6年的时间创作出一部感人至深的鸿篇巨著——《平凡的世界》。它是包括"三部、六卷、一百万字"、全景式反映当代城乡巨大历史变迁的史诗性小说。路遥正是把创新和理想融入自己非常熟悉的农村，通过真性情创作出感人至深的作品，这不仅是他在文学上成功的奥秘，也是其作品长久不衰的原因。在我国社会快速转型的大背景下，《平凡的世界》是沙漠中的甘霖，是美好的精神食粮，给无数普通人带去温暖，带去奋斗与前行的希望。正是由于这些骄人的作品，使得路遥踌躇满志，享受到一位伟大作家应有的辉煌和荣耀。

路遥去世后的20多年间，《平凡的世界》一直受到大众的热捧，至今仍长期盘踞在畅销书排行榜中。中央人民广播电台曾分126集连播该书，当年的直接受众达3亿多人。2008年，新浪网"读者最喜爱的茅盾文学奖，获奖作品"调查，《平凡的世界》以71.46%的比例高居榜首。2012年"文明中国"全民阅读调查中，《平凡的世界》甚至超过《红楼梦》，荣获读者最想读的图书第二名。2015

年，根据同名小说改编的电视剧也登陆北京卫视和东方卫视。根据他的小说《人生》改编的电影获得第五届中国电影金鸡奖最佳作品奖，第八届《大众电影》百花奖最佳故事片奖。

路遥不仅用自己的作品感动了亿万读者，而且也通过"不管漂泊到何处，心永远贴着黄土地"的人生格言激励着西北作家的成长。他是行重于言的人，默默扶犁是他的责任与义务。当《平凡的世界》以排名第一的成绩荣获第三届"茅盾文学奖"时，路遥重申该书的总献词：谨以此书献给我生活的土地和岁月。正如路遥生前多次引用的德国作家托马斯·曼在纪念席勒一百周年时写的《沉重的时刻》中的一段话："终于完成了，它可能不好，但是完成了。只要能完成，它也就是好的。"

科技人文融合的典范　践行大道至简的楷模

—— 《史蒂夫·乔布斯传》

正值国庆假期，又是一个躲进小楼成一统的美好读书时刻。由于职业的习惯，笔者在阅读中浅尝辄止者居多，真正潜心研读者寥寥无几，而倾心于一本传记绝无仅有。这本书就是美国著名作家沃尔特·艾萨克森撰写的《史蒂夫·乔布斯传》。乔布斯 1955 年 2 月 24 日出生，2011 年 10 月 5 日因胰腺癌逝世。他是苹果公司的联合创办人，是一位极具创造力的企业家。他有如过山车般精彩的人生和犀利激越的性格，充满追求完美和誓不罢休的激情。乔布斯引领全球科技潮流，带来了个人电脑、动画电影、音乐、手机、平板电脑以及数字出版六大产业的颠覆性变革。2012 年 8 月 21 日，苹果公司以市值 6235 亿美元成为世界市值第一的上市公司。然而，乔布斯离世后，目前的苹果公司股价已经较巅

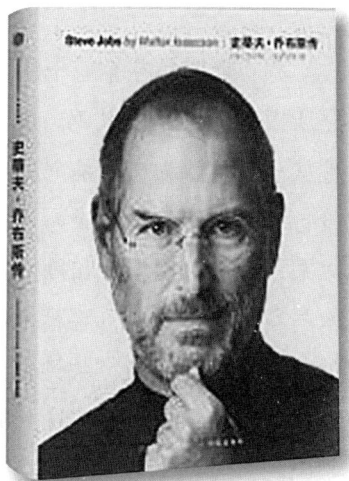

峰时刻缩水 35%；且乔布斯去世两年来，苹果公司再没有推出重量级、创新性的产品。8 月 14 日，《福布斯》公布 2013 年全球最具创新力的百强企业中，苹果公司仅列第 79 名。乔布斯去世后的一段时间，各种纪念文章导致一时间洛阳纸贵，笔者也抢购到刚出版的《史蒂夫·乔布斯传》。随着时间的流逝，他已经慢慢地淡出人们的视野；尽管自己不是"果粉"，也没有亲身体验过苹果手机和电脑，但通过阅读对他的敬佩之意与日俱增。于是在今天这个乔布斯辞世 2 周年的时刻，将自己读书的心得和思考笔录于下。

科技人文的融合者

乔布斯坚信在企业中注入创业精神和敏捷文化的重要性，苹果之所以使人们产生共鸣，就是因为在创新中深藏着一种人文精神。他从小一直认为自己是个适合人文科学的人，但他又非常喜欢电子设备，因此他立志要成为一位既擅长人文又能驾驭科学的人。一直以来，他都站在人性和科技的交叉点上，有意识地将自己置身于艺术与科技的交会处。在他的所有产品中，科技必定与完美的设计、外观、手感、精致、人性化甚至浪漫结合在一起。他的人生证明，正是他具有强烈个性的身上集合了人文和科学的天赋以后，才能产生出独具特质的巨大创造力，而这种创造力也是 21 世纪建立创新型经济的关键因素。乔布斯一直把电脑比作思想的自行车：人类创造了自行车，从而让自己的移动比秃鹰还要高效。同理，电脑的发明也将让人们的思维效率大为提高。苹果公司创立之初，乔布斯就意识到自己的成功来自知识产权，因此他为热爱科技和热爱艺术的人之间架起了桥梁。他将产品发布变成戏剧作品的艺术已经登峰造极。乔布斯从佛教的修行中悟出的道理是：物质只能把生活填满而不使之充实。"苹果"的基因决定了只有技术是不够的，只有科技与人文的联姻才能让我们的心灵歌唱。乔布斯没有社交风度，不会设身处地为别人着想，但他高度关注如何发挥人性的作用为人类造福，如何使人类进步，并给人类创造正确的工具去追求进步。提到取得如此辉煌业绩的秘诀，他坦言：我所做的每一件事情都有赖于人类的其他成员，以及他们的贡献和成就。

筚路蓝缕的拓荒人

乔布斯狂热地追求完美，以致他为人苛刻，他的管理主要依靠自身的领袖魅力和四溢的激情。很多人意识到，尽管乔布斯有喜怒无常的毛病，但他非凡的魅力和团队影响力都足以引领大家改变世界。乔布斯认为保持团队的优秀始终是自己的责任，他一向慧眼识人，对招聘程序有着严格的控制，目的是希望具有创造力、绝顶聪明又略带叛逆性格的人才加盟，其最主要的标准就是要对产品有激情。乔布斯的同事们认为，他拥有现实扭曲力场。有他在的时候，现实都是可塑的。他能让任何人相信几乎任何事情。而他离去时，这种力场就会逐渐消失。作者的研究表明，乔布斯的这种力场中包括了极富魅力的措辞风格、不屈的意志和让现实屈从于自己意图的热切渴望。其根源在于他内心深处不可动摇的信念：世界上的规则都不适用于他。他能够看到宏观层面，从而激励别人工作，他坚信良性竞争也是一种激励下属的方法。他奉行的商业原则是：永远不要害怕内部相残，与其被别人取代，不如自己取代自己。乔布斯的行事风格为自己的员工注入了持久的热情，让他们去创造革命性的产品。他们制作的 T 恤上面印着：我爱每周工作 90 个小时。乔布斯从禅中学到的真理是：如果你愿意跋山涉水去见一位导师的话，往往你的身边就会出现一位。正如古语所言，踏破铁鞋无觅处，得来全不费工夫。他认为，当你拥有真正优秀的人才时，你不必对他们太纵容。顶级的人才喜欢一起工作，而且他们是不能容忍平庸作品的。他一直告诫自己的团队：遇见未来最好的方式就是亲手创造未来。

创意激情的迸发者

乔布斯认为，一家伟大的公司必须给人的第一印象就能映射出自己的价值观。他的梦想就是建立一家充满革命性创造力的公司。他对自己认准的事情非常执着。他的执着是一种对追求完美产品的激情。而当他不想被一件事情分散注意力的时候，他就会忽略它，就好像此事完全不存在。他坚信，杰出的设计能够激发工程师做出超人的壮举。与其他的产品开发者不同，乔布斯不相信顾客永远是正确的。他把制造伟大产品的激情摆在了比迎合消费者的欲望更为重要的位子上。他对自己的科技团队的基本要求就是：绝不妥协，直到上市，产品才能算完工。他最喜爱的格言是：过程就是奖励。他的著名言论为：当海盗，不要当海军。他想给自己的团队灌输叛逆精神，让他们像侠盗一样行事，既为自己的工作感到自豪，又愿意窃取别人。他奉行毕加索的信条：好的艺术家只是照抄，而伟大的艺术家窃取灵感。乔布斯对自己评价是："在窃取伟大的灵感这方面，我们一直都是厚颜无耻的。"

锱铢必较的掌门人

乔布斯既是一位战略思想家，又能掌控最微小的细节。他随时能从总体原则进入细节。在职业生涯中，他一直十分关注甚至过度关注营销策略、产品形象乃至包装的细节。他一直都在拜访学者，询问他们对计算机的潜在需求。平心而论，他是一位罕见的关注细节的创新巨匠。他关心产品的方方面面，但硬件才是他的热情所在。他为出色的设计心潮澎湃，痴迷于生产细节，会花上数小时注视他的机器人为他制造完美的产品。乔布斯喜欢向人们讲述，他所做的每一件漂亮事情都并非一蹴而就，当他觉得不够完美时，一定会重来。他一直认为，做事的"动机"非常重要。当你真正为自己、朋友或家人做事的时候，你不会轻易放弃，而热爱是最好的动机。纵观企业的成功之道，有的领导者通过统揽全局去推进创新，有些是把握细节，只有乔布斯二者兼顾。他的动力源于对事业的挚爱和对"苹果"产品的自豪。正因如此，通过不断地推动创新，30年间他的产品改变了一个又一个产业，而乔布斯认为他最伟大的创作，就是苹果公司。

精于掌控的独裁者

乔布斯有一种非凡的能力，永远都能得到自己想要的东西，能够很好地判断一个人，并知道该说什么来赢得那个人的心。因为太了解数字生活带来的孤独感，他非常推崇面对面的交谈。乔布斯喜欢在散步的过程中进行严肃的对话。他凭直觉就能看出一个人是在说谎还是真的知道一些事情。这使他成了哄骗、安慰、劝说、奉承、威胁他人的大师。但无论在他的私生活还是职业生涯中，他的核心圈里集中的都是真正的强人，而不是阿谀奉承者。乔布斯生性喜欢误导人，或者有时候故作神秘，只要他觉得有理由。而另一方面，他有时也会诚实得近乎残忍，讲出那些我们大多会粉饰或隐瞒的事实。撒谎和实话实说都只是他那尼采式人生态度的两个侧面。

一般规律对他不适用。乔布斯喜欢控制别人，而不喜欢被控制。他可以随心所欲地引诱和迷惑别人，而且他喜欢这样做。他可以轻易吸引自己讨厌的人，而他伤害起他喜欢的人也同样驾轻就熟。他一直认为控制权不能共享。乔布斯熟练掌握了利用凝视和沉默来征服他人的技巧。他善于将个人魅力转化为说服力，通过个性的力量进行劝诱、胁迫以及扭曲事实。书中记录的乔布斯对各种事情的处理方式，完全符合管理学大师稻盛和夫描述的领导人资质：具备使命感，明确地描述目标并实现之；挑战新事务，获取众人的信任和尊敬；抱有关爱之心；真正的领导人应该是以大爱为根基的反映民意的独裁者。

特立独行的偏执狂

在该书的扉页上，赫然印着1997年苹果公司"非同凡响"的广告：那些疯狂到以为自己能够改变世界的人，才能真正改变世界。乔布斯只要对一样东西感兴趣，就会把这种兴趣发挥到非理性的极致状态。他不是一个特别乐善好施的人，而是一个充满矛盾的人，是20世纪60年代反主流文化思潮的产物。乔布斯天生就无法控制自己的情绪。他漂浮不定的情绪就像高压交流电一样善变。"耐心"这个词，从来就不会出现在乔布斯的字典里。他一直认为没有永远的朋友，友人对他评价到：乔布斯就是忠诚的反义词，他完全处在忠诚的对立面，他总会抛弃那些和自己亲近的人。乔布斯认为自己可以无视规则的信念，来自深深植根于他性格中的叛逆和固执。他的个性经常让周围的人愤怒和绝望，但其创造出的产品也与这种个性息息相关，全然不可分割，正如"苹果"的硬件和软件一样。对待自己的失误，乔布斯也是一位知耻后勇的坦诚之士。冷酷瘦削的外表，洞察一切又略带叛逆的微笑，专注的眼神，他的专制，宗教般的影响力，神一样的地位，使得他有特权决定哪些东西重要，哪些东西微不足道。

大道至简的践行者

乔布斯对东方精神，尤其是佛教禅宗的信奉投入了特有的激情。这些东西在他的性格中根深蒂固。禅宗对他的影响非常深，这一点体现在他极简主义的美学观点和执着的个性上。他认为，基于直觉的理解和意识，比抽象思维和逻辑分析更为重要。乔布斯的世界观中一个重要方面，就是他对人或物进行分类时的非黑即白的思维方式。他认为一台电脑要真正优秀，硬件和软件就必须紧密联系在一起。乔布斯认为设计师是一件人工作品的灵魂，并最终由外壳表达出来；最完美的设计是让自己的产品看起来纯粹且浑然天成。他坚信最好的产品是"一体的"，是端到端的，软件为硬件量身定做，硬件也为软件度身定制。人们一般会根据封面来评判一本书的好坏，同理，苹果产品漂亮的外部装饰和包装也说明内部产品的优秀。正是他的这一理念让 iPhone、iPod 和 iPad 从诸多竞争产品中脱颖而出。他并没有想通过制造惊艳之作一鸣惊人，而是坚持设计应该追求简约，同时具有表现精神，通过干净的线条和形式来强调产品的合理性和功能性。苹果奉行的这一原则突出于最初的宣传册上：至繁归于至简。他坚信，伟大的艺术品不必追随潮流，它们就可以引领潮流。

表里如一的设计师

在孩提时代，乔布斯的父亲曾经教导他：追求完美意味着即使别人看不见的地方，对其工艺也必须尽心尽力。他的设计理念就是：最重要的事情就是让产品特性一目了然。乔布斯一直坚持电脑的外形必须要好，所以对其进行不断的改进。他创造并推广的电脑改变了整个个人电脑产业。他坚信对待软件严肃认真的人，应该制造自己专属的硬件。在硬件的制造上，他秉承的理念是：充满激情的工艺就是要确保即使隐藏的部分也被做得很漂亮。这种理念最极端也是最有说服力的例子，就是乔布斯会仔细检查电脑的印刷电路板。他深信，即使没有人会看见，优秀的木匠也不会用劣质的木板去做柜子的背板。如果你想晚上睡得安稳，就要保证外观和质量都足够好。乔布斯认为真正的艺术家会在作品上签名。当最终的设计方案敲定后，乔布斯请所有人在绘图纸上签名。这些签名被刻在每一台麦金塔电脑的内部。团队的每一位成员都知道那里有自己的名字，就如同每个人都知道那里面的电路板已经被设计得尽善尽美了。乔布斯不仅是一位观念创新大师，而且也对细节亲力亲为。截至 2011 年年初，乔布斯已经成为 212 项美国专利的发明人之一。他亲自设计了 iPad2 的保护盖，使得磁铁与合页可以无缝连接。他用最清晰的方式阐述了自己的信条：真正的创意和简洁的产品来自产品的一体化，而不是让其各个部分都开放和各自为政。

独树一帜的经营者

乔布斯是世界上极少数在设计、形象和消费者需求方面同样成功的精明之人。乔布斯的动力源泉就是要打造一家基业长青的公司，他的目标不仅仅是赚钱，而是制造出伟大的产品。他深知：一家妥善经营的公司能够大量催生创新，远胜于任何一个有创造性的个人。乔布斯的过人之处就是他知道如何做到专注，决定做什么与决定不做什么同样重要。他不喜欢失去对任何事情的控制，尤其是关系到客户体验。他认为，一家好的公司必须竭尽所能传递它的价值和重要性，"苹果"想要成功，就一定是通过创新取胜；如果你无法把创新之处传达给顾客，你就无法通过创新取胜。乔布斯从来不是墨守成规的人，他决定开设以"少"为特色的"苹果"专卖店，专卖店沿袭了"苹果"产品的特点：有趣、简单、时髦、有创意，成为品牌最强有力的实体表达。这一非同凡响的创举不仅在制造话题和提高品牌认知度方面功不可没，而且使得"苹果"收获颇丰，2004 年仅专卖店收入就达到 12 亿美元，创下零售业的新纪录。

童心永驻的开拓者

在职业生涯中，乔布斯因创造伟大的产品而闻名于世。然而，他创建伟大公司和品牌价值的能力同样非凡。他创造了自己时代中最好的两个品牌——"苹果"和"皮克斯"。沃尔特·迪士尼说过：挑战不可能完成的任务，其乐无穷。这种处世哲学与乔布斯不谋而合。作为永葆童心的商业奇才，乔布斯涉猎广泛，他的洞见往往不期而至。1986 年，他以 500 万美元从卢卡斯电影动画公司旗下收购"皮克斯"，投身动画制作行业。乔布斯认为，产品是有灵魂的，是为了一个使命才被生产出来的，如果一个物体是有情感的，它的情感是基于想实现自己价值的渴望。而玩具，它们的使命就是供孩子们玩耍，因此它们的恐惧就是被抛弃或被新的玩具取代。因为对这些需求了然于心，乔布斯领导的皮克斯公司制作了包括《玩具总动员》《海底总动员》在内的 12 部动画电影。高质量的动画电影使其在这一领域大获成功。"皮克斯"赢得与迪士尼平等共享品牌的权利，《玩具总动员》也荣获 2011 年第 83 届奥斯卡最佳动画长片奖。

使乔布斯最兴奋的是能将精彩的内容与伟大的科技相结合。2006年，迪士尼以74亿美元收购了"皮克斯"，乔布斯也成为迪士尼最大的个人股东。乔布斯坦言：我最擅长的就是发现一批天才，然后和他们一起创造东西。

矢志不渝的追梦人

乔布斯的传奇是硅谷创新神话的典型代表：在被传为美谈的车库里开创了一家企业，把它打造成全球最有价值的公司。他没有直接发明很多东西，但他用大师级的手法把理念、艺术与科技融合在一起，就创造了未来。他用iPod改变了音乐产业，用iPad改变所有媒介，从出版到新闻，再到电视和电影。乔布斯深知21世纪创造价值的最佳途径就是将创造力与科技结合起来。他能够在"苹果"的"基因"中融入设计的敏感、完美主义和想象力，使其一直都是在艺术与科技的交会处成长得最茁壮的公司。在这里，想象力的跳跃与高超的工程学技术得以完美结合，他们开发的并非是针对目标人群的普通产品，而是消费者还没有意识到其需求的全新设备和服务。他一直强调：你永远不该怀着赚钱的目的去创办一家公司，你的目标应该是做出让自己深信不疑的产品，创办一家生命力很强的公司。他认为，一家创新型公司不仅要做到推陈出新，更重要的是在落后时知道如何迎头赶上。正是他们的不懈努力，使得乔布斯成为创造力、想象力以及持续创新的终极标志。

历久弥新的传世之作　指点迷津的生活之路

——《生活之路》

在网络带来碎片化阅读的当下，重温经典似乎是不合时宜的复古之举。然而，作为一位与书香为伴的读书人，只有认真研读人类历史上的不朽之作，才可能在有益的开卷中收获颇丰。在一般国人的记忆中，列夫·托尔斯泰是一位伟大的俄国作家，但很少有人知道他同时也是一位罕见的思想家。在《战争与和平》《安娜·卡列尼娜》及《复活》等伟大的作品中，我们已经感受到他深刻的思想家气质，而《生活之路》这部被誉为"托尔斯泰临终绝笔"的著作，显示了他作为思想家的伟大。该书堪称一位伟大文学家对人生、社会的总结。尽管该书内容庞杂，但大师的写作却有经书般的简洁和朴实。作者力求"以使它们更加简明、适应所有的人阅读"。窃以为，这部具有《圣经》般智慧的巨著，是文学巨匠

为适合大众阅读而撰写的生活哲学，不仅是值得我们反复研读的传世之作，而且对每位读者而言，必将有助于在自己的生活之路上指点迷津。

文学巨匠的临终绝笔

1910 年冬，83 岁高龄的托尔斯泰为了寻求肉体与精神的解脱悄然离家出走，1 周之后即溘然长逝于一个凄凉的小车站。他死后留下一部自己未能看见出版，却是他一生思想精华之所在的著作。就是这部哲学论文集《生活之路》，成为作者创作生涯的封笔之作。他将自己关于生活的毕生思考和认识都融入这部书中，为自己的创作生涯画上了完美的句号。这是一部《圣经》般的巨著，其结构十分独特，内容或为作者的思想，或摘录前人及同时代人著作中的箴言，也包括作者对其他来源的传说、观点等的加工。它是阅读笔记、警句格言、寓言故事和思想札记等的集成。统领全书的主要内容源于作者那博大的思想，而其他来源的观点或论断均构成托尔斯泰智慧大厦的砖石。作为一部语录及格言体的鸿篇巨著，作者尽可能把人类思想的精华汇集到本书中，所以他特意将本书分成 31 个主题阐述。每章探讨一个专门问题，包括信仰、灵魂、爱、不平等、暴力、真、恶、死及幸福等主题。希望读者可以用 1 个月的时间每天认真阅读 1 章。

尽管该书在内容、结构及文字上与《圣经》相近，但《生活之路》有着明显的特色。首先，书中洋溢着强烈的人文精神，指出生活即幸福，生活是人所能获得的至高之福，真正的幸福就应该是活在当下。其次，书中充满世俗的批判精神和民主意识。最后，作者在书中还对知识、科学、语言、思想等做了思考和阐述，并得出许多精辟的论断。因此，深厚的人文精神、强烈的批判意识和浓厚的文化韵味，使得该书成为一部不同于《圣经》的真正思想巨著。托尔斯泰认为：信仰是有关人是什么和他为何活在世界上的知识，智慧就是懂得生活的任务以及怎样去完成。一个人要想生活得好，必须懂得他应当做什么和不应当做什么，因此必须要有信仰，信仰越强烈，他的生命就越坚强，没有信仰的人生无异于动物。一个人要想懂得真正的信仰，首先必须暂时放弃他盲从的那种信仰，并用理智去检验他从儿时起就被教会的那一切。真正的信仰应该是让人永远在与所有人相爱之中保持善的生活，永远像乐于对待自己那样对待他人。

俯拾皆是的智者箴言

商务印书馆最新出版的这部中文版鸿篇巨著超过 500 页。作者在书中不仅记录了自己耄耋人生中的所思所想，而且汇集了历代先哲对生活之路的经典语录。作者并不想表明这套体系是他创建的，而是要让人们意识到他的思想乃是历代先哲最优秀智慧的反映。作者指出的生活之路不是通往来世的，而只是铺展在现实生命的历程之中。纵观全书，引人深思的智者箴言俯拾皆是。尤其是中国哲人的妙语也在书中不时出现，如孔子的"生而知之者，上也；学而知之者，次也；困而学之，又其次也"，老子的"道可道，非常道，名可名，非常名"，出自《大学》中的"苟日新，日日新，又日新"，以及"学术就是知人，德就是爱人"等。他告诫人们：一个人永远不会受到所有人的夸奖，而过着真正生活的人不需要别人的夸奖。把人引向邪念的是有关某些人优于他人的虚假观念，与其斗争就要努力保持谦逊；把人引向迷信的是对谎言的容忍，要想避免就要努力保持真诚。

作者指出，语言是思想的表达，它可以使人团结，也能导致分裂，因此必须谨慎对待。语言也是打开心灵的钥匙，如果谈话没有任何企图，开口就是多余。聪明人要学会理智地发问，仔细地倾听，平静地回答，话不投机时最好三缄其口。我们很少因不说话而后悔，但常常因未经思考就发表言论而后悔，更多的是因为知道了说话的后果而后悔。因此他认为：很多哲人穷其一生都没有找到比沉默对人更有用的东西，开口就要讲比沉默有用的话，对失去理智者最好的回答就是沉默。与他人共同生活，不要忘记你在独处时悟出的道理；而当你独处时，应仔细思索与他人交往中获得的道理。努力永远是靠人来掌握的，失败并不可怕，可怕的是为失败而辩解。在生活中要想成为胜利者，就要柔弱、轻盈而随和。

爱恨之间的人生真谛

作者坦言，人富有爱心，这是自然而然的，正如水往低处流一样。心中没有对一切有生命者的爱和怜悯，就不可能有善德。真理只可用谦逊的心灵来领悟，谦逊不会激起嫉妒之心。一个人自视越高，就越容易对他人抱有恶意；人越谦虚就越善良，从而怒气就越少。水深的河不会因投入一块石头便波涛汹涌，人亦如此。如果一个人受到欺侮便勃然大怒，那么他就只是小水洼。愤怒永远出自无能，无论愤怒对他人多么有害，危害最大的是发怒者，因为愤怒永远比你发怒的原因更为有害。暴力并不能使人的生活得到改善，因此任何暴力都不会使人驯服，而只能激怒人。惩罚和以惩罚相威胁可以令人生畏，使他暂时克制恶欲，但却无法使之得到改造。我们惩罚孩子，为的是让他不敢再做坏事，但我们却用这惩罚教给了他惩罚是有益而公正的。因此，希望惩罚他人的想法，不是作为理性生命的人本性中固有的。它只是一种动物的本能。人们在判断事物时最常犯的一个重大错误，是把自己喜欢的看作最好的，财富就是如此。财富使人对高傲、残忍，对自以为是的无知和荒淫无耻习以为常。

　　没有什么比虚荣更严重地扭曲人们的生活，并不可避免地剥夺他们真正的幸福。虚荣就是不按照哲人的教导和自己的良知去生活，而是按照他们周围那些人认可和赞许的方式生活。尽管无可厚非的，是每个人都尽可能多地为自己争取利益，但世界上最大的利益就是置身于爱，并与所有人和谐相处。坏的东西之所以总是无法好转，原因是有太多的人在做坏事，更坏的是这种行为往往得到赞赏。个人意志是永不会得到满足的，哪怕它的要求都得到实现。自负是动物的本性，谦逊是人的本性。那最能理解自己的人，必对自己最少敬意。果实是由种子长成的，行为是由思想诞生的。比坏的行为危害更大的是酿成坏行为的思想。一个坏的行为只能踏出一条通往其他坏行为的路，但坏的思想却能把坏的行为铺满整条路。如果你能够做好事，对某个人展示爱心，那么就应当在此刻去做，因为时机转瞬即逝，永不复返。爱不仅能消除死亡的恐惧，还能消除有关死的念头。人的真正力量并不在于激情的迸发，而在于对善的始终不渝、泰然自若地追求。这种善在他的思想中得到确立，在语言中获得表达，在行动中得以实现。

人类智慧的百科全书

　　作者提醒人们，人与包围他的大千世界相比不过是一根脆弱的芦苇，但这是一根被赋予了思想能力的芦苇。对于人来说最宝贵的莫过于自由，即按照自己的意志生活，永远不要用虚伪来败坏自己。人生在世，最大的苦难莫过于畏惧苦难。并非所有的行动都值得尊敬，如果遇到不知所措的情况，保持克制总是好于有所作为。只为了博得人们的赞许去做一件事，这是人们生活恶劣的主要原因之一，最危险和有害的口头语是"大家都这样"。我们把最多的精力都耗费在东施效颦上，却不把它用在智慧和心灵上。疾病不是妨碍，而是会激励人真正的生命。疾病会侵袭每一个人，人尽力要做的是在他所遭遇的情况下保持最佳的方式生活。真理最明确的标志是简单明了，谎言却总是繁复、精巧而连篇累牍。我们每个人爱真理都胜于爱谎言，但当事关自己的生活时，我们却常常宁可信谎言，而不信真理。因为谎言可以为自己龌龊的生活辩解，而真理则揭穿这种生活。

在为人处世方面，作者认为骄傲的人总是忙于教训他人，以至于没时间考虑自己。他们教训他人越多，自己就跌得越低。对别人横加指责永远是不对的，当面指责别人不好，因为这会令人难堪，而在背后指责他人是不诚实的，因为这就是欺骗那人。最好的方法是，不在别人身上寻找坏的东西，而在自身寻找不良的东西，并牢牢记住。正如人不能举起自己一样，他也无法抬高自己的名声。愚蠢可以不伴随骄傲，但骄傲必将与愚蠢相伴。沾沾自喜是人坠入泥淖的开始，物体越轻、越松、占的地方越大，骄傲也是如此。骄傲的根源就是只爱自己，即是无法自制的自私自利，最愚笨的人也比骄傲的人更容易启迪智慧。只有平等的时候，人们才会相处得轻松愉快。人要想获得所有真正需要的东西，不可能一蹴而就，必须经过长时间不懈的努力。要永远把自己看作小学生，不要以为在学习方面你已廉颇老矣，不可能再有进步。对富有理性的人来说，只有一种方法能使生活更加美好，即智慧的思考和坚持不懈的努力。

言简意赅地明示真理

托尔斯泰的思想中最有力之处就是其批判性，可以说他开辟的生活之路就是铺展在破坏和否定的基础之上。他将一种世俗的理想主义推向了宗教的最高境界，而反过来又将这种教义的价值取向定位于世俗的生活。在书中，言简意赅的睿智之语随处可见：吃是为了活着，而活着不是为了吃。人的主要力量就体现在思想的克制上，因为所有的行为都产生于思想。为了学会过善的生活，首先必须学会运用善的思维。只有靠思想使自己学会自我牺牲、谦虚和诚实。正是思想的努力遏制了阻碍爱的力量，这种思想的努力比任何东西都更重要、更必要、更珍贵。富有理性的人能轻易地忍受任何苦难，因为他知道任何苦难都将过去，而且苦难必将有益于自己的成长。

当许多人感叹年华已逝之时，作者非常乐观地告诉我们：避免沮丧的唯一办法是唤醒自己美好的思想，人类的力量就在于通过学习而利用他人的思想继续前进。人在垂暮之年却过着于人于己都极为珍贵、尤为必要的生活，因为生命的价值与死亡的距离呈反比。人们生活得越好，对别人的怨言就越少；一个人生活得越糟，就对别人有更多的不满。一个人能够正确评价环境，了解自己的优势和短处，知道生活的意义，履行自己的责任，以积极心态去解决困难，能够知晓别人并与之和睦相处，这就是人生智慧。只要我们不忘初心，努力学习，人人都可以成为智者，智慧终将照亮我们的人生之路。

顿悟生活即幸福

康德认为：不使人成为有道德的人，就无法使他们成为幸福的人。有人把美味的食物、华丽的服饰、种种的奢侈称为幸福，可作者认为，最令人惊异的谬误是认为人的幸福就是无所事事。他强调：需求越少，生活越幸福，一无所求才是最大的享受。为了接近这最高的幸福，应当保持追求简朴、力戒奢靡的生活习惯。人只有经受了肉体生活的脆弱和不幸，才会悟出爱所赋予的全部幸福。对个人而言最重要的是如何看待自我，因为你将来是否幸福就取决于这一点，而绝不依赖于别人如何看待你。因此，不要考虑世人的言论，需要考虑的只是如何加强而不是削弱自己的精神生活。应该注意的不是你的崇拜者人数多少，而是他们的品质如何：不被好人喜爱令人不快，但不被坏人喜爱永远是好事。

对我国读者而言，最耳熟能详的托尔斯泰名言为：幸福的家庭是相似的，不幸的家庭各有各的不幸。作者指出，生活是人所能获得的至高之福，生活的目的永远都是得到幸福，而这种幸福是现在得到的。真正的幸福永远在我们的掌握之中，它一直如影随形地跟随着善的生活。人最常见也是最有害的一种谬误是认为他们不可能得到自己期望的所有幸福。值得惋惜的并非人的死亡，可怜的是人失去自己真正的财富和最高幸福——爱的能力。作为具有理想主义情怀的作者，对世界充满美好的憧憬。他认为这个世界不是一个玩笑，也不是一个经受考验而向另一个更好的永恒世界过渡的场所。这个世界就是我们现在生活的地方，是永恒的世界之一。它美好、快乐。我们不仅能够而且应该尽最大的努力，为了与我们同在的和我们之后仍将生活于其中的人，把它改造得更加美好，更加快乐。

知识智慧的辩证之思

作者认为，智慧是一种伟大而宽广的东西。它要求人付出所有能献给它的空余时间。尽管科学是思想的粮食，但它对思想并非都是有益的。不知者不为耻也不为害，可耻而有害的是强不知以为知。如果人们不用自己的头脑加以检验，把那些自称为学者的人传授的东西当作毋庸置疑的真理而信以为真，便落入迷信的窠臼。知识，只有当它靠自己努力思考，而不是靠努力记忆而获得的时候，才可以被称为知识。对于真正的知识而言，危害最大的就是使用含糊不清的概念和字眼。神秘并不是智慧的标志，越是真正智慧的人，用来表述思想的语言就越简练。每个人生活中的任务，就是使生活不断得到改善，因此只有那些有助于改善生活的学问才是有益的。真正的科学具有两个毋庸置疑的标志：其内在标志是科学的奉献者不是为了获利，而是以自我牺牲的精神完成自己的使命；外在标志是他的成果能够为所有人理解。作者也一语中的指出科学的局限性：科学可以解答成千上万形形色色极为复杂而又艰深的问题，但唯独对一个所有智者都在寻求答案的问题无法解答：我是什么以及我如何生活？

科学的合法目的就是认识服务于人类幸福的真理，而其非法的目的是为了把恶引入人类生活这样的骗局加以辩解。没有哪两种东西比起知识与利益、科学与金钱来更不协调了。不要把学问看成可以炫耀的桂冠，也不要把它当成可以喂饱肚子的奶牛。重要的不是知识的数量而是质量，也许一个人学富五车但却不懂得最重要的东西，因此不要怕无知，怕的是所知过滥。一个人要接受别人的智慧，他首先需要的是独立思考。那些认为生活中的主要问题在于知识的人，就好像在烛火上飞来飞去的蛾子，不仅自己送了命，把火光也扑灭了。作者坦言，坏书不仅无用而且有害，过多的读书有害于思考，因为市面上 90% 的书只是为了赚钱才出版的。即使从不读书，也胜过读很多书并相信里面所写一切的人。一本书不读也可以成为聪明人；而相信书中所写的一切，就无法不成为傻子。在作者研究过的学者中，堪称伟大的思想家学者恰恰是那些并不博览群书的人。我们在世上处境的差异，比起人把握自己能力来说不足挂齿。关键不在于外部的条件，而在于人把握自己的能力。以人为师的人最智慧，对自己拥有的感到满足的人最富有，善于克制自己的人最强大。

珍惜当下的人生哲学

作者提醒人们，准备生活是一种邪念。它替代了生活本身，活在当下才是最重要的人生哲学。我们生而具有记忆过去和设想未来的能力，只是为了按照这两方面的想象，正确地决定现在的行为方式，而绝不是为了惋惜过去和迎接未来。一般人认为，自己的生活是在时间中度过，但作者指出，人真正的生活并不是在时间中度过的，而是始终存在于一个非时间点上，过去与未来在这个点上交会。我们将它称为现在时。只有在这个现在时的非时间点上，人才是自由的，因此人真正的生活存在于现在，既可即夕而死，也可与世长存。重要的不是生命的长度，而是生命的深度。问题不在于生命的延续，而在于使生命不依赖于时间而度过。为了以最佳的方式度过一生，在现在的每时每刻都要以最佳的方式完成自己的一举一动。

"不忘死亡"是一句至理名言。假如人们能够记住生命是一种死亡率为百分之百的性传播疾病，我们都将不可避免地很快死去，各自的生活或许会发生彻底的转变。有人问先哲："生活中何事、何人、何时最重要？"哲人认真地回答道："最重要的事是与所有人共同相爱，最重要的人是此刻所交往的人，最重要的时间是现在的时光。"作者告诉人们一条伟大的真理：明天的事情自有明天操心。因为时机转瞬即逝、永不复返，人们未来的状态相对于今天而言，永远都是一个幻想。唯有现在你才能把握自己，一旦你更多地想到过去和未来，你便失去现在真正的生活。

似流星绘璀璨人生　爱自由享思维乐趣

——《王小波传》

笔者一直以为,阅读对人的成长有巨大影响,人的精神发育史应该是他的阅读史;而一个民族的精神境界,在很大程度上取决于全民族的阅读水平。对多数医务工作者而言,迫于日常工作的繁重和专业知识更新的压力,很少涉及社科人文的知识。2007年的"世界读书日"前夕,《光明日报》特邀全国知识界名家向读者推荐阅读书目,笔者有幸受邀。为拓展大家的思路,特意推荐了王小波的《思维的乐趣》一书。最近欣闻浙江大学出版社出版了国内第一本有关王小波的生平传记《王小波传》,故先睹为快。

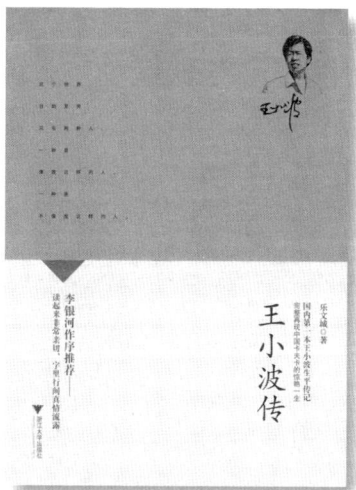

该书是国内外首部完整再现王小波惊艳一生的唯一传记,以王小波的生平经历为纵轴,以他对时代、社会深刻思考的文学创作和

思想横向铺展开来，以点带面，以人带史，描述了王小波精神世界的心路历程，呈现了他幽默机敏、理性清澈、特立独行的人性特点，反映了王小波及其文学思想的价值与当代意义。尽管他已经离开我们 17 年了，但他的作品影响了整整一代人。该书内容翔实，向我们披露了一个中国知识分子的少年史，他如何从艰难的时世走来，登上了时代的思想巅峰。阅读该书，不仅有助于我们对这一文坛奇才的全面了解，而且一定会使我们开阔视野，重新审视人生。

命运多舛的文坛奇才

王小波一生经历丰富、命运多舛。1952 年出生于北京一个落难的多子女家庭，有着艰难却也不乏快乐的成长历程，经历了自由不羁的童年与少年岁月。他说："我从童年继承下来的东西只有一件，就是对平庸生活的狂怒，一种不甘寂寞的决心。"动乱年代他曾在云南、山东插队，也经历了青春无悔的年华。即使在最荒唐、无望的时代，仍保持对知识的敬畏和对高贵精神的追求。回北京后当过工人，1978 年，考入中国人民大学。1984—1988 年，在美国匹兹堡大学学习，获硕士学位。1988 年回国后，他曾先后在北京大学、中国人民大学任教。1992 年，他辞去工作，专职写作。1997 年 4 月 11 日，病逝于北京。王小波被誉为中国最富创造性的作家，主要作品包括：《黄金时代》《白银时代》《青铜时代》《我的精神家园》《沉默的大多数》《思维的乐趣》。其代表作"时代三部曲"《黄金时代》《白银时代》《青铜时代》被誉为"中国当代文坛最美的收获"。他是唯一一位两次获得世界华语语文学界重要奖项"《联合报》中篇小说大奖"的中国大陆作家。他唯一的一部电影剧本《东宫西宫》获阿根廷国际电影节最佳编剧奖，并且荣膺 1997 年戛纳国际电影节入围作品。这使王小波成为中国在国际电影节斩获最佳编剧奖的第一人。

王小波是一位自由思想者，是苦难与荒谬结晶出来的天才。他无论为人、作文都颇有特立独行的意味，其写作标榜"智慧""自然的人性爱""有趣"，别具一格，富含批判精神。其作品有两大特征：一是自由性，二是理性。他以经济学者的身份研究社会和人文科学。在他身上，理性的思维和人文的特质达到了完美的统一，并且这种结合还带给我们一种另类思考问题的角度。他把复杂的社会问题用数学思维进行逻辑推理，从而呈现其本源面貌。他采用的不是叙述故事而是叙述传奇的方法，文字往往跳离上下语境到一定高度然后又回来，使人在阅读的不经意间古与今、真与幻流转沟通，在读书与思索之中，带给你思维的乐趣。他生前鲜为人知，死后声名鹊起。自离世后，他的作品几乎全部获得出版。评论、纪念文章大量涌现，出现了"王小波热"的文化现象。大学里曾流传一句话："男生不可不读王小波，女生不可不读周国平。"王小波的作品以其文采和哲思赢得无数读者的青睐，无论花季少年还是已知天命者，都能从他的文字中收获智慧和超然。

两情相悦的传奇婚恋

在世俗的眼中，王小波和李银河绝无配对之缘。当年的李银河，出身书香门第，作为《光明日报》的记者，为了追求刻骨铭心的爱情，不顾亲友的反对，抛弃一切世俗的偏见，下嫁给只有初中学历、在街道工厂当临时工的王小波。令读者惊奇的是，似鲁迅"横眉冷对千夫指，俯首甘为孺子牛"的王小波也不乏侠骨柔情，写下如此优美感人的文字：用宁静的童心看，这条路是这样的，它在两条竹篱笆上开满了紫色的牵牛花，每个花蕊上，都落了一只蓝蜻蜓。可见王小波内心也是很向往宁静美好的。在李银河的眼中，王小波是一位浪漫骑士，一位行吟诗人。他把情书写在五线谱上，希望两人终身谱写一支唱不完的歌。也就是凭这一点，他收获了令人羡慕的爱情。李银河就曾被他的表白感动："不管我本人多么平庸，我总觉得对你的爱很美！"而正是他那些让李银河拍案叫绝、击节赞赏的作品，以及他的睿智、大胆和执着，使得他们喜结良缘。她真诚回忆了与王小波的情感生活："我和小波相恋相依 20年间，几乎没有吵过架、红过脸，感受到的全部是甜蜜和温暖，两颗相爱的灵魂相依相偎，一眨眼的功夫竟过了 20 年。我的生命因为有了他的相依相伴而充满了一种柔柔的、浓浓的陶醉感。虽然最初的激情早已转变为柔情，熊熊烈火化为涓涓细流，但是爱的感觉从未断绝。"春蚕到死丝方尽，蜡炬成灰泪始干，也许这正是她与王小波在冥冥之中淡泊明志的共同人生追求。

喜欢王小波的人一定会感谢李银河，因为当她在国外读书时，一个人的奖学金供两个人用，而且给予王小波无私的支持。在最艰难的时候，只有李银河支持他安心辞职写作。当他赋闲在家、文章屡投不中的时候，李银河为了帮他重拾信心，甚至带他参与她的学术写作。她逢人就说："这里很多文字都是他写的，他写得比我好多了。"她因为工作关系经常出国，或者把他带出去伴读，或者两人如初恋情人般地两地鸿雁往来不断。这些信后来也被书商结集成书《爱你就像爱生命》。这本书里有王小波的苦恼，有写作带来的孤独与痛苦，也有"你好哇，昨天我又梦见了你……"这样平淡如水的语句，这本絮絮叨叨述说着一场永无完结恋爱的集子，是他们正在被无数人阅读的爱情见证。正是有了李银河，才成就了智慧的王小波。

生如夏花的精彩人生

20 世纪 90 年代初，互联网远没有今天发达，当中国人还在用 WPS 的界面写字时，王小波就编辑出自己的写作软件。外甥问他："为什么要做电子版？"他说："扩大影响，好出书呗！"没想到一语成谶，出书竟成了王小波纠结一生的无奈。1995 年，王小波的成名作《黄金时代》被查禁，甚至不准在新华书店出售，但却深受广大读者和文学评论家赞赏。事实上，《黄金时代》在个体户书摊上已经售出 6 万多册，并且出版了台湾版和香港版，对此，《人民日报（海外版）》亦不得不承认："这部小说无论在国内还是海外留学生中偶一露面，总会造成排队阅读的局面。"王小波出版的第一本小说集《唐人故事秘传》只印了 1000 册。但是没料到的是，这本自费出版的小集子，充满调侃、幽默和机智，颇能代表他小说的精髓，后来被誉为王小波最富灵气的作品。

与体制的决裂，使他的生存方式更显意味深长。王小波一生反对被"设置"的生活，始终置身"文坛"之外，与体制有天然的隔膜。他认为，黑色幽默是一种赤裸裸的语言暴力，是以残酷应对残酷，以不讲理应对不讲理，是光脚的不怕穿鞋的，是将世上的一切事物从给它定的秩序中释放出来，打破一切等级和界限，在事物之间强行建立突兀的、荒谬的、不合理的、不合自然的联系，它要打破世界的光滑外壳，暴露出它的疯狂和混乱。在生命的最后几年，他辞去教职，走上了一条充满荆棘的自由撰稿人之路，令常人匪夷所思。在一个体制化生存深入骨髓、市场化媒体尚未兴起的年代里，这不仅是一种自信和勇气，更是一种理性的自觉。作为自由撰稿人，不加入任何流派，使得他走的路崎岖不堪。小说发表不了，于是就在报刊上发表一些专栏文章。相比于小说的惨淡，王小波的杂文先得到了认可。《三联生活周刊》《东方》《南方周末》等报刊是他的主要阵地。王小波的文章里多的是人文关怀和幽默的玩笑，他只是寂寞地写着，不屑与人为名利争雄，也受不惯传统作家戴着镣铐跳舞式的约束。在王小波辞职后的几年里，思想界已经对这个人有所熟悉，觉得他比学者可读性强，比作家学理深，加上文体别致，可以称得上一线的杂文家。我们尤其要感谢他的那些颇有见地的杂文。他通过杂文告诉人们，公平的法律和良好的秩序正是一个自由人的本能而自然的追求，而且它们不是从天上掉下来的，只能依靠自由的思想和权利来完成。没有自由作为前提，秩序无从谈起。如果有，那也只是专制者的秩序。失去自由的人，也就失去了秩序。王小波认为，对于一个知识分子来说，成为思维的精英，比成为道德的精英要好得多。从他的文章里，还可看出一个爱国者的赤子之心。他对中国人生活中的阴暗面口诛笔伐，极尽讽刺挖苦之能事，若不是性格中颇具艺术气质，他差一点成为第二个鲁迅。

死如秋叶的完美归宿

　　王小波坚信：生而为人，要热爱智慧，努力成为思维的精英，没有智慧有趣的生活是不足取的；有些知识虽然没有用，但仅仅因为它的美，就值得我们永远追求。王小波说的是常识，但这并不能降低他的地位，把常识说好，反而是功德无量的事情。这就是所谓的启蒙，重要的思想，只有当它成为常识时，才更加重要。他拥有永不言弃的学者尊严。在他看来，真正的失败不是没有达到目标，而是面对困难选择了放弃。他在生前最后一封电子邮件中这样写道："我正在出一本杂文集，名为《沉默的大多数》。大体意思是自从我辈成人以来，所见到的一切全是颠倒着的。在一个喧嚣的话语圈下面，始终有个沉默的大多数。既然精神原子弹在一颗又一颗地炸着，哪里有我们说话的份儿？但我辈现在开始说话，以前说过的一切和我们都无关系——总而言之，是个一刀两断的意思。千里之行始于足下，中国要有自由派，就从我辈开始。"有人欣赏他杂文的讥诮反讽，有人享受他小说的天马行空，有人赞扬他激情浪漫，有人仰慕他特立独行。但他只是在自己留下的《沉默的大多数》扉页上写到：智慧本身就是好的。有一天我们都会死去，追求智慧的道路还会有人在走着。死掉以后的事我看不到，但在我活着的时候，想到这件事，心里就很高兴。

王小波认为，好的文字有水晶般的光辉，仿佛来自星星。他最为擅长的，就是用通俗的语句把繁杂的思想表达出来。他的文风言之有物，逻辑清晰，观点明确，生动有趣，还很有新意。他像一阵扫过中国文坛的轻风，来得快，去得也急。他不幸英年早逝，令人扼腕叹息。很多人以为他胸怀远大的理想，殊不知，他一生最大愿望只是：活过、爱过、写过，如果再添上一句，估计是书都卖掉了。对王小波而言，也许最好的纪念就是，你仍然能从他的作品中感受到智力活动带来的快感，你能够相信智慧就是美好的。一位严肃作家在仙逝后的 17 年里，如此被人们阅读、关注、讨论，应该说是十分罕见的，其中蕴涵的文化意义是非常丰富的。它所透露出来的基本信息就是，王小波成为许多人的挚爱。也许对他最中听的评价来自于艾晓明。她说："100 年后，一位中文系的新生，在图书馆书架林立的长廊里逡巡，他说：'我要找一本书，作者叫王小波'"。窃以为，100 年后假如还能有人读王小波，才是对他最好的慰藉。

远离江湖的动人传说

人们喜欢王小波，首先是喜欢他的自由精神。王小波用他的生活和写作，去实践并传播这种价值。他让人们看到，一个自由的人，既可以享受思维的乐趣，拥抱理性与常识，也可以跟随灵魂的舞蹈，在凡俗生活之外拥有一个诗意的世界。一个自由的人，是最具有判断力的人，同时也是最具有创造力的人。王小波赞同罗素的观点：参差多态乃是幸福的本源。他认为：保持人们生活、思想的自由，才是建立幸福的根基。但自由并不是在一条道路的尽头等待我们的花园，自由只能是这条道路。因此，在追求自由的道路上，并没有一劳永逸的时候。王小波的价值在于，他让我们看到自由的真相：既理性又激情，既现实又浪漫，既精英又平民，既深刻又有趣，自由是多么美好。他坚信，一个心灵自由的人，恰是最能体谅他人的人、最具宽容精神的人、最有协调能力的人，因此从来就不会要求绝对的自由。毋庸置疑，有人对自由怀有偏见，居心叵测地加以曲解。而这些曲解，经过反复的灌输，在很大程度上已被相当多的人认可、接受并传播。从个体心智来说，人们被暗示，自由可能导致放任和堕落；从社会组织来说，人们总是听说，自由与失序、混乱甚至动乱联系在一起。王小波以他的作品，并以他的为人和他的生活，向世人展示了一颗自由的心灵所思考、感受、渴望及奉献之所在。在摆脱体制的束缚，获得自由的状态之后，他既没有吸毒，也没有扰乱社会秩序，而是沉迷于思想的芬芳，驰骋于想象的旷野，并通过他的文字，将他收获到的美好与我们分享。他让我们知道一个基本的常识，即一个自由的人首先想要的东西是过美好的生活。

王小波堪称中国文坛一代奇才。他看书极快，其速度是常人的 7 倍，而且能博闻强记，过目不忘。他的狂欢式文体，对黑色幽默、反讽技巧出神入化地使用，天马行空的想象力，冲击了很多人，也启发了很多人的写作。他坦言："人拥有此生此世是不够的，他还需要一个诗意的世界。"他对国学、民族主义、气功等问题的看法，显示了浓厚的自由主义色彩，也深深地影响了许多热血青年走上理性、经验之路。王小波的才华不拘于文学。他不但数学造诣深厚，也是一位计算机爱好者、编程高手，这在当时的中国社会难以想象。在所有类别的高等数学中，理科的高等数学无疑是最艰深的，而基米诺维奇的数学习题集，正是专门针对理科学生的一本习题集，王小波居然会常用它来浇灭心头之火。王小波一直想做个有智慧且有趣的人。他才高八斗，惜英年早逝，就连走的时候都是孤身一人，面对的想必是极度的痛苦：墙上有牙印，牙齿上有墙灰。他的突然离去让人们陷入无尽的思念和追忆之中。直到现在，人们仍怀念着他的犀利与智慧，铭记他的格言：你可以什么都没有，但不能没有智慧；你可以什么都放下，但不能放下尊严。总有一天，你会获得你所渴望的一切，因为，最强壮的肌肉是你的心。

瑕不掩瑜的开山之作

该书是国内第一部关于王小波的传记，出自于他的粉丝，因筚路蓝缕，必有拓荒之功。作者对王小波的人生经历、作品、思想特点勾勒得比较清楚，再加上文笔平白、感情诚挚，读起来颇为晓畅。虽然笔者已经读过一些研究王小波的文章，大致了解他的生平，但颇为零碎，难成系统。《王小波传》恰好弥补了自己的缺憾，让我对王小波的一生有更深刻的了解，有了一种精神引领，就像一根线，将散落的记忆如珠般串连起来。另外值得肯定的一点，就是作者在字里行间引用了不少王小波的至理名言，如"青年的动人之处，就在于勇气和他们的远大前程。""活下去的诀窍是：保持愚蠢，又不能知道自己有多蠢。""井底之蛙也拥有一片天空。""人的一切痛苦，本质上都是对自己无能的愤怒。""人和人是不平等的，其中最重要的，是人与人有知识的差异。""古往今来的中国人总在权势面前屈膝，毁掉了自己的尊严，也毁掉了自己的聪明才智。""生活是天籁，需要凝神静听。"

　　该书得到了王小波妻子的认可。李银河在序言中写道："这是我见到的第一本王小波传，由一位他的粉丝写成。作者的写作出于对他发自内心的喜爱，读起来感觉非常亲切，字里行间真情流露，加之所有的材料都有凭有据，全书像是一幅小波的素描，虽然没什么浓墨重彩，倒也真实可信。"窃以为，该书最明显的遗憾是，书中所用的材料大多是二手的，缺少对小波亲人、同事、朋友的第一手访谈，对王小波生活、创作的细节也着墨较少。掩卷遐思，恕笔者坦言：王小波是一个传奇，每个人对这个传奇有各自的理解，崇敬的、偏执的、向往的、批评的……各有千秋。对于王小波的认识，但凡发自内心而不至于诋毁的，我们都应予以尊重。作者身为王小波的粉丝，以自己的体悟撰写了这部传记，未必能得到世人交口称赞，但总有一份感动令我们共勉。

如诗如画的唯美描述　人生境遇的深刻洞见

——《你若安好便是晴天：林徽因传》

在多年的阅读习惯中，人物传记是自己尤为喜爱的一类题材，从历代博学鸿儒到中外科学巨擘的传记多有涉猎。依笔者愚见，传记类的作品常常是忠于史实、引经据典、查漏补缺，多为平铺直叙者，而饱含深情、如诗如画者鲜见。当读到白落梅著《你若安好便是晴天：林徽因传》时，自己深为作者的唯美描述和诗意文笔折服。这位栖居江南的隐世才女，简单自持，心似兰草，文字清淡。她用最清澈的文字、诗意的笔法、全面而翔实的史料，生动地展现了林徽因传奇的一生。林徽因是中国第一代女性建筑学家，被胡适誉为中国一代才女。她是中华人民共和国国徽设计的参与者，是人民英雄纪念碑的设计者之一，是传统景泰蓝工艺的拯救者。而在大多数人的记忆中，她是一个聪慧的女子，让徐志摩怀想

了一生，让梁思成宠爱了一生，让金岳霖默默地记挂了一生，更让世间形色男子仰慕了一生。掩卷遐思，白落梅用唯美诗意的笔墨，记述了林徽因仅知天命的人生故事，如潺潺溪水，自然地流淌而出。同时，作者也诠释了对人生境遇的深刻洞见：真正的平静，不是避开车马喧嚣，而是在心中修篱种菊。正所谓你若安好，便是晴天。

风花雪月与凡尘烟火

林徽因出生于杭州，聪慧的天资和良好的家教使其成为许多人梦中期待的白莲。她让自己洋溢着迷人的魅力，让欣赏者的目光聚集，来享受她的典雅纯美。一首《你是人间四月天》好似她如莲的一生，纯净、柔美、优雅。林徽因绝顶聪明、心直口快又古道热肠，正是她的聪明和高傲产生了她和一般人的距离，几乎所有妇女都视她为仇敌。她对爱情的看法也耐人寻味：很高兴你能来，也不遗憾你离开。当你爱了的时候，不妨暂时远离，灭一灭升腾的爱火，重新打量你爱的对象，看看自己是否有能力读懂他，是否愿意理解他，始终欣赏他。然后，你还要抛开他所有的优点，只看他的缺点，并且尽量放大，问问自己是否能包容？想一想，如果今后他的缺点不但没有改变反而膨胀，你会不会轻易地离弃？不要因为爱人的沉默和不解风情而郁闷，因为时间会告诉你，越是平凡的陪伴，就越长久。爱情只能用爱情来偿还。如果你无法用爱情来偿还爱情，那就狠狠心，对他绝情到底。让他死心，然后再去爱别人，这是你能为一个爱你的人最后所做的事。

对林徽因而言，她深知诗情画意只能偶尔地点缀日子，并不能当作生活的全部；而柴米油盐酱醋茶是真实的烟火生活，琴棋书画诗酒花只可以怡情养性。所以她必须在风花雪月与凡尘烟火之间进行抉择，选择梁思成意味着过细水长流的日子，跟随徐志摩必定享受诗情画意的光阴。她懂得人生飘忽不定，学会了随遇而安。也许风花雪月只是林徽因想要品尝的一杯咖啡，而凡尘烟火才是她向往的真实生活，所以她此生注定与徐志摩擦肩而过。尽管如此，在才女如云的民国，林徽因始终是一骑绝尘，她以绝代姿容、旷世才情、冰洁风雅令 3 位人中骐骥深爱终生。

千古绝唱的康桥之恋

作者认为，邂逅一个人，只需片刻，爱上一个人，往往会是一生。林徽因是一个可以令春风失色、使百花换颜的女子。她在雨雾之都伦敦与徐志摩邂逅，发生过一场空前绝后的康桥之恋。徐志摩是林徽因生命中的第一个男子。他给了她所有诗意浪漫的美好想象。在伦敦的雾雨中，陷入爱河中的他们感受到：只有爱了才会闻风柔软，看雨生情；只有相爱才会感时花溅泪，恨别鸟惊心；也只有爱了，才会希望茶永远不要凉，夜永远不要黑。正是这段刻骨铭心的爱，促使徐志摩写下那无比惆怅的千古绝句：悄悄的我走了，正如我悄悄的来；我挥一挥衣袖，不带走一片云彩。在那段锦瑟年华里，他们曾那样地相爱过、拥有过，所以林徽因一直将他珍藏在内心最纯净的角落。在以后的岁月中，两人毕生一直交往不断，做着淡淡如水的知己，仿佛从未发生过那场康桥之恋，似乎从来没有过真正的别离。在他们的心中，彼此遥遥相望、默默欣赏亦不失为一种幸福。她一生爱过 3 位男子，爱得清醒，也爱得平静。徐志摩为她徜徉在康桥，写下最美的诗章，深情地等待一场旧梦可以归来。梁思成与她携手走过千山万水，为完成使命而相约白头。金岳霖为她终身不娶，痴心不改地守候一世。

　　但对林徽因而言，她无疑将终生难忘的初恋及其一生中真正的爱情给了徐志摩；她对梁思成的爱，更多的是责任；对金岳霖的爱，则多为感动。读林徽因的文字，永远都没有疼痛之感，永远那般清新美好。即使受伤了，她也会掩饰得很好。也许她觉得，快乐是所有人的快乐，而悲伤只能留给自己独享。她骄傲却不孤绝，清新却不薄冷，安静却不寡淡。她既不是让人穿肠至死的毒酒，也不是绚丽至极的芍药。她只是一杯清淡耐品的闲茶，是一朵雅致素静的莲花。

俯拾皆是的人生感悟

　　笔者以为，"你若安好，便是晴天"不仅是该书的书名，也是令人必定会联想到林徽因的经典语句。这句话曾以蜻蜓点水般的轻柔触动，令无数读者心间泛起层层涟漪。作为才女，林徽因留给我们的人生感悟在书中俯拾皆是，令读者顿悟那些苦思冥想都参悟不透的人生哲理。如一件心事，想开了固然很好；怎么也想不开，干脆将它丢掉。太多的人误把天真理解为纯洁，假如你经历过沧海桑田，你还坚持你，那是纯洁；假如你见过的世面太少，那只是天真。生活的真谛在于宽恕与忘记，宽恕那些值得的人，忘记那些不值得的人。活着需要一点耐心，活得久才能勇立山峰，欣赏自己走过的崎岖山路。人生都有"艰难"这个副产品，却也有时间这副良药，将不幸变成有幸，是生活给我们最好的礼物。人总会遇到挫折，会有低潮，会有不被人理解的时候，会有要低声下气之时，这时恰恰是人生最关键的时候。在这样的时刻，需要耐心等待，满怀信心地去等待，相信生活不会放弃你，命运不会抛弃你。如果耐不住寂寞，你就看不到繁华。真正大智者都显得很愚笨，他们心如明镜，外现的却是糊涂。他们不会轻易说出别人的心思，不会凡事都表现得很明白。但正是这样的人让人觉得很安全，他们不会抢夺自己想要的东西，不会对自己的言行明察秋毫，不会凡事与自己争个高下。

人的一生如同草木，经历荣与枯、生与灭，看似稍纵即逝，实则无比艰难，从来就没有绝对的完美。世间百态，必定要亲自品尝才知其味；漫漫尘路，必定要亲力亲为，才知晓它的长度与距离。无论是真实的戏谑，还是虚幻的朴素，我们都无法自如地把握。每个哭着来到人间的人，带给亲人的是无尽喜悦，每个笑着离开尘世的人，带给亲人的则是永远的悲痛。身体不过是装饰，唯有灵魂可以自由带走。人生原本就没有相欠，别人为你付出，是因为别人喜欢；你为他人付出，是因为自己甘愿。大部分的痛苦，都是不肯离场的结果，没有命定的不幸，只有死不放手的执着。

化蝶而去人间四月天

笔者以为该书在真实的历史事件上，穿插了一些虚构的景物及情节，从而使得这本传记既真实准确，又感人至深。通过这本传记，作者走近 20 世纪最传奇的女子，仿佛跟随林徽因，一同走完她英年早逝的人生之旅。作者以优美的文笔描绘出她多情动人的传奇，她的情缘，她的建筑事业，她所经历的悲欢离合，以及一波三折的命运，亦展示出其不同的人生风采与人格魅力。她性格温和，活得乐观而执着，坚定又清脆，所以其生命既不惊心亦不招摇。想起林徽因，总是在人间四月天，春水煮茗，桃柳抽芽，有一种轻灵和鲜妍的美丽。身为一代风华的绝世佳人，林徽因才华横溢倾倒众生，让徐志摩、梁思成、金岳霖三大才子痴迷钟爱一生。尤其是金岳霖，终生未娶，温和而又执着地爱了林徽因一生，守候一生、寂寞一生、缄默一生。就是这个走在人间四月天的女子，让众男子"渴望仰慕爱"，使众女子"羡慕嫉妒恨"。林徽因是一个非比寻常的女子，若说她是一首诗，其间却有婉转的吟唱；若说她是一幅画，其间却有流淌的意象；若说她是一阕歌，其间却有无声的流云；若说她是一帘梦，其间却有听得见的清风。所以，作者认为林徽因是那壶早春的新茶，让品过的人，沾唇即醉。林徽因虽不是佛陀，可以化身千百亿，但她却在千百亿的人心里，留下了不同的倩影。她让每一次转身都成隔世，又让每一次相逢都成永远。

作者坦言：红尘陌上，独自行走，绿萝拂过衣襟，青云打湿诺言。以为历经人生匆匆聚散，尝过尘世种种烟火，应该承担岁月带给我们的沧桑。可流年分明安然无恙，而山石草木是这样毫发无伤。林徽因曾经走过的地方，依然有一树一树的花开，她呢喃的梁间，还留着余温犹存的梦。都说人生如戏，有时候不必过于执着，亦真亦幻的人生，仿佛更加美好多彩。在驾鹤西去之际，林徽因终于明白，山和水可以两两相忘，日与月可以毫无瓜葛，有些路，只能一个人走。在她的心中，似乎栽种了一株四季常青的菩提，尽管生命中亦有许多残缺，但为人们展示的却永远是花好月圆。

罗马皇帝的人生哲思　流芳百世的经典名作

——《沉思录》

每当新年到来之际，我们都在感叹时光飞逝，仿佛身临"子在川上曰：逝者如斯夫"之境。回首逝去的岁月，在繁忙的工作之余，自己阅读最慢和次数最多的书，无疑是马可·奥勒留写的《沉思录》。该书是公元2世纪后期古代罗马皇帝撰写的一部个人哲学思考录，主要涉及人生伦理问题。它是奥勒留写给自己的思想散文集。这本与自己的12卷对话，内容大部分是他在南征北战时鞍马劳顿中所思所想的真实记载。作者用优美的文笔、在言简意赅的字里行间蕴含了许多深刻的人生感悟。你不需要有任何哲学基础就可以轻易读懂本书。这本约两千年前的传世之作，至今仍不失耀眼的光辉，对我们的思想及生活仍有重要的指导意义。作为温家宝阅读过百遍的枕边书，该书并非鸿篇巨著，如果稍加改进，完全可以制成一本便于

随身携带的口袋书。

笔者以为，阅读经典最大的乐趣就是能够和平常在时空上距离遥远的人成为真诚的朋友，并总能听到他们直言不讳的肺腑之言，令我们茅塞顿开。掩卷遐思，《沉思录》为我们的人生之途指点迷津。阅读时，读者也会在高雅思想和纯净心灵中得到慰藉。正如本书译者何怀宏所言："这不是一本时髦的书，而是一本经久的书，买来不一定马上读，但一定会有需要读它的时候。近两千年前有一个人写下了它，再过两千年一定也还会有人去读它"。

博采众长的人生哲思

奥勒留是历史上著名的"帝王哲学家"，希腊文学和拉丁文学、修辞、哲学的造诣颇深。他一向博览群书。通过潜心阅读智者的著作并广交博学鸿儒，奥勒留懂得了爱自己的亲人，爱真理，爱正义，接受了以同样的法则对待所有人、实施权利平等和言论自由平等的政体思想，秉持最大范围地尊重被治者的所有自由的观念，也获得对于哲学的始终一贯和坚定不移的尊重。他具备行善的品质，为人随和，抱以善望，相信自己为朋友所爱。奥勒留一生光明磊落，从不隐瞒对自己谴责的那些人的意见。他坚持认为人类所有悲哀的唯一起因是因为人无法安静地待在房间里。因此工作时要认真地遵循正确的理性，精力充沛，宁静致远，不分心于任何别的事情，而保持自己神圣的部分纯净。若你坚持这一点，无所欲望亦无所畏惧，满足于你现在合乎本性的活动，满足于你言行中的勇敢和真诚，你就能幸福地生存。辞别人世而从未有过说谎、虚伪、奢侈和骄傲的嗜好，是一个人最幸福的命运。他拥有全局观并善用辩证法，注重形式上的修辞并践行实质上的思考。他告诫读者：幸福在于做人的本性要求的事情，生活是否幸福取决于思想的品质，道德品格的完善在于把每一天都当作最后一天度过，既不对刺激做出强烈的反应，也不麻木不仁或者表现虚伪。为人应该让身体拥有感觉，让灵魂有所归依，让理性遵从法则。他认为，我们听到的一切都是一个观点，不是事实。我们看见的一切都是一个视角，不是真相。如果你能敏锐地观察，就能明智地调查和判断。过一种幸福生活需要的东西确实是很少的，人生中所说和所做的绝大部分事情都是不必要的，一个人如果取消它们，将有更多的闲暇和较少的不适。他倡导人们每时每刻都要坚定地思考，从而使行为高贵，使动机纯正，摒弃一切无用和琐屑的思想，并应永远牢记：你的心灵不可征服。

流芳百世的经典名作

作为罗马皇帝，奥勒留统治着历史上曾经最强盛的帝国，在位的 20 年是一个战乱不断、灾难频发的时期。他统治的很多时间都在军营里度过，而该书的内容大部分就是他利用辛劳中的片暇写下的与自己心灵的对话。《沉思录》来自作者对身羁宫廷和所处混乱世界的感受，追求一种摆脱了激情和欲望、冷静而达观的生活。他的写作并不针对某个民族、某个阶级或是某种性别，而是直指读者的精神和灵魂。他在书中阐述了灵魂与死亡的关系，解析了个人的德行、个人的解脱以及个人对社会的责任，要求自己每日"三省吾身"以达到内心的平静，从而摒弃一切无用和琐屑的思想，以便正直地思考。他坦言：不仅要思考善与光明磊落的事情，还要付诸行动。他把一切对他发生的事情都不看成是恶，认为痛苦和不安仅仅是来自内心的感受，并且是可以由心灵加以消除的。他对人生进行了深刻的哲学思考，热诚地从圣贤身上学习果敢、谦逊、仁爱等人类最优秀的品质。

他希望人们热爱劳作、了解生命的本质和生活的艺术、尊重公共利益并为之努力。他提倡纯洁的生活，经常提醒自己要按照最好的方式生活，并用极其谦逊的态度和优美的笔调写出许多平实而又发人深省的至理名言。他不曾想到自己的这些文字会被出版，所以从书中你可以看到奥勒留正在摈弃所有物质和世俗的困难，去关注他纯粹的心智，思考什么对他而言才是真正最重要的东西。他能够非常诚实地剖析自己，非常坦诚地写下真实感受，令我们惊叹不已。该书字里行间无疑是从灵魂深处流淌出来的真情实感，朴实却直抵人心，充满了伟大的智慧。

俯拾皆是的生活箴言

作为位高权重的人中骐骥，奥勒留经过深思熟虑写下的生活箴言在《沉思录》中俯拾皆是，无不闪耀智慧的光芒。他告诫人们：每个人都只活于当下，而当下是一个无法被分割的点。人生的其他部分要么就是既成的过去，要么就是未定的将来。只有眼前的人生，对谁都别无二致。我们浪费或得到的，恰恰都是正在飞逝的光阴。他认为人是由三种东西组成的，一个小小的躯体，一点微弱的呼吸（生命），还有理智。前两种东西看似属于你，实质上你仅有照管它们的义务；而只有第三种东西才真正是你的。死亡是合乎本性的，而合乎本性的东西都不是恶。有理性的人不要以烦躁、厌恶和恐惧心情对待死亡，而要抱以乐观的态度等待这一自然归宿的来临。对人生而言，长寿与夭折的人放弃的一样多，因为一个人能被剥夺的只有"现今"，事实上只有这个是他拥有的，而他没有的东西当然也不会失掉，因此没有必要为将来担忧。如果你必须去到将来，你会带着同样的理由去，恰似你带着理由来到现在。

他认为人应该热切追求自己认为最好的东西，痛苦不是不可忍受或永远持续存在，只要你记住痛苦自有它的限度，不要在自己的想象中将其扩大就行了。过了今生今世，人就再也得不到什么来生来世。他倡导并身体力行地过一种独居自在的生活，认为理性的特征源于自己的正当行为及其产生的宁静和怡然自得。一个人只要把握住自己有的东西，哪怕只是一丁点，就能过上一种内心静谧的生活。

简单务实的生活指南

奥勒留提醒我们：对整个蜂群都没有用的东西，不会给其中一只蜜蜂带来好处。人的习惯如果不加以抑制，就会变成生活的必需品。在人际关系上，他认为人们相互蔑视，又相互奉承，各自希望自己高于别人，又各自匍匐在别人面前。因此要学会忍受劳作、清心寡欲、事必躬亲，不干涉他人事务和不轻信流言蜚语。不要以恶报恶，而要忍耐和宽容。人天生就要忍受一切，这就是人的义务。凡是符合本性的事情，就都值得去说和做。绝不要猜测别人的心思，琢磨别人心思的人从来都不是幸福的人。每个人都应该关注自己内心的所思所想，如果连这一点都做不到，那是很可悲可叹的。一个人不管别人的言行或思想是否正确，只管注意自己的行为是否正确，那么其人生将是何等丰富。要坏人不作恶，就像让无花果树不结果一样不可能。因此，一个好人不要烦恼于愚蠢和忘恩负义的人们，不要窥探别人内心的黑暗，而是"目不斜视地直赴目标"。不要虚有学问的外表而丧失自己的思想，也不要成为喋喋不休或忙忙碌碌的人。

　　他建议对付烦恼的原则是：即这并非是一个不幸，而高贵地忍受它却是一个幸运。一个人退到任何地方都不如退入自己的心灵更为宁静和更少苦恼，特别是当他在心里有这种想法的时候。不寻求外在的帮助也不要别人给的安宁，自己就必然独自站立，而不是靠别人扶着站立。在处事原则上，他坚持遇事不慌，临事不惧，从容不迫但亦不拖延，从不手足失措，从不沮丧，从不强颜欢笑，更从不发脾气或是猜疑。他认为，贪图虚名之人，喜欢把别人对他的溢美之词归功于自己的功德；贪图享乐之人，则喜欢把自我的感觉当成自己的善行；而真正理性之人，应该把自己的行为看成自己的真善。

醍醐灌顶的智者随笔　言简意赅的人生指南

—— 《培根随笔》

在互联网飞速发展的当下，快餐化的阅读和碎片化的知识已经成为人们阅读和获取知识的主流方式，阅读纸质图书的人群日渐稀少。然而，笔者以为，越是在喧嚣浮躁的社会氛围中，潜心阅读经典著作就越是弥足珍贵。最近重温了弗兰西斯·培根的代表作《培根随笔》。作者以简洁的语言、优美的文笔、透彻的说理、迭出的警句谈及自己对政治、经济、宗教、爱情、婚姻、友谊、艺术、教育、伦理等多个方面的真知灼见。该书问世于1597年，现在的版本形成于1625年，是英国随笔文学的开山之作，蕴含着培根的思想精华，在世界文学史上占据重要的地位。近400年畅销不衰并被译成多种文字出版的书，无疑是一本历久弥新的经典之作。该书1985年入选美国《生活》杂志"人类有

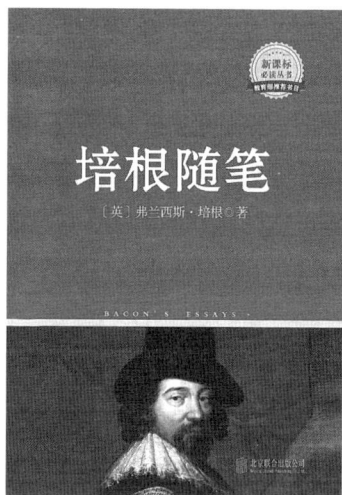

史以来的 20 种最佳书"。著名诗人雪莱评价认为：他的文字有一种优美而庄严的韵律，赋予情感以动人之美；他的论述中有超人的智慧和哲学，给理智以深刻的启迪。

学富五车的人中骐骥

培根是举世闻名的英国哲学家、思想家、作家及科学家。他出生于豪门，自修获得律师资格并步入政界，几经波折后成为国家重臣，最后又因一桩受贿案被国会弹劾去职。尽管其人生之旅跌宕起伏，但他锲而不舍追求学问的精神令人敬佩。革职为民之后，甘于寂寞的培根将全部的精力投入探究学问，最终成为中世纪英国著名的唯物主义哲学创始者。这位被马克思誉为"英国唯物主义和整个现代实验科学的真正始祖"的科学家，竭力倡导"读史使人明智，读诗使人灵秀，数学使人周密，科学使人深刻，伦理学使人庄重，逻辑修辞之学使人善辩。"他崇尚科学、发展科学的进步思想，一直推动着社会的进步。他认为，科学必须追求自然界事物的本源和规律。要达其目的，就必须以感官经验为依据。他提出了唯物主义经验论的原则，认为知识和观念起源于感性世界，感官经验是一切知识的源泉。要获得自然科学知识，就必须把认识建筑在感官经验的基础上。他还提出了经验归纳法，主张以实验和观察材料为基础，经过分析、比较、选择、排除，最后得出正确的结论。

在培根看来，人是自然界的主人，可以驾驭自然。但"要命令自然，就必须服从自然"，即掌握科学知识，认识自然规律。正是从这个角度出发，培根提出了"知识就是力量"的著名论断，至今影响人们的生活。该书包含的 58 篇随笔，从各个角度论述广泛的人生问题，言简意赅、富有哲理。阅读该书可知培根是乐观和进步的人文主义者，是政治思想十分开明的君主立宪论者，也是对人类进步和社会正义充满信心的理想主义者，无疑是名副其实的人中骐骥。

醍醐灌顶的智者随笔

培根在书中从不同角度论述了人与社会、人与自己、人与自然的关系，发表了许多独到而精辟的洞见，使众多的读者获得熏陶和指导。作为一位毕生追求真理的学者，培根有关真理的阐述尤其令人印象深刻。他指出，谎言之所以能够博得人们的欢心，是人们对谎言有一种天生的、尽管是堕落的爱。求知的目的不是为了吹嘘炫耀，而应该是为了寻找真理，启迪智慧。真理是时间的女儿，不是权威的女儿。时间是不可占有的共有财产，随着时间的推移，真理会愈益显露。与智慧相伴的是真理，智慧只存在于真理中。使人们宁愿相信谬误，而不愿热爱真理的原因，不仅由于探索真理是艰苦的，而且由于谬误更能迎合人类某些劣根性。在人类历史的长河中，真理因为像黄金一样重，总是沉于河底而很难被发现；反之，那些如牛粪的谬误漂浮在水面上到处泛滥。

他提醒读者：从错误中比从混乱中更易于发现真理。真理之川从它的错误之沟渠中流过；像萌芽一般，在一个真理之下又生一个疑问，真理与疑问互为滋养。人们不仅要追求真理，认识真理，更要依赖真理，这是人性中的最高品德。当有人问及人生最重要的才能是什么？培根的回答是：第一是无所畏惧，第二是无所畏惧，第三还是无所畏惧。书中广为流传的经典名句俯拾皆是，如"一个自身无德的人见别人有德必怀嫉妒。""最能保人心神健康的预防药，就是朋友的忠言规谏。""怀疑允许忠诚离开，猜疑就像动物世界中的蝙蝠一样，总是在昏暗中飞翔。""疑心使君王倾向专制，丈夫倾向嫉妒，智者倾向寡断和忧郁。"

充满睿智的人生指南

毫无疑问，有关人生的探讨在书中占有相当大的篇幅，使它成为一本充满睿智的人生指南。书中闪烁着作者智慧之光的金句比比皆是，如"读书使人充实，讨论使人机敏，写作使人精确。""幸运并非没有恐惧与烦恼，噩运也并非缺少安慰与希望。""好的运气令人羡慕，而战胜厄运则更令人惊叹。""幸运的时机好比市场上的交易，只要你稍有延误，它就将掉价了。"他认为应该辩证地看待人生的不同阶段：青年人比较适合发明，而不适合判断；适合执行，而不适合磋商；适合新的计划，而不适合固定的职业。最好的人生策略是把青年的激情与老年的睿智在事业上结合起来。从当下的角度说，青年可以从老年身上学到自己不具有的优点，而从社会影响的角度来看，有经验的老人执事令人放心，而年轻人的干劲则鼓舞人心，如果说老年人的经验可贵，那么青年人的纯真尤为崇高。他指出，金钱是品德的累赘，是走向美德的一大障碍；因财富之于品德，正如军队与辎重一样，没有它不行，有了它又妨碍前进，有时甚至因为照顾它反而丧失了胜利。炫耀于外表的才干陡然令人赞羡，而深藏未露的智慧则能带来幸运。

作者对人性的理解也是力透纸背，令人赞叹。培根认为，人们大半依据自己的意向而思想，依据各自的学问与见识而谈话，而其行为却是依据他们的习惯。人的天性虽然隐而不露，但却很难被压抑，更很少能完全被根绝。即使勉强施以压抑，只会使它在压力消除后更加猛烈。善的定义就是有利于人类，同情是一切道德中最高的美德，而人生最快乐的事莫过于随心所欲、无拘无束。

言简意赅的先哲智慧

依笔者愚见，读书的最大益处在于：开卷时我们的大脑就是先哲思想的运动场，读经典之作犹如聆听高人赐教。培根告诫我们，人的天赋如同自然花木，要通过学习来修剪。除了知识和学问之外，世上没有任何其他力量能在人的精神和心灵中，在人的思想和信仰中建立起统治和权威。书籍是在时代的波涛中航行的思想之船，它小心翼翼且永不停息地将珍贵的人类精神财富代代相传。读书是为了获得享受，培养斯文的气质和发展的才干。读书不是为了雄辩和驳斥，也不是为了轻信和盲从，而是为了思考和权衡。读书能补天然之缺陷，经验又能补读书之不足。自以为是的人蔑视知识，淳朴善良的人崇拜知识，而聪明机智的人则使用知识。对知识的使用，其实是一种来自知识而又高于知识的智慧。培根指出，习惯是一种顽强而巨大的力量，可以主宰人生。教育其实是一种从早年就起始的习惯，只有长期养成的习惯才能多少改变人的天生气质和性格。既然习惯是人生的主宰，人们就应当努力求得好的习惯。因此，人自幼就应该通过接受完美的教育，去建立一种好的习惯。

人是社会的产物，集体的习俗，其力量远大于个人的习惯。美德要想在人的天性中发扬光大，就离不开一个秩序井然、管理有方的社会环境。因此建立具有良好道德风气的社会环境，最有利于培训优秀的社会公民。对于法官而言，学识比机敏重要，谨慎比自信重要。培根认为，世界上最要命的曲解就是对法律的曲解。一次不公正的审判，比 10 次犯罪造成的危害尤烈，因为犯罪不过弄脏了水流，而不公正的审判则败坏了水的源头。

　　培根还高度赞扬了人间的友谊。他认为缺乏真正的朋友乃是最纯粹最可怜的孤独，没有友谊则世界不过是一片荒野，凡是天性不配交友的人其性情可以说是来自禽兽而非人类。友谊的一大奇特作用是：如果你把快乐告诉一位朋友，你将得到两个快乐；而如果你把忧愁向一位朋友倾吐，你将被分掉一半忧愁。俗语说：人总是乐于把最大的奉承留给自己，而友人的逆耳忠言却是治疗这种痼疾的良方。友人的诤言给自己带来的光明，远比从自己的理解和判断力得出的光明更干净纯粹，因此友谊使欢乐倍增，悲痛锐减。

涉猎广泛的科学巨擘　潜心科普的学术通才

——《反叛的科学家》

纵观科学发展的进程，回眸科学巨匠们辉煌的人生，除了在本专业有很深造诣之外，极少有矢志潜心于科普创作者，而物理学巨擘弗里曼·戴森则是杰出的一位，《反叛的科学家》为戴森的代表作。它由一组主题多样的书评、序言和小品文辑成。该书按主题分成4部分，涉及科学技术领域中出现的政治问题、战争与和平、科学史与科学家以及个人与哲学的反思。戴森以生动优美的语言绘声绘色地讲述了科学家在工作中的故事，从牛顿专心致志于物理学、炼金术、神学和政治，到卢瑟福发现原子结构，再到爱因斯坦固执地反对黑洞观念。戴森以切身经历回忆了他的恩师和挚友特勒与费曼等聪明绝顶的一代豪杰。书中科学家的逸闻趣事和对人心的深刻体察比比皆是，彰显了作者的怀疑精神。该书出自卓越的科学家兼文笔

生动的作家之手，展现出对科学史的深刻洞察，以及当代名家探讨科学、伦理与信仰的新视角。对我国学者而言，窃以为，这本荣获第九届文津图书奖的新书不仅令我们洞烛世界，定会使读者眼界大开。

涉猎广泛的科学巨擘

戴森 1923 年出生于英国，是全球量子电动力学的先驱。他早年追随著名的数学家哈代研究数学，二战后去了美国，师从费曼等人，开展物理学的研究工作。他证明了施温格与朝永振一郎的变分法和费曼的路径积分法等价，为量子电动力学的创建作出决定性的贡献。1965 年，费曼、施温格和朝永振一郎因量子电动力学方面的成就获得诺贝尔物理学奖，戴森却因获奖人数的限制而与诺贝尔奖失之交臂。戴森不仅是蜚声世界的科学大家，更是涉猎广泛的科学天才。1953 年后，他一直在举世闻名的普林斯顿大学担任教授，与爱因斯坦、奥本海默、费米、费曼、杨振宁、李政道和维纳等科学巨匠有频繁且密切的交往，对美国科学界近几十年的发展动态和内幕了如指掌。作为举世闻名的学术巨擘，他一生优游于数学、粒子物理、固态物理、核子工程、生命科学和天文学等广阔的学科领域，同时又酷爱和平，心系人类命运，思索宇宙与人类心智的奥秘，检讨人类道德伦理的困境，尤其以在核武器政策和外星智能方面的杰出成就而秀出班行。戴森坚持认为，货真价实的伟大科学家既有真正天才的灵光，亦做出令人瞩目的成就，并能破除将他们与普通大众隔离开来的壁垒。成为偶像的科学家不仅是天才，而且还必须是演员，要表演给人们看，并享受公众给予的喝彩，同时需要睿智，可以对一些严肃的问题做出合乎情理的回答。

造诣深厚的科普名家

作为一位饱学之士，戴森被公认为科学史上真正有思想、有情怀及有魅力的稀世之才；更难能可贵的是，他自幼就喜爱文学作品，文字功底扎实，并擅长撰写科普读物。他先后出版了《宇宙波澜》《想象的未来》《太阳、基因组与互联网：科学革命的工具》等多部广受读者欢迎的科普著作。戴森的作品之所以富有情趣、魅力十足，主要是因为：（1）他对科学的本质洞察入微，对科学的思维方式也有精深的理解；（2）基于广博的兴趣，他涉猎广泛、视野开阔、思想旷达；（3）他具备深厚的哲学素养和浓郁的人文情怀；（4）他个性鲜明、见解独特，而且善于表达。《反叛的科学家》收录的基本是作者晚年的作品。戴森非常善于讲故事，主题往往由自己的亲身经历或体验展开。他强调："要明白科学及其与社会互动的本质，你必须检视独自的科学家，以及他面对周遭世界所抱持的态度。"戴森喜欢用科幻小说来进行案例分析，并以此比照和评价科学事实，这也是其作品内涵丰富、可读性强且颇具启发意义的显著特色。他把自己从事的科学称为"自己的领域"，而将科幻小说当作"我的梦想家园"。他认为科幻小说比科学更通俗易懂，且可以"显示有人情味的输出"。这通常要"比任何统计分析都高明，因为真知灼见需要想象"。戴森认为好的科普作品最重要的特点为：描写准确、可读性强且短小精悍。该书中的各篇文章不仅行文典雅、理论高妙，往往还结合作者的亲身经历，深入浅出地进行理性而公允的述评，令人信服，并有助于激发读者强烈的阅读愿望。

备受争议的学术通才

作为全球物理学界的大师级人物，戴森在众多学科领域具有百科全书般渊博的知识，其学术名望一直比肩诺贝尔奖得主。有人猜测，或许由于与得奖擦肩而过引起的失望及对立情绪，才导致戴森后来去涉猎那些与其非凡才能极不相称的工作，如探索外星文明和太空移民的构想等。当然，也有人认为对戴森的评价始终就是褒贬不一。在专业研究上，他无法全神贯注地从一而终。他始终认为：科学充其量不过是"一种对权威的反叛"。他精通粒子物理学、天体物理学和理论数学，在相关的领域也造诣颇深。戴森有一种洞察不同事物间内在联系的稀世才华。他经常将貌似风马牛不相及的人、事与物联系在一起，从不同侧面对自己的观点予以有力地支持和阐述。在该书的"从局外看宗教"一文中，戴森将神风突击队队员与发动美国"9·11"袭击的恐怖分子进行类比，大胆地提出：发动美国"9·11"袭击的年轻人"不是被洗过脑的僵尸，如果我们想了解当代的恐怖主义现象，想要采取有效的预防措施，以减小它对带理想主义色彩年轻人的吸引力，首要的一步就是理解我们的敌人。在能够理解他们之前，应该尊重我们的敌人。"这样令人耳目一新的观点在书中俯拾皆是，多数能达到令人折服的效果。他的这种搭桥能力和广阔的视野，令笔者钦佩不已。

科学与反叛并行不悖

作者坦言：科学家都具有反叛精神，在追求大自然的真理时，他们受理性更受想象力的指引，其最伟大的理论无疑具有伟大艺术作品的独特性与美感。作者认为，科学的核心事实是，属于愿意努力学习它的人。科学作为一种颠覆的力量由来已久，它好似一幅由多种偏颇而又相互冲突的观念构成的镶嵌画。科学与所有文化中的自由精神结成盟友，违抗每种文化强加在本地孩子们身上的暴政。倘若科学不造权威的反，那么它就不值得我们最聪明的孩子为之奉献自己的聪明才智。他提醒人们必须从 3 个方面看待科学：首先，它是人类理性与想象力的自由活动；其次，它是少数人对多数人需求所做出的回应，回应他们对财富、舒适及胜利的需求；最后，它是人类渐进式征服，首先征服时空，然后是物质本身、人与其他生物的身体，最后是灵魂中的黑暗和邪恶。反叛的精神和在严格的学科中不懈追求卓越并不矛盾。在科学史上，经常会出现反叛精神与专业能力携手并行的情况。在富兰克林身上，最完美地体现出集杰出的科学家与伟大的反叛者于一身的特性。作为一位科学家，他没受过正规教育，也未继承遗产，却击败了那些有学问的欧洲贵族；作为一位愤世嫉俗的反叛者，他身上体现出的叛逆，是一种经过深思熟虑的反叛，更多的时候是受理性与周密计划驱策，而不是受激情与仇恨驱使。

科学进步的真知灼见

作为一位深具远见卓识与充满人文情怀的智者，戴森还经常抛开职业褊狭与门户之见，在作品中探讨战争与和平、自由与责任、希望与绝望等事关人类前途和命运的伦理问题，时有发人深思之论、促人警醒之语。他相信，科学是一种艺术形式，而不是一种哲学方法。科学家既不是圣人也不是魔鬼，而是具有人类共同弱点的普通人，难免受到权力与金钱的腐蚀。尽管他往往是从自己熟悉的科学角度记述和描绘未来，但并不主张科学是唯一有权威的声音。

他告诫人们：科学与宗教一样，其权力也常常被滥用，如今纯科学家越来越不食人间烟火，而应用科学家却日趋急功近利。他并非危言耸听地提醒人们：除非伴随道德的提升，否则技术进步带来的伤害会超过益处，注定给人类带来巨大的困惑和灾难，而道德进步是补救科学发展造成破坏的唯一良方。戴森还在其多部作品中检讨了科学的过失，感叹科学与技术的前途凶吉未卜，而且由于我们都缺乏高瞻远瞩的智慧，难以判定哪条路径会通向灭亡与沉沦。他认为，21 世纪让人类有濒临绝迹危险的最强大技术是机器人、基因工程和纳米技术，不负责任地运用生物知识就意味着灭亡。他甚至坦言，科学应该为一些严重的社会问题乃至罪恶的产生承担责任。这是大多数科学家并不愿意接受的观点。戴森为人及著文的思想境界之超脱和高远，由此可见一斑。

国际关系的条分缕析 多元时代的大国不易

——《大国不易》

岁月不居，时节如流，转眼间又逢新春佳节。作为一名医务工作者，似乎一直以治病救人为己任，充其量也就是对医改有所关注，而对国之大事关心甚少。而当笔者利用春节长假阅读完环球时报社总编辑胡锡进著述的《大国不易》后，对自己以往只见树木不见森林的管见甚为汗颜。这本刚刚面世的新书，共分9个部分：中国自信，大国太极，共赢新思维，多元之和，自由的背面，"一带一路"，谁在南海搞小动作，文化有硬度，舆论是个场。作者以一位资深外媒体人和观察者的独特视角，分析和梳理了当下世界的格局，论述了中国所处的风云变幻的世界格局，抛出了中国作为大国面临的问题，并给出了犀利的答案。大国前行，从来不易；笃行之志，从来不移。《大国不易》是2016年的年度大书。通过阅读该书，读者能看到一个正在崛起

的中国，有自信，更有情怀。

善于反思利蹄疾步稳

作者在序言中语出惊人：中国是大国，而大国的最大宿命是不容易，而不是很牛、感觉超好。超级大国地位给美国带来了好处，但美国也是冷战后军人战死最多的发达国家，而且是国际恐怖主义的顶级目标。当前的中国社会进入了多元时代，构成了国家运行崭新的人文基础。每当回首，人们常常忘记曾经走过的险境，记住的是不断累积的成果。中国是个超级复杂的大国，现代化元素进入我们的古老体系，总要在互不相同的介质里回响。对这些回响的性质，我们和世界都是陌生的。有些人断言自己看得很清楚，那是吹牛。最近西方主流媒体唱衰中国的声音变得频繁起来。它们大多抓住中国经济下行压力这个焦点，强调中国面临严重经济乃至政治危机，进而宣扬中国"即将崩溃"。

作者认为，中国发展的参照系非常复杂，但大体说来有纵向及横向两大方面。纵向来说，中国的发展速度在换挡，从高速增长变为中高速增长，且这种变化是中国经济总量登上十万亿美元级别时发生的。全世界都明白没有永远高速增长的经济体，但中国告别两位数增长，则被一些人看成"政治问题"，是逻辑混乱和不自信的表现。横向来看，目前全球都面临"治理危机"，大国可谓一家一本难念的经。美、俄、欧洲都经历过严重的金融危机，但都"挺过来"了，并保持了各自的骄傲。事实是，中国社会对未来的期望很高，生活在高速发展的惯性中，对稍微慢下来异常敏感。但这应当是中国的优势，而不应成为负担。只要中国目标明确，以经济建设为中心的路线保持稳定，前进就势不可挡。时至今日，中国最大的问题不是经济下行的压力，而是围绕社会信心及承受力产生的争议。哪个国家的主流社会善于反思，它就有可能在未来的世界竞争中独步天下。

以史为鉴助知难奋进

我们深知，忘记过去就意味着背叛，铭记历史是为了面向未来的超越。今日中国总体上处在新中国 60 多年的最好时期，我们经历过战争、灾荒、经济紧缺、政治动荡等各种严重问题和灾难，每一段都值得我们做成书签，成为每次翻页都触碰一下的岁月。如今，类似的迫切威胁都荡然无存。今天中国从调结构到反腐败的经济及政治目标都是"改善型"和"励志型"的，是建设更美好生活的自我加码，而不是走投无路下的"背水一战"。中国长期没有出现严重危机，我们对自己的承受力多少有些"没底"。社会习惯了稳定，对各种不稳定因素高度警惕，不断想象。西方舆论时而大夸中国，时而预言这个国家不堪一击。中国到底多坚韧，或者多脆弱，只能由时间来证明。但是一个简单的道理是，中国有过一些严重的危机，但都闯过去了。当这个国家变得空前强大时，它有什么理由比过去更脆弱呢？

中国连续几十年在全球发展中交出了优异的答卷，我们深知不进则退的道理，保持持久的危机感，力争今后也做得很好。但中国毕竟不是"发展之神"。我们有弱点和局限，需要接受未来的某些曲折，不妄自菲薄，而是集中精力构建克服新问题的能力。作者认为，中国的全面深化改革是对安逸的主动放弃。我们在调动自己的"野性"，逼自己敢拼，敢面对挫折，我们在做新的开创，而不是保持在前人为我们创造的惯性上。出现问题往往是拓展这个国家承受力的契机，带来我们对国家稳定的新思考和新认识。我们常说中国有巨大潜力，潜力不仅是资源、机会，还包含我们消化各种问题及危机的弹性和韧性。作者指出，大国应该内强自身且外广交友，要避免大悲大喜，遇事平和就是一种力量。我们必须知道，中国的崛起是一次真正的长征。我们需要补足的短项很多，在未来的很多年里，中国都成不了全面的"超级大国"。

忍辱负重的多元之和

在生活中我们知道，每一次变化都会让人感觉很累，稳定在多数情况下是众望所归。中国多元时代的"和"是什么样，要由大家共同慢慢塑造。作者认为，中国多元社会的发展指向应当是更高意义上的"和"。多元时代的和首先是共存的能力，各种力量组成的合力应当是正面和建设性的，与国家前进的大方向一致。我们以往对和的认识基于传统的社会治理，和谐大多被理解成各种建设性的环环相扣。而当下的社会多元表现打破了我们对传统"建设性"的理解。在国际上，中国崛起使我们处于这样的位置：我们无论做什么，释放多少善意，国际上都有用心不良的人攻击、歪曲、丑化我们，给我们"下马威"式的警告。中国的改革开放路线实际上遵循了"开放改革"的逻辑。中国遭到挑衅，根本原因是我们的力量成长受到嫉妒，引起恐慌，但又没有强大到让日、菲等国像尊重美国一样尊重我们的程度。

如今"和"似乎是必须的。支持是朋友，拆台者也不能轻易搞成敌人。好话好说的建议能促进团结，带有恶意的指责甚至挑衅也不应轻易就把大国的内外节奏搅乱。无论我们多讨厌打擦边球的"麻烦制造者"，除了在直接应对，争取社会形成更多弹性和承受力，我们似乎别无选择。多元化是这个时代的要义之一，必须承认多元化对中国社会包含了一定风险，积极化解这种风险是明智之举。如果说多元化不可避免，和是唯一安全的着陆场。和既是境界，也是底线。这恐怕不是什么崇高的口号，而是一句大实话。如果我们的社会能够就多元达成质量较高的共识，那么中国作为大国的难处就不再是小社会各自难处的总和，更不会成为它们相乘的积数，这些难处就有可能形成相互牵制乃至部分相互抵消的神奇关系。

独辟蹊径地仗义执言

该书的文章都是作者近年来撰写的评论类文章，其观点有些很尖锐，有明确的批评目标。作者坦言："在我们发出这些批评的同时，不意味着我们认为自己的声音应当是唯一或者压倒性的。我们只是促成合力的一个元素而已，我们期待的就是那个最终的和"。作者认为：中国传统文化中不缺大国情怀这个元素，只是由于自近代以来中国积贫积弱，饱受侵略和欺凌，在列强的宰割下几近亡国亡种，故存在一定的历史悲情。今日的中国已经是世界第二大经济体，我们的国家综合竞争能力已稳居世界前列，故需要从历史悲情重回大国情怀。作者指出，人是需要敢想敢干的，一个国家亦如此。年轻一代的成长需要解决实际问题和需求的勤奋，也需要浪漫主义的召唤和引导。模仿能让中国摆脱以温饱为标准的贫困，但它支撑不了世界第二大经济体的运转，更提供不了中国继续前进的动力，因此创新作为中国从产业到文化新的精神旗帜已经高高举起。

大学汇聚的都是知识精英。他们有学识有见地，但往往比较自负。如果没有一个宏伟的目标使大家和衷共济，知识精英在一起时相互拆台的多，形成合力就难。如今中国互联网上存在着一些泛泛的不满和怨气。互联网是听不进申辩的，经常对出事的人和机构一棍子打死，对被批判者的唯一要求就是认错和低头。媒体如今处在前所未有的困难时刻，媒体记者的水平也是改革开放以来最参差不齐的时期。批评不可能在中国被禁止，限制正当批评的时代早已过去，任何治理都需要得到大多数人的理解和支持才能顺利进行。GDP 永远是媒体的宠儿，因为它简单直观，像傻瓜相机一样好用。GDP 犹如一个人找对象时最能满足面子的外在条件，而如今中国经济和社会发展的多目标管理要求的却是真正的"好日子"。

大国度量的举重若轻

2014 年，中国的 GDP 首次突破十万亿美元，成为全球两个十万亿级超大经济体之一。中国今日的高铁总长已达 1.6 万公里，超过世界高铁营业里程的一半。由中国首次提出，中国、巴西、秘鲁三国政府已经达成共识的"两洋铁路"是一条计划从巴西大西洋沿岸到秘鲁太平洋沿岸的铁路，总长约 5000 公里。它将成为全球意义上的现代化铁路建设的奇迹。作为参与全球竞争的大国，我们已经懂得改革的同时必须高度开放。如今美国思科公司的设备占了中国电信 163 骨干网络 73% 的份额，进入该骨干网的所有超级核心节点。目前中美两国贡献了全球经济增长的 40%，其中中国独占 30%，但美国的经济总量仍比中国高出一截，质量遥遥领先，中国全面赶超美国谈何容易。

回眸历史，任何社会总会阴差阳错导致各种危机的出现，而一个社会能否前进得平稳，一方面取决于它避免和修正错误的能力，另一方面取决于它遭遇大小问题和危机时的承受力。国际关系是非常容易动怒的领域，而历史的经验告诉我们，发怒或为仇恨而出牌的一方，往往都要吃亏。因为愤怒和仇恨会扰乱认识，诱发或扩大战略误判，将自己推入一时痛快却往往是错误的路线。因此中国应当有原则，敢斗争，但同时也需要不急不躁，不被轻易激怒。作为一个大国，我们将被迫在精神上强大起来，真正做到我们自己好好做事，让别人说去吧！我们还要习惯妥协，中国操的盘越大，越需要升华对"赢"的理解。

合作共赢的"一带一路"

当今世界已经不是冷战时期，新的经济秩序正在形成，没有人能阻止历史的车轮。作者通过分析多种现象，向读者呈现一个新经济的世界秩序。如今有关中国最令人瞩目的话题就是提出"一带一路"的战略和发起创办亚投行。"一带一路"是中国提出的第一个面向亚非欧等广大地区的发展战略，是一个地地道道的国际经济社会发展规划。它强调共商、共建、共享，其目的就是合作共赢。即使领土纠纷、政治制度差异、文明背景不同也不会成为合作障碍，因为它是全方位开放的合作平台。平等互利是其首要原则，不会有一个国家会因为"被迫"而进入这个合作体系，但其吸引力却是真实和难以取代的"一带一路"是中国的一份坦然和自信。它已经形成天时地利人和的基本态势，它不是中国的心血来潮和逆水行舟，而是顺势而为的扬帆之举，合作共赢原则为它注入举重若轻的愉快因素。

我们发起创办亚投行既非针对日本，也不是对付美国，那是中国根据自身和亚洲需要所做的顺势应时之举，它因水到渠成而举重若轻。亚投行绝非中国的"面子工程"，50 余国申请加入的惊人成绩震动世界。但我们应该清醒地认识到，亚投行之赢不是中美间的胜负，因为美国霸道过头而一时孤立就看扁这个超级大国是很不明智的。尽管过度自信和自我中心感一时限制了西方精英的视野，但商业文化厚重的美国仍有较强面对现实的自我调整能力，这通常也被看成美国的承受力。如今的中国已经站到没有现成榜样、必须自我探索今后发展之路的崭新节点上。这样的探索充满挑战，困扰迭出，让人费神而纠结，此时拥有强大的意志和对临时困难的承受力将比任何时候都更加重要。

国际关系的条分缕析

《大国不易》写的是当今世界的难，尤其是中国的难。作者通过列举中国及周边国家对美国的态度，以及欧洲国家与中国的关系，向读者呈现一个多元、复杂的世界，并给出发人深省的答案。该书的特点是直面中外问题，在复杂性的视角下把握真实性，在坚持中国立场的前提下寻求合作共赢。作者指出，大国不易，难在顺大势，察民情，强筋骨，善博弈，巧纵横，只有彻悟难易转换之道，才能使治大国如烹小鲜。在世界体系中，中国是复杂的，我们国家的复杂既跟我们的国家大有关，也跟我们国家正在崛起以及外界对我们的压力有关，还和我们在崛起的过程中面临的特殊使命有关。

中美没有博弈是不现实的，但博弈完全可以是积极、有趣，而非火药味十足。中国应在美国"枪杆子"和"笔杆子"之间进行充满智慧的穿行。中日友好对双方都有利，美国是影响中日关系的重要外部力量，美国的真实态度是中日必须吵架但不能打架。日本对华的很多反常表现的根源都是它面对中国崛起的强烈危机感。欧盟是中国第一大贸易伙伴，双方没有地缘政治纠葛，欧盟强大后受到最多牵制的是美国，中国什么损失都没有，所以中国应该是欧盟之外最真心希望它向好的大国。中欧关系这几年在平稳的基础上发展很快，成为中国同西方关系中最成功的一页。英国等欧洲强国带头打破西方国家在加入亚投行问题上的犹豫，尽管他们以实际行动支持了我们，但欧洲很难成为我们志同道合的朋友。韩国是同中国建交最晚的东亚国家，但中韩贸易很快就成长为世界级的大规模贸易之一。随着两国正式签署自由贸易协定，中韩贸易超过 90% 的商品将享受零关税。这是"只要意愿明确，困难都能克服"的成功范例和写照。谈到中印关系，作者认为中印都应跳出互相包围的"围棋思维"，通过龙象共舞来携手发展。

别有洞天的大国气魄

中国是一个新兴的大国，我们可能不太会意识到，从甲午战争战败签订《马关条约》到现在也才 120 年。在历史的维度上，这更是一个小数字。仅百余年，现代化元素迅速进入了我们的古老体系，这种冲击带来了新的生命力，也让这个国家的躯体不可避免地忍受阵痛。如今，我们目力所及呈现出中国复杂多元的景象：文明与落后同行、富裕与贫穷同在、美丽与肮脏并存。我们身处其间，享受着现代工业带来的便捷生活，也呼吸着沉重的雾霾；我们赞美社会的进步，也批判文明之光没有照耀到的地方。于是，对中国这个话题，自然而然就有了各种声音。

历史证明，强盛的中国比孱弱的中国更能促进亚洲的稳定与安宁。作者认为，大厦之成，非一木之材；大海之阔，非一流之归。大国者，并非居高临下、盛气凌人，不是玩霸权、搞干涉，不是天上掉下馅饼，不是美梦自动成真。大国之大，是治国安邦的责任大，是为民谋福祉的压力大，是攻坚克难时的风险大，是引领和平与发展的影响大。作者坦言，构架大国心态是中国的一场硬仗。越是大国，越遭埋怨，越干好事，越被挑剔。做大国是复杂运动，要求我们有韧性，敢进敢退，拿得起放得下，最终不再朝向四面八方的接触中消耗自己，而是赢得总得分的胜出。大国笃行，得有自信、有胸怀、有品格。不必刻意挖掘什么戏剧性、转折和突兀，一个大国的前行，当从容有度，稳健靠谱，不从毁誉，不计小利。大国笃行，是为常态。"千磨万击还坚劲，任尔东西南北风"，这是郑板桥对竹子品格的描述，更是今日中国砥砺前行之际的基本气质。

尊重宪法的舆论自由

作者指出，在任何国家，宪法展示的社会应有面貌都比社会实际面貌更为理想一些，缩小两者的差距是代际之间的递进使命。文化，包括意识形态是一个国家政治凝聚力的基础性构件。文化是有硬度的。中国作为一个大国在世界上崛起，深刻改变了亚太地区的地缘政治结构。多种文化的碰撞，不是什么坏事，反而会成为历史进步的推动力。如今的中国既要文化安全也要言论自由，但言论自由与国家安全绝不能对立，不顾国家安全的言论自由只会昙花一现。文化安全牢固了，社会内部的百花齐放就多了信心元素，其对外交流的心态也更稳定，可以减少不必要的疑虑和犹豫。

时代早已改变，舆论的多元化已成定局。官方不再是信息的唯一发布者，而成为舆论场上的信息源头之一。信息透明需要中国社会各界和各个方面在信息化时代同步成长，需要社会经验和成熟度总的积累。互联网时代的声音，交织成为"火力网"，更形成话语的权力场。每个人的角色不同，其责任的表现形式也不一样。比如说自由派的人，其责任就是要在遵守法律的基础上倡导社会的多元，表达合法的不一致的观点，让反对的声音更加规范化。互联网虽引无数人竞折腰，但这个表面浪漫的虚拟世界，现实逻辑性越来越强。所有上网的人，都需要承担与其影响力相应的责任和义务。影响力越大就越需要谨言慎行，这一规则正在把虚拟世界变得很像现实。未来互联网的弄潮儿将是一批有智慧、有能力在互联网上传递正能量的人。

美国社会的深度剖析　值得借鉴的他山之石

——《美国社会问题》

　　进入新世纪以来，随着国际交流的加速和网络发展的日新月异，世界已经变成一个小小的地球村，天涯若比邻的梦想早已实现，从而导致我们更加关注全球的变化。笔者以为，在密切注视世界的进程中，国人对美国的关心程度与日俱增，尤其是去年对美国总统选举的关切程度无疑达到登峰造极。然而，千山万水之遥、浩瀚大洋相隔，使得我们并非全面了解真实的美国社会。

有鉴于此，自己最近花费了大约 1 个月的业余时间，认真研读了美国作者斯坦利·艾岑、玛克辛·巴卡·金和凯利·艾岑·史密斯共同撰写的《美国社会问题》第 12 版。可以毫不夸张地说，这本逾 600 页的皇皇巨著不仅内容翔实、印制精良，而且图文并茂，3 位作者都是社会学研究的行家里手。该书是对美国当代社会问题

的理论梳理和现实分析，内容涵盖社会问题的概念、分类、范式以及当代美国社会面临的政治、经济、人口、种族、环境等问题，主要研究这些问题的成因、根源、现状、解决的方法以及对未来的预测等。该书不仅包含大量的一手资料，而且视角独特，立意新颖，尤其是作者从关键的、冲突的角度看问题，着眼于美国社会问题的结构性原因及不平等的根源，对当今世界冲突的原因给予了足够深入的剖析，不失为一本了解当今美国社会问题的经典读物。拘于篇幅所限，现就读者感兴趣的方面介绍如下，以飨读者。

无法逃避的社会问题

先哲曾言：人类面临的最大问题是社会问题，因为解决它不靠技术而靠人。作者指出，社会问题具有客观现实性，该书的目的就是辨别、描述和解释客观现实的社会问题。传统的社会问题研究着眼点总是社会的病症状态，而不去追根溯源。如关注犯罪却不反思法律，关注精神病却不审视生活质量，关注穷人却不考虑富人的掠夺，关注学生心理健康却不检讨教育制度。作者坦言，要想客观地定义社会问题必须注意以下几点：人们的主观性无处不在；为了发现客观现实的社会问题，不能全盘接受权威给出的定义；仅根据民意定义社会问题会忽略现有的社会秩序这一最重要的部分。时至今日，尽管科技进步一日千里，但社会问题依然是人类必须认真面对的难题。当人们满怀希望跨入新千年后，都以为能够过上更好的时光，但对美国人民而言却事与愿违。美国《时代周刊》已经把21世纪头10年形容为"地狱般的10年"，恐怖主义、战争、自然灾害、恐惧心理、不安全感、分裂以及逐渐暗淡的"美国梦"等，都是这一时期的标签词。下列事件足以反映这个动荡年代里美国社会问题的严重性：（1）2000 年总统大选中，尽管小布什比戈尔少了 5 万张选票，但他仍当选为美国总统。（2）伊斯兰恐怖组织劫持飞机撞击世贸大厦和五角大楼，近 3000 人遇难。（3）美国入侵阿富汗和对伊拉克的军事行动，共耗费约 2 万亿美元，5000 多名美国人、数百万伊拉克人和阿富汗人丧生。（4）"卡特里娜"飓风袭击墨西哥湾岸区成为美国历史上最严重的自然灾害，造成 1500 人死亡和 1000 多亿美元损失，数百万灾民无家可归。（5）2000 年，生活在贫困线以下的美国人为 11.3%，2008 年达到 13.2%。（6）没有医疗保险的美国人比例从 13.7% 升至 15.4%。总之，这是一个剧变的时期，且大多数变化都是消极的。该书探讨的就是上一个 10 年里美国存在的各种社会问题。

不容忽视的环境危机

作者指出，社会问题是指对人造成精神和物质上痛苦的社会环境，以及违反社会规范和价值观的行为。全世界居民共同享有海洋、河流、湖泊和空气，因此环境问题一直是跨越国界且不可回避的社会问题。地球正面临 3 个相互关联的环境危机：矿物燃料的焚烧、热带雨林的破坏及全球变暖。目前全球的共识是：快速发展的技术会消耗珍贵的资源、产生有害的热量，给生态环境带来诸多的负面影响，因此将受到限制。奥巴马指出，气候变化危机已相当严重、迫在眉睫，且日益增长。作者从 3 个方面讨论了环境问题：人类社会总是在改变自然环境，虽然面对某些极端的环境问题无能为力，但大多数问题来自社会；当前的环境问题相当严重，直接危及人类的生存；虽然环境问题可能起源于某国，但通常会造成全球性后果。当下有 3 种社会因素打乱了生态系统：人口的暴增增加了对食物、能源、矿产等的需求；不断扩大的贫富差距加剧了社会的不稳定性，全世界人口中最富有的 20% 为个人消费总额贡献了 77%；经济增长导致环境恶化，1950 年以来，世界经济增长了 5 倍，环境相应地不断遭到破坏。作者以翔实的数据为读者展示了人类对环境触目惊心的破坏：已有 7.5 万种化学物质被排放到大气中，食物中它们与人类如影随形；美国每年使用的杀虫剂产品超过 2 万种，导致人群中患白血病、胃癌等的比例明显上升；美国在人均和总值上都是世界最大的固体垃圾生产国，要丢弃 30% 的世界资源；美国每年有 7 万例早逝源于空气污染，空气污染是呼吸疾病、癌症、中枢神经功能损伤等疾病的主要原因；水污染是欠发达国家亟待解决的问题，世界上大约 12 亿人缺少安全的饮用水，每年超过 500 万人死于可以预防的水传播疾病；过去 50 年全球气温平均升高了 2 摄氏度。

两极分化的经济帝国

马克思曾经指出，经济力量决定其他制度的形式和本质。我们知道，社会学家不用谚语解释社会行为，也不借助错误抽样或权威观点得出结论，主要依据调查研究、实验、观察和现有数据这 4 种可靠的数据来源。作者提供的翔实数据显示：美国经历了巨大的经济转型，从以制造业为主转变为以服务业为主，成为集收集、存储、传播信息的经济体。如今的美国，不容置疑地位居全球经济帝国之首。2008 年，世界排名前 10 位的跨国公司中有 5 家为美国公司。如今美国人口 3 亿多，仅占世界人口的 4.5%，但拥有全球 1/3 的汽车，行驶里程为世界总里程的 50%，消耗全球 25% 的能量，是目前使用石化产品最多的国家。作者认为，美国体制并不能形成民主、公正和平等的社会。它是一个上下颠倒的社会，通过牺牲多数人的利益来换取少数人的享受。现在美国最大的问题是两极分化，社会的贫富差距越来越大。2009 年，美国最富有的 400 人拥有的资产超过社会底层 1.55 亿民众的总资产，1%最富裕家庭拥有全国私人财富总额的 34%，比底层 90%的人口财产总和还多。1980 年到 2006 年，1%最富有人群的税后收入占国民总收入的比例提高了 3 倍，而底层 90%的人口的收入却降低了 20%。此外，作者认为美国无疑是个浪费严重、效率低下、依赖能源的脆弱经济体。导致这一后果的文化根基在于其美国的主导意识形态：认为自然资源非常富饶，信仰人类通过发展科技可以控制自然，相信自己总能得到更好的东西，信奉物质消费水平反映个人的成功度，崇尚个人主义。

日趋强大的媒体垄断

马克思曾经预言：少于或等于 4 家公司控制特定市场达到 50%就构成共同垄断。美国的垄断早已形成，如今不到 1%的企业生产超过私营企业总产量的 80%，3%的商业银行占有的资金超过行业总资金的 1/3，1%的食品公司控制着 80%的行业资产和近 90%的利润，6 家跨国企业运输着世界市场上 90%的谷类产品。我们知道，媒体通过电影、电视、广播、书刊、报纸、广告，尤其是网络影响人们的思想和行动，在创造文化的过程中发挥了重要作用。在信息高度共享的今日，媒体在民主社会中的重要性尤为凸显，因为民主取决于选民是否知情。民众需要知道的客观信息如果被商业利益驱使的大财团控制，就极易产生误导。如今美国的媒体主要掌控在 5 家企业手中，因此早已实现了垄断企业控制经济。作者在书中通过许多事例，分析了美国日趋强大的媒体垄断带来的后果：（1）少数大企业对人们日常的所见、所闻、所读信息的控制度日益增强，与日俱增的信息垄断表明是媒体决定了人们接受信息的重要性，从而塑造了人们对社会问题的理解。（2）大众很少听到不同观点。由于传媒寡头控制了节目的内容和播出，持不同观点的小公司在减少。（3）新闻报道有时会向利益妥协。（4）传媒巨头可以通过下属公司宣传政治观点。（5）媒体总是将大事件（战争、腐败、经济、立法）搁置在一边，喜欢关注一些所谓的热点事件（绑架、谋杀、名人桃色新闻）。（6）公众获得的信息中更多来自个人问题，很少涉及社会体制，媒体将公众推离社会学视角，这将给社会政策的制定带来严重后果。作者坦言：大部分人对社会的认识是不科学的，主要源于偏见和习惯于凭经验看待社会。社会学视角的一个重要因素就是建立对社会结构的批判性立场，揭示事实真相比接受传统思想更为重要。允许自由地批判、追求社会的公平正义才能使国家繁荣富强、才是对祖国最真挚的大爱。

扬善抑恶的存在变革　鉴古知今的人生感悟

——《静悄悄的存在变革》

　　笔者第一次是在微信的朋友圈中看见钱理群的名字，由于才疏学浅，只当他是名不见经传之辈。直到发现有人将其列入中国最后一批有良知的知识分子行列，尤其是读完钱老的《静悄悄的存在变革》一书，才为自己的孤陋寡闻而汗颜。钱理群先生为我国著名人文学者，鲁迅研究专家。这本文集收录了他近年来在不同场合的重要发言，以原汁原味的发言为视角，真实地还原钱老那波涛汹涌的内心世界。这些言论背后的思潮不同于主流的权威话语，甚至有些还让某些权威感到刺眼。但是，作者代表民间且深得人心的主张获得草根们的拥趸。"静悄悄的存在变革"是钱老近年来提出的一个重要思想，他在不同场合反复呼吁、强调这一思想。全书围绕教育、学术、民间思想、农村变革、社会思潮和鲁迅研究等主题展开条分缕析的阐

述。作者旁征博引，思想纵横捭阖，洋溢着智慧的光芒，涉及的问题发人深省。该书其实也是钱老对自己秉持的教育、学术和民间活动认识上的提升。他倡导的是一种人人都可以参与的变革模式，其背后的理念不仅深刻，而且针砭时弊。该书在沿袭了作者以往著作风格的基础上，尤其结合当下的热点进行了剖析，笔者以为是一本思想性与现实性兼得的精品力作。

扬善抑恶的存在变革

钱理群毕生与北大有不解之缘，获中文系文学硕士后留校任教，为北大中文系教授，现代文学专业博导，主要从事中国现代文学的研究与教学。2002 年退休后，继续与青年朋友以各种方式交流对话，为成长中的学子们打开了广阔的精神空间。钱老将"静悄悄的存在变革"之要义总结为 4 点：从改变自己的生活、存在开始；牢牢把握当下，不虚构美好的未来；从基层开始，起点在权力以外的某个地方；更注重行动，不仅是理想主义者，更是清醒、理性而低调的行动主义者，做一个普通人应该或可以做的事情。总而言之，从改变自己和身边的存在出发，以"建设自己"作为"建设社会"的开始；以个人或集合志同道合者，按照自己的理想、价值观，做有限且可以做到的事。钱老认为，我们所要推动的存在变革，面对的永远是那些千差万别的个人，不能用一把尺子衡量所有的人。将人做"不是天使，就是魔鬼"的二元划分，结果必然将人性恶的方面引发到极致。因此需要建立一种新的人性论：确认真实和具体的人身上总是并存着善与恶的人性因子，并且存在着发展的可能性；扬善抑恶应成为健全的社会中发展合理的人性、建立和谐的人际关系、促进人性与人际关系良性化发展的一条基本原则。从某种程度而言，所谓的存在变革正是一种扬善抑恶的过程。要实现这种变革，钱老认为应坚持韧性精神并发挥教育智慧。在坚持韧性精神上，第一要有长期奋斗的思想，倡导只顾耕耘而不问收获；第二要秉持积跬步以至千里的信念；第三要将自己的奋斗变成日常的生活实践。在发挥教育智慧中，要认清思想者和实践者逻辑上的不同。思想者讲彻底、超前，实践者要针对现实条件懂得妥协。多年来，钱老一直提倡做和平的行动主义者，即想大问题，做小事情。就是试图将坚持目标与落实为行动结合起来，在两者的张力中寻找更为健全的思考与行为方式。

鞭辟入里析存在危机

针对当前人们的存在危机，钱老直言不讳地指出，当今的时代是中国经济高速发展、极度强调以个人为中心的时代。这本无可厚非，而一旦将它绝对化和唯一化，即把经济的发展，物质的享受，个人的成功变成唯一的追求及生活的全部，就会产生严重后果。他认为当下许多国人必须面对的生存状况是：人的欲望不加节制地极度膨胀；对个人利益的追逐，成为人活着的唯一动力；实际利益，成为人与人的唯一纽带和尺度。不仅如此，钱老还鞭辟入里地分析了其成因：当人仅仅为金钱和欲望活着，缺少精神支撑的时候，不仅会因为生活遇到挫折、物质欲望不能满足而感到生命的无价值；相反经济富裕了，有钱也会觉得生活空虚，导致生命的虚无感，失去活着的动力。同时，人际关系会变得冷漠，会产生与他人隔绝的孤独感。当个人觉得自己的生死都与他人或社会无关，甚至没有人需要或者关心自己活着时，也会丧失生存的动力。这也是一种对人"为爱我者活着"的理由的剥夺。追根溯源，钱老认为是我们的应试教育剥夺了孩子们的欢乐。人如果不能从小享受生命的乐趣，很容易导致活着的动力不足，而失去目标、没有意义、毫无责任的生命是最为脆弱的。钱老坦言，存在变革首先应该从改变自己的存在开始，给生命一个意义，将责任置于欲望之上。他提倡的另外一个理念就是保卫人们当下的利益。其要点有三：必须把完整的、有尊严的人类个体重新放回到所有社会活动关注的焦点，决不能虚构美好的未来，尤其不能把信念寄托在暴力之上。钱老鼓励人们应该立即去做自己认为好的事，将人生的目标确定为：不是为了充满幻想的美好明天，而是为了触手可及的幸福当下。

仗义执言陈教育弊端

作为以授业解惑为毕生事业的教育家，钱老认为，教育是一个生命对另一个生命的影响，能震撼心灵、开启智慧、健全人格。教育制度的改革与建设，必须以政治、经济的改革和建设为依托。在现行中国中学教育的体制下，应试教育以外的任何教育都很难进入校园，因此最好能在培养语文素质的同时在学生心中埋下一粒人文的种子，并帮助学生获得进入大学的通行证。多年来高考指挥棒造成了"说大话、假话、空话、华丽及花俏的话"，这在某种程度上正是我们的教育所求的。钱老指出，当下中国教育带有的根本性问题是爱的教育缺失、教育的不公平以及教师尊严的丧失。中国的教育已经不是教育观念之争，亦非方法问题，而是利益之争。教育已经形成一个硕大无朋且无所不及的利益链，占主导地位的无疑主要是掌握份额不等权力的各级教育行政部门。今天的中国，几乎无人不谈改革，已经成为一种时髦。但涉及真假改革的问题，我们必须分清：每一个改革的口号和旗帜下，其动力是谁？要达到什么目的? 鲁迅说过:"曾经阔气的要复古,正在阔气的要保持现状,未曾阔气的要革新"。当下中国的复杂性,就在于现在这三种力量都打着改革的旗号,因此,也就有了出于不同动力和目的的三种改革。毋庸置疑的现实是,从 21 世纪开始,中国教育实现产业化,即权力和市场结合以后,就逐步出现了全面的大溃退,一直延续到现在。钱老坦言:我们的教育理想是一个彼岸的理想,只能逐渐趋近而不可能完全达到,尤其是现在面临的是权力与利益结合的体制问题。因此必须清醒地认识到,在现行的政治、经济及教育体制下,中国的教育面貌不可能有根本性的改变。我们深知,社会永远是现实的,而学校却应该永远是理想的。因此说,教育是一个理想主义事业。如果想做一个教育的理想主义者,必须准备好永远孤独、永远被边缘化,在孤独和寂寞中相濡以沫,同时享受痛并快乐着的人生。

鉴古知今批学术痼疾

作为学术泰斗,钱老思维敏捷,涉猎广泛,笔耕不辍 30 余载,早已著作等身。他认为学术研究应该始终贯彻自我质疑、自我限定的精神,以保持学术的清醒。当问及为谁写作? 为何写作? 他坦言是为自己写作,将自己的整个生命融入其中,并因此收获了丰富的痛苦和欢乐。从事学术研究伊始,他就把自己研究的目的和任务归结为"将苦难转化为精神资源"。作为有话语权的学者,对于那些被毁灭的生命和沉默的大多数,他有呐喊的义务和不可推卸的责任。他非常同意鲁迅的观点:近代以来,中国一直处于被描写的状态,这是一个弱势民族和文化与强势民族和文化遭遇时经常面对的尴尬。因此提出"好人联合起来做一件好事,用自己的语言、真实而真诚地描写我们自己"。钱老指出，今日的中国学术，越来越知识化、技术化和体制化，缺少了人文关怀，没有人的心灵及生命的气息。这样的学术，只能增加知识，无法给人以思想的启迪，心灵的触动，生命的感悟。有鉴于此，他认为针对当下学术平庸化的倾向，应强调学术研究的创造性和想象力；在学风浮躁、学术商业化、体制化的背景下，应强调并追求学术的严肃性、严谨性和科学性，提倡沉稳、沉潜的学风，弘扬学术研究的理想主义并拒绝名利。作为以天下为己任的一代豪杰，他给自己的定位是：自觉地站在边缘位置，用自己的方式言说时代的中心话题。他对自己的要求有三：尽可能地说真话，诉真情，揭示真相；努力作深度思考，以史家的眼光、胸襟写当下事；不把自己置之度外，在批判现实时总要追问自己的责任，审视现实更是审视自己。作为即将步入耄耋之年的学者，回首往事，钱老对自己人生聊以自慰的感悟为：努力了、挣扎了，毕竟没有屈服，没有苟且，这就够了。

冷眼旁观的真知灼见　思想市场的广集众智

——《看中国》

通过阅读《看中国》一书，从他山的视角、宏观的角度了解祖国的变迁。我们知道，中国经济正在崛起，国际地位越来越重要，但如今中国也面临巨大的转型难题。新的改革大幕已经开启，中国迫切需要一场新的思想变革。只有站在世界看中国，才能清晰地看到我们面临的问题和挑战；只有以世界的视野来审视中国的转型，才能准确认识到中国未来的道路。《看中国》一书，是马国川先生2009年以来对国际最权威、最有影响力人士的采访集。他们以客观理性的态度分析中国的现状，对我国政治、经济、法律、民生、文化、历史等方面进行了全方位、多角度的剖析，力图从严峻的现实问题中思考和探索出未来中国的康庄大道。这些学者对中国的改革提出了诸多有价值的建议，很值得我们这些对国家宏观状况只见

树木不见森林的医务工作者从中汲取营养，窃以为，凡对民族前途有所思考的国人定会开卷有益。

他山之石的真知灼见

在世界金融危机的背景下，中国仍能保持高速增长，与经济低迷的发达国家形成鲜明对比。尽管国际公认中国的经济发展之路是成功的，但我们不应因赞美而自满，而应该学习人家反躬自省的精神，应该借助"第三只眼看中国"，更清醒地认识自己的不足之处。毋庸讳言，中国发展过程中确实也积累了很多的问题。例如，因为国家拿走得太多，多年来中国人均收入增长远落后于国内生产总值增速；源于政府投资过大，没有提供高效的公共产品；由于民众分享的发展成果有限，导致储蓄率很高，消费不足，高储蓄率也不能及时转化为有效投资，这都是中国经济转型的难处所在。"用世界的眼光来看待中国，不要用中国的眼光看世界"，这是年届 110 岁的智者周有光先生在饱经世事沧桑后对中国与世界关系的一个深刻参悟。在全球化时代，我们既要以中国的眼光看世界，更要习惯于以世界的眼光来看待中国。

该书汇集了作者对 20 多位具有不同背景、不同观点、不同国别名家的访谈录。采访对象中群星璀璨，包括 4 位诺贝尔奖得主：基辛格、科斯、赫克曼、尤努斯，6 位世界知名政治家：李光耀、弗雷、巴尔采罗维奇、曼德尔森、斯考克罗夫特、莫德罗，3 位世界顶级思想家：福山、施乐文、米奇尼克，5 位世界级经济学家：青木昌彦、科尔奈、胡永泰、萨多夫斯基、科勒德克，以及众多知名学者。他们共同洞察、建言中国改革与未来发展。大师们根据各自毕生研究成果与经验的总结，毫无保留地对中国问题以及中国所处的国际环境进行了分析与评判，涵盖了中国模式、经济社会转型与改革等重大问题，对中国的改革提出了诸多有价值的建议。本书涉及的话题包括：向邓小平学习什么？自由的"思想市场"是否存在？为什么"自由越多，腐败越少"？对于中国的改革，还有什么话可说？一个没有贫困的世界有可能吗？ 21 世纪的世界秩序如何建与拆？历史就这样被民主终结了吗？基辛格对邓小平的评价尤为中肯："邓小平为实现中国现代化、定义其世界角色带来了勇气、信念和不可战胜的精力，他对国家的优势和劣势实事求是，对未来充满远见。"曼德尔森的忠言虽然逆耳，却是切中肯綮："中国改革虽然取得了极大成功，但并没有充分实现邓小平的最初设计。目前面临的最大挑战是既要保持稳定，又要变革；既要保持秩序，又要改革，两者缺一不可。"科斯告诫我们，人类本来就是非理性的，我们往往对其他民族所知甚少，但依然对他们抱有各种偏见。通过阅读，你会发现大师们深邃思想的闪光贯穿书稿始终，呈现出世界眼中的中国，为大转变时期的国人思考中国和世界提供了崭新且有益的视角。

襟怀坦荡的忠言逆耳

回溯历史，我们清晰地看到，巨大的国家、漫长的国界、悠久的历史、纷繁的内部矛盾、相对容易形成的综合国力，这些都易于使人的目光向内，忽视外部世界，也容易使人滋生虚骄之气，而不是虚心向外国学习。过去 30 多年间，为什么中国经济能够保持高速增长，从一个低收入国家跻身中高收入国家行列？尽管有各种各样的答案，言人人殊，但概括而论，可归纳为两种不同的看法。一种观点认为，这是由于社会福利超越政府承受能力引发的危机，所以应该减少社会福利，提高社会效率；另一种观点认为，这是贫富差距两极化的恶果，因此要均衡发展，人民应该共享社会发展成果。平心而论，两个问题都存在。时至今日，以世界的眼光看中国才能看透中国，而且是更深入地看世界和看中国。长期以来，我们一直不识庐山真面目，只缘身在此山中。《看中国》里的这些国际名流都在"此山外"，更能看到"真面目"。

在该书中，被采访的那些令人脑洞大开的思想观点与中国未来的发展息息相关，振聋发聩的建言献策和引人深思的肺腑之言俯拾皆是。如尤努斯的"贫困并不是穷人创造出来的，它是由社会的结构和社会采用的政策创造出来的，仅仅依靠政府的政策，消除贫困是不可能的，所以最重要的还是要鼓励和激发民众自己的力量"；曼德尔森的"对于一个现代的政党而言，最困难的事情就是直面自己，在政策上反思自己，政府绝不能取代企业的作用"；科勒德克的"未来取决于政府的自我改革"；科斯的"腐败的根源是一种不良的社会体系，……中国的人口政策必须尽快改变，计划生育政策不改，中国就无法维持近年来的高经济增长率"；科尔奈的"经济增长不会自动带入制度改革，民众收入的明显分化不仅对经济不利，迟早会带来一些严重的社会紧张局面"；傅高义的"韬光养晦不是权宜之计和策略，而是一种永不改变的理念，让公民享有言论的自由"；青木昌彦的"中国不可能再维持像以前那样的高速增长了，法制改革应该排在政治改革之前，政府不但是法律的制定者也要受到法律的管制"等。在对比中波改革异同时，波兰经济学家科勒德克的判断发人深省，波兰改革知道"从哪里来"和"往哪里去"，而中国改革只是知道"从哪里来"，但不确定"往哪里去"。真可谓旁观者清。

百家争鸣的和谐社会

如今，在新一轮的世界政治经济大变局中，中国正面临空前的战略机遇，同时也遭遇到罕见的艰巨挑战。进入 21 世纪，中国和外部世界都在发生深刻的变化，任何国家在行动上闭关锁国已绝非可能，但是观念上的封闭——抱残守缺、夜郎自大、自外于人类普遍的发展规律依然如影随形。先哲曾指出，明辨之路是争论而非顺从。作为一本汇集智者之思的文集，思想火花随处可见，如"在一个真正民主制的市场国家里，企业家唯一害怕的就是法律""中国经济得以实现高速增长的缘由是投资所占比例过高，消费比例较低""在外部世界里必须要与他人合作，最担心的问题是中国是否具备融入世界的能力""中国现在最可靠的增长动力来自于出口，所以不仅要建设和谐社会，还要助力建设和谐世界"。

为了构建和谐世界，我们既不能自惭形秽，妄自菲薄，更不能闭目塞听，故步自封。改革开放以来，中国吸收了很多来自国际上的经验和智慧，这是我们能够取得巨大成功的重要保证。如今，中国正在推进新一轮的改革，更应该广纳群言，广集众智。作者认为，一个真正自信的人，必然是一个富有包容精神的人，国家亦如此。"俯视大江东去，开拓万里心胸"，站在世界看中国，聆听来自四面八方的声音，这既是每一位中国人都应具有的胸襟，也是一个现代大国应该拥有的气魄。

融入主流文化　打造梦想家园

——《主流——谁将打赢全球文化战争》

作为医务工作者，日常繁重的医疗任务使我们必须全神贯注地救死扶伤，为每一个生命的延续而乐此不疲，很少关注与我们工作关系不大的全球文化的变化。这种日复一日的工作方式迫使我们像一位具有愚翁精神的掘井人。当我们掘的井越深的时候，抬头能够看到的天就越小。长此以往，除了在他人眼中缺少生活情趣之外，势必成为除了娴熟掌握自己专业以外，对其他事物一无所知的"专家"。

为了避免这种情况的出现，建议大家在闲暇之余读一些有关人文的书籍。其实人文并非高不可攀，它是一种植根于内心的素养，以承认约束为前提的自由，一种能设身处地为别人着想的善良。它关乎公平、正义，就存在于我们日常的生活，就在人和人的关系

中。在和平时期，有专家指出：未来之争就是文化之争。而当各国陆续意识到这一事实的时候，全球文化战争早已打响。在这场战争中，谁在作战？谁是主流？美国光芒闪耀，亚洲、南美亮点零星，欧洲黯淡无光。但美国是永远的"世界冠军"吗？中国能否赢得这场战争？商务印书馆最近出版的《主流——谁将打赢全球文化战争》将为我们破解迷津。该书的内容既别开生面、引人入胜，又令人极其忧虑，书中表达的观点异常鲜明，这就是：一笔巨大的文化交易背后往往隐藏着政治。

视角独到的扛鼎之作

弗雷德里克·马特尔，法国人，社会学博士、作家、记者，曾任法国前总理米歇尔·罗卡尔顾问、法国驻美国外交官，现为法国国家视听研究所研究员，在法国政治研究学院和法国高等商学院任教，主持法国文化频道《软实力》等节目。其观点对现行法国文化政策具有极其重大的影响，萨科奇曾在其影响下创建法国艺术创造委员会，以推动法兰西文化的复兴。2010年，马特尔著的《主流——谁将打赢全球文化战争》在巴黎出版。该书刚一上架，就在非虚构类图书排行榜上名列前茅，2年内6次再版、12次加印，20个主要国家购下版权，美国《新闻周刊》《纽约客》《外交》等名刊纷纷不吝篇幅给予好评。

作者是一位颇具行动力的法国记者，是极富洞察力的文化学者，严谨翔实的调查与报道使该书显得弥足珍贵。他耗时5年、足迹遍布30个国家，甚至冒着生命危险深入中东，走访了约150个城市，对电影、电视、音乐、传媒、商业戏剧、动漫等创意产业界的1250位行业领袖进行了深入采访，获得大量真实而精确的第一手资料，勾勒出世界主要文化国家创意产业的发展概况，并且指出其背后的政治、经济、语言动力与束缚，以及他们在世界文化战争中的竞争优劣势。作品通过翔实的数据和大量事实旗帜鲜明地论述了美国是如何通过输出各种各样的媒介产品乃至文化生产模式，使美国文化处于全球统治地位。究其根源，美国文化控制力的形成主要原因可归结为：（1）种族多样性造就的多样性文化，兼容性强；（2）有很多艺术家喜欢无拘无束的自由；（3）发达的电视广播传媒网络和众多经纪公司；（4）安全稳定的银行。

该书的可贵之处还在于作者既不是身处文化强国的美国人，也不是崛起过程中的印度人、巴西人或中国人，更不是远离世界文化中心、置身于文化边陲的非洲人。马特尔是极具文化自尊心与自信心的法国文化人。作者独特的身份，使得他既有对美国在世界文化版图中霸主地位进行的客观评价，又有对中国、印度、巴西等新兴国家在经济繁荣之后紧跟世界文化大潮并取得骄人成绩的由衷赞叹。同时，他还对古老欧洲的沉沉暮气、对新兴高科技敏感度的匮乏、逐渐在文化版图上被边缘化的无奈现状，表达了自己深深的忧虑。在写作风格上，作者试图以一种自娱自乐、适时打趣的文笔来呼应严肃的主题。

潜移默化的主流之争

在从洛杉矶飞往华盛顿的航班上，马特尔把自己的作品定名为《主流》。这是个很难解释的词，何谓主流，作者认为主流就是多数人共同享有的思想、行为及文化方式。主流文化就是大众文化、流行文化及广受欢迎的文化，包括 Lady Gaga、周杰伦、《功夫熊猫》《绝望主妇》、苹果 iphone、可口可乐、麦当劳等。有关主流文化，其主题并不是"艺术"，而是一种"市场文化"，是一笔笔巨大的文化交易，是一场没有硝烟的战争，其背后往往隐藏着政治目的。他在序言中谈道："主流，是逆文化、次文化和小群体的反义词，往往处在艺术的对立面。它也可以引申为一种试图引导大众的思想和运动……'主流文化'具有其积极的含义，它并非精英文化，是一种'大众文化'，说得消极一些，'主流文化'是经过设计的标准化的'商业文化'。"主流文化产品无关乎艺术，而是一种创意和传播的战略手段，是一个国家增强"软实力"的必然选择——流行文化的传播已经与艺术创作无关，而是关乎国家形象，关乎国家战略。剖析主流文化现象，将有助于我们更好地理解当代文化的帝国主义、思想的世界大战、软实力的全球博弈，以及当下网络大行其道给文明带来的微妙变化。

"软实力，是一种吸引力，而非强权。"但是，软实力也需要通过价值观来产生影响。美国电影就是为了推销美国的价值观和文化，破坏他国文化，以此来促进商业发展。索尼收购了美国的文化产业，但是也不能在文化上征服美国。如今黎巴嫩真主党像重视武器一样重视流行文化，他们在捍卫一种斗争文化、一种动员文化和一种通过影像、图书、碟片传播的抵制文化。巴基斯坦人仇恨美国人，不过，这种仇恨是情绪上的、罗曼蒂克式的，而非意识形态的，因为他们也在大量观看美国电影。这是一种文化上的入侵和占领。一些国家文化的不确定，使美国文化得以渗透并成为其主流文化。

耸人听闻的暗流涌动

在该书中，作者依据自己的采访和真实的数据，通过娓娓道来的讲述给出许多事实背后引人入胜的故事。如美国电影如何在好莱坞、华尔街、美国国会和中情局的共同作用下成为世界主流文化，迪斯尼、索尼、新闻集团、贝塔斯曼等国际文化资本以并购、联合制作等方式占领各国市场，全球文化精英和影视明星包括中国的张艺谋、章子怡均被好莱坞招致麾下。日本通过漫画、流行音乐等实现其"重返亚洲"的战略。韩国借助韩剧来促进三星等产品的海外销售。印度通过与好莱坞结盟来抗衡中国。伊朗如何成为各国媒体争夺的目标。非洲成为欧、美、印、巴等共同争夺的市场。文化战争将怎样重塑新的地缘政治格局，谁将赢得全球文化战争的胜利？从作者多视角的采访中，笔者体会到当今世界惊心动魄的文化战争已经如火如荼，令人震惊的是美国已经使其文化成为了世界文化的主流。

美国政府没有专门的文化部，但诞生于 1922 年无声电影时期的美国电影协会，是个极其重要的资深电影院外活动集团。这个在法律定义上独立的非营利组织与美国政治权力之间存在的亲密关系路人皆知。它在国外悄无声息地暗中扩张，而在本土则明目张胆地行动起来。电影的伟大之处就在于能将大众艺术的活力与上层文化的潜力组合在一起。如今，6 大主要电影制作公司各自派出 3 名代表组成董事会，执掌美国电影协会。这个强势组织的执行主席，负责协调该机构在美国国会的活动，并时刻留心公共监管制度。该组织是好莱坞制片公司的幕后院外活动集团和政治后台，总部离白宫不到 200 米。为什么美国出口的电影不多，但票房收入如此之大的中国每年出品的电影超过 400 部，给人留下深刻印象的却很少？好莱坞电影的商业攻略可谓是一个名副其实的国际战略方针，这是所有主流电影不可逾越的阶段。美国因其拥有的独特地位而成为娱乐产业和传媒产业毫无争议的领导者，它在不断地适应新情况的同时又在持续地发展壮大。法国人只为法国人拍电影，印度人只为印度人拍电影，阿拉伯人只为阿拉伯人拍电影，只有美国人为全世界拍电影，而且美国也是目前唯一为出口而拍电影的国家，国内市场甚至处于次要地位。美国向世界各国出口的内容产品约占世界出口贸易的 50%，保持巨大的贸易顺差，且文化产业和文化服务每年的出口增速约为 10%。美国不仅对外输出文化产品，而且还输出文化模式。好莱坞电影在大约 105 个国家上映，其影响力是巨大的。电影票售出的数字的增长甚至比美元收入的增长速度还要快，好莱坞年票房收入高达 400 亿美元，如今的美国电影公司起到了银行的作用。每年我国进口美国影片仅 10 部左右，但其票房收入却占到中国电影票房总收入的半壁江山。在首尔、里约热内卢、孟买、东京、开罗和北京，美国电影协会时时刻刻维护着好莱坞的利益。在这些城市里，该协会的地区代表对当地的情况了如指掌，他们像忠诚的战士一样恪尽职守。作为好莱坞在华盛顿的真正代表，执掌美国电影协会 38 年的当家人——杰克·瓦伦蒂，堪称美利坚的第一文化大使和首席文化外交官。

美国文化体系的一个重要特征，就是大学与周围的先锋派艺术有越来越多的联系。对于美国输出的文化产品，马特尔坦言："他们的产品是要赚钱的，在赚钱的同时传递自己的价值观是最高明的做法。我认为，美国的主流文化也坚守一些原则，比如保护家庭和孩子，以及不要太多的色情和暴力等，他们遵守底线的同时还有一个原则：赚钱。因为要赚钱就让他们不得不考虑人们喜欢什么，再把这些因素加入到他们的电影和文化制品中，所以他们成功了。美国的电影公司现在越来越多的是在当地生产专门面向本土受众的影片。这些文化产品有着地域性，又运用了美国的运作和传播方式，最终的结果就是整个世界的娱乐市场都在美国化。"

没有硝烟的文化战争

全球化时代的国际关系是纷繁复杂而且相互依存的，"文化博弈"是一场没有硝烟的战争。从亨廷顿的"文明的冲突"，到约瑟夫·奈的"软实力"，文化这个在国际竞争中已经处于醒目位置的角色，其地位正在与日俱增。在中国这个美食发源地，麦当劳、肯德基等早已融入人们的生活；在这个品茶论道的国度里，年轻人已习惯将可口可乐、百事可乐等作为自己的必备饮品；在传统戏曲大国里，好莱坞电影及其终身伴侣爆米花往往赢得诸多利好。而遍布全球的迪斯尼主要侧重于混合文化的战略，在其创意娱乐部，大众艺术总是和大众文化形影相随。迪斯尼的拥有者并不想让它成为一个追忆昔日辉煌的博物馆，因此必须日新月异，开拓创新。全球文化战争其实早已打响，以美国文化占据优势地位的全球文化版图已经确立。蓦然回首，文化战争其实每天都在身边上演，我们每个人都深陷其中难以自拔，摆在世界各国面前的问题应如何应对？

在该书中，马特尔指出，一场世界范围的流行文化"战争"正在上演。"主流"和"文化战争"迅即引起了全球的关注。文化战争，既是思想文化的战争，也是产业经济的战争，表现为各国通过一切传媒手段谋取信息的控制权：在影视领域，为谋取电影、电视剧和脱口秀节目形式的支配地位而战；在新闻出版领域，为占领报刊、音像、图书的新兴市场而战；在新媒体领域，它是一场通过互联网而展开的全球文化内容贸易的战争。面对控制权之争，究竟如何借鉴他山之石？作者通过理性的分析，深刻揭示了美国文化成功的秘诀，在于其多元化而不是单一的。美国向外输出的不仅是美国文化，而且是一种传播方式及高效的"被标准的多元化"产品。美国文化的成功，很重要的一点在于对多元文化的包容和欣赏。在出口市场，当"美国式"的产品不能满足目标市场需求的时候，他们就会创造"世界性"的格式化产品来满足世界各地目标市场的需求，或者由他们出资，指导当地的制片商制作适应本土需求的作品。《功夫熊猫》《丁丁历险记》等都是很好的例子。自 20 世纪 90 年代初以来，美国的文化产业规模高居出口业的第二位，仅次于航空航天业。文化产业是无烟工业、绿色工业，所以当美国文化产业进入哪个市场受阻时，政府就会从推销政策转向镇压政策，从文化政策转向"铁血"政策，几乎是无所不用其极，不惜一切代价为其铺平道路。该书中提及美国电影在韩国受限时，美国甚至威胁要撤出驻韩美军，由此可见美国对文化产业的重视。

时不我待的奋力直追

人类创造的不同文明及其相互对话与沟通、冲突与融合、传播与影响乃至演变与整合，体现了人类文明发展的多样性统一。中华民族拥有悠久的历史和灿烂的文化，已经在人类文明史上谱写了无数雄伟而壮丽的永恒篇章。尽管岁月的流逝使得许多先哲的思想被浮躁的现实所淹没，但笔者认为烛照着我们前行的依然是鲁迅先生倡导的中国文化发展的基本思想——"明哲之士，必洞达世界之大势，权衡较量，去其偏颇，得其神明，施之国中，翕合无间。外之既不后于世界之思潮，内之仍弗失固有之血脉，取今复古，别立新宗。"诚如颜子悦先生在序言中所言：我们希冀该书中文版的出版能够为当今中国文化的创新与发展提供有益的镜鉴，能够启迪国人自觉地成为中华文化的坚守者和创造者。唯其如此，中国才能走出符合自己民族特色的文化复兴之路，才能使中华文化与世界其他民族的文化相融共生、各领风骚，从而更进一步推进人类文明的发展。

在这场文化战争中，我国拥有的优势显而易见：庞大的人口基数，欣欣向荣的经济，悠久的文化传统；然而，我们的劣势也不容忽视：中国的文化内容其贸易范围主要在全球华人市场，创意产业领域的现代化还有待完善，与日本和韩国相比，我们能够输入全球非华语市场的文化成功案例鲜见。我们今天要实现的中国梦，不仅是经济的强盛，更重要的是在文化战争中获胜。"文化是民族的血脉，是人民的精神家园。"

文化对于一个民族而言是灵魂。一个民族没有振奋的精神、没有高尚的品格、没有坚定的志向，无法屹立于世界民族之林，而传承和光大民族精神的就是必须倾力打造的文化之舟。所以，我们必须在今天的文化之战中，铸就中华民族的文化利器，以文化软实力夯实"中国梦"的基石。该书通过对美国的娱乐业和世界文化战争两部分论述告诉读者，文化交易不仅是经济的，它还富有政治的含义，是支撑一个国家走向繁荣、一个民族走向强盛的力量之源。

Ⅱ 经典佳作及人生哲理篇

重温经典名作　提升阅读技能

——《如何阅读一本书》

随着每年世界读书日的到来，国内各种媒体都昙花一现地提醒大众读书的重要性。遥想当年，《光明日报》还不惜辟出 2 个整版，邀请国内知识界名家向公众推荐自己认为值得阅读的经典之作，笔者也曾有幸被邀推荐图书。正是在这种现实情况下，自诩为读书人且已步入耆艾之年的笔者，在耗费 3 个月的业余时间，潜心研读了美国作者莫提默·J.艾德勒和查尔斯·范多伦著、商务印书馆出版的《如何阅读一本书》后，才知道自己在阅读这一基本学习技能方面的欠缺。

该书作者艾德勒以学者、教育家、资深编辑人等多重身份享誉全球。除该书外，他还以主编《西方世界的经典人》并担任第 15 版《大英百科全书》的编辑而闻名于世。范多伦曾任美国哥伦比亚

大学教授，以后在襄助艾德勒编辑《大英百科全书》的同时，将该书 1940 年初版内容大幅度增补改写，因而该书 1972 年版由两人共同署名。由郝明义和朱衣翻译的《如何阅读一本书》的中文版是基于 1972 年英文版而完成的。该书 2004 年第 1 次印刷，到 2014 年已经是第 24 次印刷，可见其影响之大，而且好评如潮。该书是一本成人阅读指南，是指导人们如何阅读的名作。它全面而系统地介绍了阅读的方法、技巧以及阅读所应具备的广阔视野。通过阅读该书，笔者印象最深的就是作者对读书言简意赅的总结：读书是有方法、技巧的，阅读是需要训练的。在阅读日趋碎片化的当下，对整日埋头于科技工作的读者而言，认真研读一下这本有传世价值的经典之作，必定能喜获"磨刀不误砍柴工"之效。

该书是一本非常实用的阅读指南。作者开宗明义指出：阅读是一件主动的事，阅读越主动，效果越好。通过主动的阅读，并在阅读中潜心思考，才会收效更大。阅读的目标，是为了获得资讯并求得对内容的理解。作者坦言："真正的阅读，是没有任何外力的帮助，只凭内心的力量，玩味着眼前的字句，慢慢地提升自己，从只有模糊的概念到更清楚的理解为止。"这是读书最基本的目标，也是最终的目标。只有更清楚的理解，才能让自己获得更深入的启发。阅读不但用来指导自己的学习，还要用来进行自我发现。在阅读的过程中，不但要知其然更要知其所以然。任何阅读中，只有作者的技能和读者的技巧相互融合时，才能引起心灵的共鸣，达到共同的终点。

作者反复强调，阅读是一种主动的活动，是获得知识的基本技能。阅读的艺术包括了所有非辅助型自我发现学习的技巧：敏锐的观察、灵敏可靠的记忆、想象的空间，再者当然就是训练有素的分析、省思能力。窃以为，阅读的基本目的无外有三：娱乐消遣、获取资讯、增进理解力，其中只有最后一种阅读旨在帮助读者增长心智，不断成长。法国学者巴斯卡曾说过："读得太快或太慢，都将一无所获。"因此作者提醒我们，要达到阅读的所有目的，就必须在阅读不同书籍的时候，运用各不相同的适当速度。毋庸讳言，该书主要论述并指导我们如何通过阅读增进理解力。它将阅读分为基础阅读、检视阅读、分析阅读及主题阅读 4 个层次，此外作者还在附录中推荐了一系列的经典名著，并附有不同层次阅读的练习和测验，以供读者扩大自己的阅读领域并分阶段检验自己的阅读技能。

作者指出，阅读的 4 个层次是需要渐进掌握的，上一层次包括下一层次阅读法。第一层次为基础阅读，个人只要熟练这个层次的阅读，就能摆脱文盲的状态，至少已经开始识字。在循序渐进中，可以学习到阅读的基本艺术，接受基础的阅读训练，获得初步的阅读技巧。在这个层次的阅读中，要问读者的问题是："该句子在说什么？"第二层次为检视阅读，又称略读或预读，是指在规定的时间之内，找出一本书的重点——通常很短，而且总是过短，很难真正掌握书的所有重点。这个层次要问的典型问题就是："本书在谈什么？"第三层次为分析阅读，就是全盘且完整地阅读，或是说优质地阅读——是读者能做到的最好的阅读方式。如果说检视阅读是在有限的时间内完成最好且最完整的阅读，那么分析阅读就是在充裕的时间里完成最好且最完整的阅读。分析阅读的要点是在追寻理解，就是要咀嚼与消化一本书。如果读者的目标只是获得资讯或消遣，就完全没有必要采用分析阅读。第四层次为主题阅读，它是阅读的最高层次。此时读者会读很多书，并列举出这些书的相关之处，提出一个所有的书都涉及的主题。但只进行书本字里行间的比较还不够，主题阅读涉及的远非如此浅尝辄止。借助所阅读的书籍，读者要能够架构出一个可能在哪一本书里都没提过的主题分析。因此，主题阅读显而易见是最主动、最花力气的一种阅读。

经过 30 多年的改革开放，尽管一个经济总量稳居世界前列的大国已经屹立在世界的东方，但我们的阅读习惯依然令人担忧。2014 年我国国民阅读调查数据显示：成年人年均纸质图书阅读量为 4.77 本，人均每天读书 13.43 分钟。当我们投身信息爆炸、互联网无处不在的大数据时代，智能手机、电视、收音机、微博、微信使得人们非常便捷地获取各种信息，许多人理所当然地认为读书不重要了。但人们无法回避一个严肃的议题：到底这些新媒体和新技术是否真能增进我们对世界的了解？作者坦言，在一定的范围内，知识会成为理解的先决条件，然而物极必反，太多或太少的资讯，都是一种对理解力的阻碍。换言之，现代的媒体正以压倒性的泛滥资讯阻碍了人们的理解力。有鉴于此，在为实现中国梦而奋斗的今天，作为有志于屹立在世界民族之林的优秀民族，我们必须大力倡导读书，广为宣传并积极推动深度和整体化阅读。掩卷遐思，作为有 30 年编龄的笔者，不得不佩服作者对阅读教育视野之广阔、用心之良苦。该书问世 75 年仍畅销不衰，足见其历久弥新之功效，堪称永不褪色之经典。

以微知著的亲身实践　寂静森林的自然笔记

——《看不见的森林：林中自然笔记》

　　岁月不居，转眼又逢春暖花开的清明时分。在这踏青的美好时节里，出于对欣赏自然美景之处人满为患的恐惧，只好退而求其次，通过品茗读书来聊以慰藉。恰逢此时，有幸读到美国作家戴维·乔治·哈斯凯尔的新书《看不见的森林：林中自然笔记》。他的研究主要涉及生物进化和动物保护，尤其针对栖息于森林里的鸟类和无脊椎动物。他因创造性地将科学探索、冥想练习和社区行动结合起来而受到关注。在该书里，哈斯凯尔以一小片森林作为整个自然界的缩影，向我们生动地展示了这片森林及其栖息者的生活状况。这是一本森林观测笔记，作者以 1 年的时间为主线，在每次的观测中，为我们揭开藏于森林 1 平方米地域（作者称之"坛城"）里的秘密。作者每天都会在这片森林里漫步，梳

理出各种以大自然为家的动、植物间复杂而又微妙的关系，因此每一次寻访，都象征着一个自然故事的缩影。该书不仅是一位生物学教授的生态学课程、一册观测翔实的物候记，而且是一部流动生机的纪录片、一幅波澜壮阔的生命画卷。作者通过"坛城"揭示了生命的波澜壮阔，优美的文字使读者把阅读过程看作一次寻找大自然奥秘的盛大旅行，而作者则像导游，带领我们探索存在于自己脚下或藏在家中后院里的奇妙世界。作者散文式的写作风格，与自然研究中觅得的诗意宁静相得益彰，堪称一部真正的博物学家宣言。该书面世后好评如潮，屡屡折桂，荣获 2012 年美国国家户外图书奖、2013 年普利策奖和美国国家学院最佳图书奖。

寂静森林的潜心观察

如果有人认为博物学自 19 世纪之后便已经销声匿迹，博物学家只是业已灭绝的化石级生物，那就大错特错了。哈斯凯尔以实际行动证明博物学家们不但接受了自然选择和演化论，而且在现代文明的空气和土壤中茁壮成长，悠然自在。该书记录的是对古老森林局部进行的一系列观察和发现，作者通过"坛城"锻炼自己的观察能力，见微知著地洞烛整个富有生机的地球。"坛城"坐落在美国田纳西州东南部一片森林的陡坡之上，依偎在最高处平地上的岩石间。坡地的郁闭度极高，上面长满各种成熟的落叶树：橡树、枫树、椴树、山核桃树、美国鹅掌楸，还有十来种其他的树木。林地上崎岖难行，四处散落着从风蚀悬崖上滚落的乱石。很多地方全然见不到地面，只有皲裂的大石块。沉重的石块上覆盖着一层落叶。在距离"坛城"不到一箭之地的范围，有五六棵横躺的大树。这些树木分别处于分解过程的不同阶段。腐烂的树干是成千上万种动物、真菌和微生物的食粮。倒下的树木使森林中出现空隙，让幼树群挨着枝干粗粝的老树群生长。作者就坐在"坛城"旁边一块平坦的砂岩上进行观察。该书的每一章都以一次简单的观察结果作为开头，比如藏在落叶层里的火蜥蜴、春天里野花的初次绽放。通过这些观察，作者织就了一个生物生态网，向人们解释了把最小的微生物和最大的哺乳动物联系起来的科学观点，并描述了延续数千年甚至数百万年的生态系统。在"坛城"上，作者的规则非常简单：一年中每周都会来观察好几次，观察其全年的变化；保持安静，尽量减少惊扰；不杀生，不随意移动生物，也不在"坛城"上挖土或在上面鬼鬼祟祟地爬行。作者唯一要做的就是忠实记录这里发生的事件，并清晰地解释这些事件及其对生态系统造成的影响。作者着重介绍了低级生物的相互联系，比如真菌和土生节肢动物的联系。作者不仅带我们领略了被人们忽视的自然现象，而且激起读者产生亲近大自然的迫切愿望。

鲜为人知的动物世界

该书为居住在钢筋水泥之中的人们提供了动物世界中许多鲜为人知的常识。如昆虫占地球上所有生物物种的 1/2 到 3/4。所有昆虫中有半数种类以植物为食，像三叶草之类体型较小的植物，必须与 150 种植食性昆虫抗争，而树木和其他大型植物种类，则需要与上千种昆虫抗争。许多鸟的身体只有部分是充实的，大部分地方充满气囊，很多骨骼也是中空的。冬天里，鸟儿身上的羽毛增多了50％，从而提高了羽衣的保温性能。在冬季，鸟儿每天需要高达6.5 万焦耳的能量来维持生命，其中的一半用来颤抖发热。蚂蚁通过触觉和嗅觉寻找猎物，鸟类则依靠视觉。山雀视网膜上分布着比人眼致密 2 倍的感应器，不仅能捕捉到我们无法分辨的各种细节，而且还能看到更多的色彩。由于山雀有一种用于探查紫外光的额外色彩接收器，使得它能看到 4 种原色及 11 种主要的组合色。蝈蝈用翅膀发出声音，某些种类的蝈蝈每秒弹拨 100 多次，能发出每秒震动 5 万次的音频。秃鹫抵御疾病的能力无可匹敌，在其肠道中就能杀死炭疽杆菌和霍乱弧菌。反刍动物瘤胃的运作极为有效，科学家使用最精妙的试管和容器，也无法复制瘤胃中微生物的增长速度和消化技巧。每毫升瘤胃液中，漂浮着万亿个细菌，它们至少分属于 200 个种类。

毛虫是著名的饕餮之徒，它们的一生中体重要增加二三百倍。飞蛾有 6 条舌头。人类求婚首选的矿物晶体为钻石，而飞蛾追寻的则是盐。当飞蛾交配时，雄蛾会送给伴侣一个装着精子和美食的"包裹"。其中的美食用钠调制而成，是一份可望满足后代需求的珍贵礼物。人类每次遭遇的蚊子叮咬，都是蚊子母亲在为生产做准备，我们的血液是保证它们生殖力的凭证。雄蚊子和那些不生育的雌蚊子只从花中吸取花蜜，或是从腐烂的果实中饮用糖水，血液是专供蚊子母亲享用的蛋白质类补品。蜗牛并不像大多数动物那样将雄性的精子传递给雌性，由于它是雌雄一体，故必须双方互换精子。在萤火虫发光用到的全部能量中，超过 95% 的能量都以光能的形式释放出来，而人造灯泡则正好颠倒过来，大部分能量都以热能的形式浪费了。

别有洞天的森林奇观

作者通过对森林中方寸之间的管窥蠡测，不仅向读者展示出草木之中的盎然生机，而且揭示出土壤内部被人忽视的奥秘。人类用的药物中，1/4 直接来自植物、真菌和其他生物，余下者中很多都是对最初在野生物种中发现的化学成分加工制成，如阿司匹林来自柳树皮和绣线菊属植物的叶片，毛地黄类药物来自毛地黄的叶片。苔藓没有根系，它们只能从空气中获得水分和营养。苔藓堪称植物界的骆驼。它携带的"驼峰"，使自己能在长久持续的干旱中艰难跋涉。地衣是真菌、藻类或细菌的复合体，通过摆脱个体性的束缚，地衣制造出一个征服全球的联盟。它们覆盖了陆地表面近10%的疆域。在森林的土壤中生活着数十亿个微生物，其中只有1%能在实验室中进行培育和研究，余下99%的微生物相互具有极其密切的依赖关系。土壤中扑鼻而来的泥土气息，源于微生物群落中最灿烂的一颗宝珠——放射菌类。在土壤中，真菌和根系用化学信号互致欢迎，如果进展顺利，真菌会欣然伸出菌丝拥抱对方。所有植物的根系中或其周围，几乎都包裹着真菌。其联盟的基础是：植物能从空气和阳光中制造出糖分，真菌能从土壤微小的空隙中采掘矿物质。

对于早春开花的树木而言，风媒授粉是一种格外有用的策略。所有的春生短命植物和树木都是雌雄同体。很多植物都是一朵花中兼有雄性和雌性器官。它们灿然燃烧的生命，点燃了森林中其余的部分。短命植物正在生长的根系使土壤中黯淡的生命重新焕发出生机。这些根系吸收并固定森林土壤中的养分，防止养分被春雨冲走。双重受精是开花植物特有的。自最早的显花植物形成以来，昆虫和花朵一直保持伙伴关系。花柱的长度由需求决定，需要将柱头举到一定的高度才能被蜜蜂碰到。对于花粉管而言，这构成一次具有挑战性的远征。花粉管到达花柱基部时，就会钻进肉质的胚珠中，释放出里面的 2 颗精子细胞。一个与卵细胞结合形成胚胎，另一个精子则与来自另 2 个微小植物细胞的 DNA 结合，形成一个具有三倍体 DNA 的大细胞。这个细胞分裂并增殖，变成封闭的种子内部储备养分的区域。

从无限小的事物中寻找整个宇宙，是大多数文化中贯穿始终的悠远主题。出于对东方哲学的热爱，作者以静观和冥思的方式取代对外扩张的掠夺式发现之旅。掩卷遐思，窃以为，该书的亮点是作者将自己对自然和生活的热爱溢于言表。笔者非常赞同其观点：世界并不以人类为中心，自然界的中心是随机的，人类无权决定它的位置。生命凌驾于人类之上，它指引我们将目光投射到外面。如今我们最大的缺点是对世界缺乏悲悯之心，甚至对自己也不例外。

聆听智者教诲　徜徉百科全书

——《穷查理宝典：查理·芒格
的智慧箴言录》

　　长久以来，笔者一直认为能识字的人就能读书，对于非专业的书籍，人们之间最大的差异不过就是查字典次数的多少而已。然而，有一本书使自己的惯性思维受到挑战，从购买到今天，几乎经过两年的多次阅读，才对其中晦涩难懂的经济学理论略知一二。好在是瑕不掩瑜，对该书的绝大部分内容自己颇为喜欢，反复研读后常有醍醐灌顶的经历。它就是彼得·考夫曼编，李继宏译，上海人民出版社 2010 年出版的《穷查理宝典：查理·芒格的智慧箴言录》。

　　该书首次收录了查理过去 20 年来主要的公开演讲。书中 11 篇讲稿全面展现了这个传奇人物的聪明才智。"芒格主义：查理的即

席谈话"一章收录的是他以往在伯克希尔·哈撒韦公司和西科金
融公司年会上犀利和幽默的评论。贯穿全书的是芒格展示出来的聪
慧、机智，其令人敬佩的价值观和深不可测的修辞天赋。他拥有百
科全书式的知识，所以从古代的雄辩家，到 18 世纪、19 世纪的欧
洲文豪，再到当代的流行文化偶像，这些人的名言他都能信手拈
来，并用这些来强调终身学习和保持求知欲望的好处。在公众眼
中，沃伦·巴菲特是伯克希尔·哈撒韦的代表人物，是该公司多
年来取得非凡成就的大功臣。但读完此书你就会知道，素来"以低
调为乐"的投资大师查理·芒格也对该公司传奇般的业绩功不可
没。虽然他在普通人中的知名度远没有巴菲特那么高，但他同巴菲
特一样，能引领你做出更好的投资和决策。是他们的默契合作，使
该公司的市值令人震惊地增长了 13 500 倍，从 1000 万美元猛增到
1350 亿美元。除去内容引人入胜之外，该书的设计、装帧和印制
也是国内图书界近年来罕见的精品。500 多页的大而厚重之作仅有
69.5 万字。全书不仅为查理提及的人物、地点和其他内容及时配上
了相关的信息、照片和其他图画，而且在唯美的版面设计之中画龙
点睛地配有漫画艺术家精心绘制的几十幅经典插画。

获取普世智慧　规范个人行为

查理的人生价值观为：活到老学到老，对知识抱有好奇心，
遇事冷静镇定，不心生妒忌和仇恨，言出必行，能从别人的错误
中吸取教训，有毅力恒心，拥有客观的态度，愿意检验自己的信
念等。查理利用幽默、逆向思维和悖论提供睿智的忠告，引导人
们应付最棘手的生活难题。查理的头脑是原创性的，从来不受任
何条条框框的束缚，也没有任何教条，他的思想辐射到事业、人

生、知识的每一个角落。查理是一个终身好学的人，他有儿童一样的好奇心，又有第一流科学家具备的研究素质和科学研究方法，一生都有强烈的求知欲，几乎对所有的问题都感兴趣。他主要是通过自学的方式，通过阅读、与人聊天的方法来学习，并可以在前人的基础上进行创新。所以他提倡要学习在所有学科中真正重要的理论，并在此基础上形成所谓的"普世智慧"。不仅如此，他还建议将所掌握的知识在头脑中列成一张检查清单，然后再加以使用。查理任何时候都随身携带一本书，"手里只要有一本书，我就不会觉得浪费时间。"他只要拿着书，就安之若素。查理说："我这辈子遇到的聪明人没有不每天阅读的——没有，一个都没有。我读书之多，可能会让你感到吃惊。我的孩子们都笑话我。他们觉得我是一本长了两条腿的书。"但光看书还不够，还要必须拥有一种能够掌握思想和做合理事情的性格。查理的话语往往睿智而幽默。他用一个令人深思的小故事告诉人们在投资管理中的错误：我曾遇到一个卖鱼钩的人将鱼钩染成五颜六色。我问他："难道彩色的鱼钩就会钓到更多的鱼吗？"他回答："先生，我又不是卖给鱼的。"比尔·盖茨认为，他是那个最善于自嘲和最欣赏自己笑话的人。把自嘲和想象力发挥得淋漓尽致的查理曾把自己比喻为一匹会数数的马。

　　查理一辈子研究人类灾难性的错误，对于由于人类心理倾向引起的灾难性错误尤其情有独钟。最有贡献的是他预测到，金融衍生产品的泛滥和会计审计制度的漏洞即将给人类带来灾难。查理轻车熟路地走上跨学科的途径，再不回头。他非常看重心理学对人们的影响，认为如此重要的学科不该被人们所忽视。查理专门用一章分析了人类经常发生的 25 个心理倾向，并辅以例子进行说明。他总结到：最重要的管理原则是制定正确的激励机制；如果你想要说服别人，要诉诸利益，而非诉诸理性；驱动这个世界的不是贪婪，而是嫉妒；一个人想要什么，就会相信什么；失去造成的伤害比得到带来的快乐多得多；明智的人会终身操练他全部有用的、大部分来自其他学科的技能，并将其当作一种自我提高的责任；由于人类重视理由的倾向，你必须讲清楚何人将在何时何地因何故做何事；这些他从自己的心理学实践中悟出的真谛，应该是该书的亮点之一。查理一向认为：比求胜意愿更重要的是做好准备的意愿。他宣称读伟大的书就是和已逝的伟人做朋友："我认为当你试图让人们学到有用的伟大概念时，最好是将这些概念和提出它们的伟人的生活与个性联系起来。和已逝的伟人做朋友，这听起来很好玩，但如果你确实在生活中与有杰出思想的已逝的伟人成为朋友，那么我认为你会过上更好的生活，得到更好的教育。"

囊括思想精华　启迪美好人生

查理很重视教育，主张无论从教育者还是学习者的角度，学习都要多学科并重，要领悟各主要学科的主要理论，融会贯通解决实际问题。他对各个学科都有涉猎。他的脑袋就是百科全书。他坚定地拥护爱因斯坦的告诫：科学理论应该尽可能简单，但不能过于简单。查理和巴菲特在投资上的巨大成功的诀窍就在于不断地学习，而且他们不认为那些不享受学习过程的人能够不断地学习。他们花在学习和思考上的时间比花在行动上的时间要多得多，充分体现了查理所言"简单地想，认真地行"。对年轻人，查理不仅给出工作的三个原则：别兜售你自己不会买的东西，别为你不尊敬和钦佩的人工作，只跟你喜欢的人同事；也给出人生的建议：别期望太高，拥有幽默感，让自己置身于朋友和家人的爱之中。他认为生活中的每一次不幸，都是一个锻炼的机会，都是吸取教训的良机。

该书展示了查理的两大特质，思维层面的"多元思维模型"和伦理道德层面的老派保守的风格。他的多元思考模型包括工程和物理、生物和生理及心理。如果只有一个分析模型，则很容易像那句谚语说的那样，"在手里拿着铁锤的人看来，世界就像一颗钉子。"查理作为价值观上老派、保守的人，对保持良好的人格记录非常重视，对诚实、正直、公平、自律、勤劳等传统美德极度看重。他希望人们在生活中应该追求的是尽可能地编织一张无缝的信任之网。他的人生轨迹使我们明白，一个人的成功并非偶然，时机固然重要，但人的内在品质更重要。他坚信能力会让你到达顶峰，但只有品德才能使你留在那里；声誉和正直才是人最有价值的资产，而且能一瞬间化为乌有。他告诫人们：坏人一旦变得有钱，他们将会获得巨大的政治力量，你就无法阻止他们干坏事了，所以关键是把这类事情扼杀在萌芽状态。

倡导逆向思维　坚持特立独行

饱读史书的查理非常了解达尔文的进化论：能够生存下来的物种不是最强的，也不是最聪明的，而是最能适应变化的。但已逾耄耋的查理毕生坚持独立的判断、批判性的思考，反对意识形态对人认知能力的扭曲、对理性的极度推崇。他思考问题总是从逆向开始，反过来想。他常说：不要用当前的局限去思考未来的可能性，以及预测未来的局限。如果要明白人生如何才能得到幸福，查理首先会研究人生如何才能变得痛苦；要研究企业如何做大做强，他首先研究企业是如何衰败的。他的这种思考方法源于下面这句农夫谚语中蕴含的哲理：我只想知道将来我会死在什么地方，这样我就永远不去那儿了。大多数人都嘲笑农夫的无知，只有查理汲取了他那朴素的智慧。

当你因一个人的成就去了解他的时候，你会自然接受他的成功箴言，但查理想要告诉你的是，如何先去向别人学习"错误"。他养成一种异常罕见的性格——愿意甚至渴望去证实和承认自己的错误，并从中汲取教训。他认为，你的对错并不取决于别人的同意或反对，唯一重要的是你的分析和判断是否正确；最重要的是别愚弄你自己，而且要牢记，你是最容易被自己愚弄的人；如果你确有能力，你就会非常清楚能力圈的边界何在，没有边界的能力根本不能称为能力。他牢记赫胥黎的名言：当你不得不完成一件事情的时候，不管你是否喜欢它，你都有能力去完成这项必须的任务。查理常说，要学会坚持，耐心能克制人类天生爱行动的偏好。很多事情，我们不知道水滴石穿的确切时间，只能选择盲目坚持，就像他推崇的那句话：即使没有希望也要坚持。为了减少失误，查理很看重检查列表这类工具。当生活成为一个复杂而庞大的运转机器时，为了让每一项运转的尽量正常，就要使用检查列表，它为记忆力不甚好、偶尔感性的人类提供了一个相对客观的标准，就像一个锚，提醒你自己的相对坐标。

智者曾教导我们：历史是时代的见证，真理的火炬，记忆的生命，生活的老师和古人的使者。当我们带着一种窥测而谦虚的心，对成功者洗耳恭听、顶礼膜拜时，他的言行都会因其尘世成就而被无限放大。然而，通过阅读该书，我们不仅聆听了智者的教诲，而且也仿佛置身于智慧的百科全书之中，完全凭智慧取得成功的查理，无疑为我们树立了榜样。他的成功完全靠自我修养和学习后的投资，与当今社会上的权钱交易、潜规则毫无关系。作为一个正直善良的人，他用最干净的方法，充分运用自己的智慧，取得了举世瞩目的不菲业绩。巴菲特认为，你永远找不到比此书包含更多有用思想的书了。比尔·盖茨说："这本展现查理智慧的书早就该出版了。每一位想变得更加聪明、智慧、快乐、幸福的人都应该经常翻阅此书。"毫无疑问，每次开卷都能获得无穷的智慧。我想，有识之士不妨也加入其中，正如晚年的查理时常在结束他的演讲时所言：我的剑传给能挥舞它的人。

今非昔比的人类难题　独辟蹊径的崭新视角

——《未来简史》

　　最近，以色列历史学怪才尤瓦尔·赫拉利的畅销书《未来简史》红遍全球，已经被翻译成近30种文字，不仅为全球学术界瞩目，而且引起大众对历史的浓厚兴趣。笔者以为，通过寻找新视角、新思路对世界史进行重新书写是其创新尝试的成功之处。该书的问世，完全是为了契合当下人工智能的火热，其清晰的主线为人类信仰的演变史，并延续到对未来信仰的预测。赫拉利旁征博引地探讨了人工智能在未来对就业的影响、人类将如何与人工智能共存等话题。尤为令人敬佩的是，尽管书的核心思想相同，作者却为不同国家的译本量身定制了各自的内容，使用国人熟悉的例子。如在提到历史上强势的女性角色时，英国版的例子是伊丽莎白一世，中文版的就是慈禧太后。作为青年学者，他善于利用知识的广度弥补知识深度

的不足，以扬长避短。由于该书的内容浩繁卷帙，在此仅就自认为书中对医务工作者有启迪意义的部分评介如下，以飨读者。

今非昔比的崭新议题

几千年来，人类面临亘古不变的三大难题为饥荒、瘟疫和战争，似乎永远都是人类心中挥之不去的痛。尽管我们向所有神明、天使和圣人祈祷膜拜，也发明了无数工具、制度和社会系统，仍然有数百万人死于饥饿、流行病和暴力。如今，我们已经成功遏制了饥荒、瘟疫和战争。对大多数国家而言，真正严重的问题是饮食过量。2014 年，全球超重的人逾 21 亿，而营养不良者为 8.5 亿。2010 年，饥饿和营养不良合计夺走约 100 万人的生命，但肥胖却让 300 万人命丧黄泉。基于近代医学的巨大成就，为人类提供了疫苗、抗生素、更好的卫生条件和医疗基础设施，流行病对人类健康的威胁已明显减弱，现在绝大多数人死于非传染性疾病。同时，战争逐步消失，人类暴力导致的死亡占死亡总数的比例在远古农业社会为 15%，20 世纪降至 5%，21 世纪初仅为 1%。认可人类过去的付出，激励我们在未来更加努力。已经达到前所未有的繁荣、健康与和谐之后，未来崭新的议题无疑是长生不死、幸福快乐以及化身为神。

作者认为，对现代人而言，死亡是能够也应该解决的技术问题，总会有技术上的解决方案。绝大多数科学家并不会说自己正在努力实现让人长生不死的梦想，只会说正努力解决其中的特定问题，因为衰老和死亡终究是许多特定问题的总和。因此，无论艺术的创造、政治的投入，还是宗教的虔诚，很大部分其实正是出于对死亡的恐惧，而现代科学的重要任务就是要战胜死亡，赋予人类永恒的青春。人类未来的第二大议题是要找出幸福快乐的关键。无数先哲认为，与其拥有生命，还不如能够幸福快乐。人不仅要追求长生不死，同样希望拥有世俗间的快乐。虽然我们取得了前所未有的成就，但未能同步获得幸福感。要实现真正的幸福快乐，其难度并不亚于战胜死亡。在追求前两者的过程中，人类事实上在努力将自己升级为神，从而希望像神一样控制自己的生物基质，因此第三大议题就是为人类取得如神般的创造力和毁灭力，将智人进化为智神。

人类天性的真知灼见

作者指出，迄今为止，现代医学并未能延长人类的自然寿命，其成功之处在于让我们免于早死，能够过完应有的人生。该书不仅阐述了人的独特秉性，而且对人类的特质进行了条分缕析的剖析。毫无疑问，智人是目前世界上最强大的物种，拥有智力和制作工具是人类兴起的关键。进化论认为，所有本能、冲动、情感的进化都只有生存和繁衍这一个目的，而 21 世纪将是由算法主导的世纪。算法指的是进行计算、解决问题、做出决定的一套有条理的步骤。人类 99% 的决定，包括关于配偶、事业和居所的重要抉择，都依赖各种进化而成的算法来处理。作者将这些算法称为感觉、情感和欲望。身为人类，我们很少真正知足，每次实现某个成就，最常见的大脑反应并非感到满足，而是想要更多，总是追求更好、更大。成功孕育了野心，而我们最新的成就也推动人类设立更大的目标。

古往今来，人类认为自己创造了历史，但历史其实是围绕各种虚构故事展开的，但这些故事只是工具，不该成为目标和标准。智人统治世界是因为只有智人能编织出互为主体的意义之网，其中的法律、约束力、实体和地点都只存在于他们共同的想象之中。智人行事并非通过冰冷的数学逻辑，而是依据有温度的社交逻辑。人类征服世界的关键在于让许多人团结起来的能力。

进入 21 世纪，新科技会使这些虚构故事更为强大，能促进人类更容易合作，我们还会创造出比以往更为强大的虚构概念以及更集权的宗教。依赖生物科技和计算机算法，这些宗教不仅会控制我们的存在，甚至将塑造我们的身体、大脑和心灵，创造出完整的虚拟世界。未来的虚构想象可能成为世界上最强大的力量，甚至超越自然选择。因此，如果我们想了解人类的未来，只是破译基因组、处理各种数据还远远不够，还必须破解种种赋予世界意义的虚构假象。

人工智能的医学优势

作者认为，在人工智能时代，大部分单一且重复的工作最容易被取代，医生的工作已经发生变化。人工智能在疾病诊断方面能够更准确，提出的治疗方案比平均水平的医生更好。普通医生的知识和能力有限，难以及时更新知识，更不可能掌握全世界所有疾病及药物的研发结果。对于知识有限的医生而言，人工智能的数据无可限量。它熟知全世界所有疾病。人工智能相当于你的私人医生，能够不舍昼夜地追踪你的健康状况，收集并分析信息。这意味着对于癌症不是等到癌细胞扩散时再去医院检查，而是在其刚刚萌芽时就能够被发现，所以人工智能很快会比人类医生表现得更好。尽管我们认为人类医生有情感，可以非常好地识别出患者的喜怒哀乐，并能很好地照顾其情绪。

但无可辩驳的事实是，人工智能比人类医生能更好地抚慰患者的心灵。因为情感其实也是生物模式，人类医生要识别患者的情绪，基本上也会分析一些信息，如谈话时的表情。不幸的是，人工智能也同样可以通过模式识别来区分个人的语音语调。在未来的语音及脸部识别上，它可以更好地监督患者外部的各种表征，更加准确地分析患者的面部表情和说话的语调变化，从而能比人类医生更加精准地了解患者情绪的变化。不仅如此，人工智能可以比人类医生做更多的事情，甚至是人类医生从来没做过的，它们可以实时监控人体内部的一些情况，如血压、心率、大脑的波动。如果把人工智能和生物治疗传感器连接起来，就会比人类更强大，甚至在情感智能上更胜一筹，可以更好回应人类情绪上的一些反应。当然，想要创造出这样一位人工智能医生，还有很多技术难题需要突破，可能要花数百万亿美元进行研发。但人类技术只要实现一次突破，就可以解决全部问题，从而获得无计其数的人工智能医生。针对医生即将失业这种杞人忧天的想法，作者坦言，目前我们最应该做的就是珍惜现在的工作。

未来世界的大胆预测

物理学家普朗克曾言：科学在一次次的葬礼中进步。必须等到一代人老去，新的理论才有铲除旧理论的机会。人之所以不愿改变，是因为害怕未知，但历史唯一不变的事实就是一切都会改变。作者坚信，对于未来世界，最大的不变就是变化，因此人们需要重新塑造自己，并且在有生之年不断地学习。未来要教给我们孩子的主要内容，就是要让他们有一个心理的灵活度和平衡度，从而不断适应世界的改变和生活。人工智能的优点是能将人类从简单枯燥的工作中解放出来，其中一个重要的问题是谁将控制它。人工智能现在没有意识，那是因为人类作为它的创造者，对于意识的理解及其含义所知甚少。我们对于大脑和智能的理解逐步深化，知道通过智能可以创造出智能的机器，但是我们不理解何为意识。所以到现在为止，人类无法创造出有意识的机器。

时至今日，我们没有理由认为人工智能会发展出意识，或者说人工智能需要发展出意识来超过人类。人工智能会不断演进，它将根据数据做出各种决定，向超级智能体的方向发展，而人类不知道其工作原理。总有一天，人工智能会有意识，它会越来越复杂，人类控制它的能力将会逐步减弱。现在尚无迹象表明人工智能有毁灭人类的可能，因为现在它的发展方向并没有在有自我意识上面。作者提醒我们：未来真正的问题不是电脑与人的矛盾，而是受到电脑武装后，出现更多的人类冲突。

举世瞩目的人类简史　独具匠心地条分缕析

——《人类简史：从动物到上帝》

　　作为一位学医出身的科技工作者，由于大学期间学习文科知识有限，一向对历史题材书籍避而远之，且偏执地认为胜利者书写历史，而真相只有万物灵长知晓。然而，最近读完一本举世瞩目的历史新书，不仅改变了对历史作品的成见，而且使得自己脑洞大开。《人类简史：从动物到上帝》是以色列新锐历史学家尤瓦尔·赫拉利的一部重磅作品。该书言简意赅地介绍了从 10 万年前有生命迹象开始到 21 世纪资本、科技交织的人类发展史。作者以极其广阔的思路和相当深刻的笔触，从人类心智发展的角度分析了人类文明的变迁。这是一部视野广阔的人类简史，作者使用诙谐恰当的比喻来演绎逻辑，引人入胜，并且通过见微知著、以小写大，让人类重新审视自己。该书的吸引力不仅来自作者

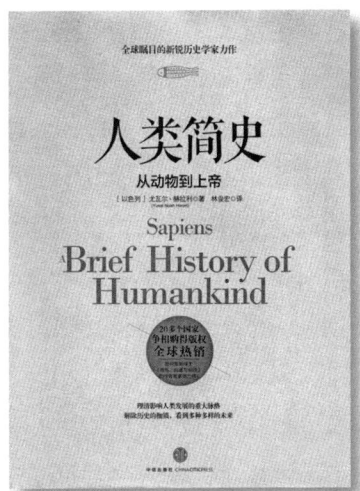

的才思旷达敏捷、译者文笔的生动晓畅，而且书中屡屡出现的中国史实让我们倍感亲切。该书以希伯来文出版后，很快就被翻译成 30 种文字，不仅为全球学术界瞩目，而且引起读者的广泛兴趣。

举世瞩目的人类简史

作者在书中客观地阐述了人类的历史，探讨了许多我们无法回避的问题。在历史的路上，有三大重要革命：约 7 万年前，"认知革命"让历史正式启动；约 1.2 万年前，"农业革命"让历史加速发展；约 500 年前，"科学革命"让历史画下句点而另创新局。该书讲述的就是这三大革命如何改变了人类和其他生物。10 万年前，地球上至少有 6 个人种，为何今天只剩下我们智人自己？我们曾经只是非洲角落一个毫不起眼的族群，对地球上生态的影响力与萤火虫相差无几。为何智人能登上生物链的顶端，最终成为地球的主宰？我们真的了解自己吗？我们过得更加快乐吗？我们知道金钱和宗教从何而来，为何产生吗？科学和资本主义如何成为现代社会最重要的信条？作者博采众长并阐述各自的利弊，通过厘清影响人类发展的重大脉络，挖掘人类文化、宗教、法律、国家、信贷等产生的根源。他从崭新的视角审视人类进程，尽量以生物平等的视角评论人类。书中"人类，一种也没什么特别的动物"；"人类以为自己驯化了植物，但其实是植物驯化了智人"这些不凡的见解以及对人类对待其他生物的隐隐控诉，都体现了作者独特的观察。该书规模宏大但绝非泛泛而谈；具有时代性又不花哨，观念惊世骇俗但绝不是简单的反对者。作者的很多观点与主流媒体和生活习惯相悖却又让人醍醐灌顶，其观点确实令人信服，是难得一见有坚实资料佐证且洞见的好书。风趣幽默的写实手法，能够吸引读者在阅读中如身临其境，从不同的角度去探索未知。

独具匠心地条分缕析

作者指出，智人优于动物之处，在于智人可以构建共同的想象／谎言／神话，而共同神话使得人类的族群认同得以突破150个的数量上限，从而达成更大范围的合作。作者一方面致力于戳破人类的各种传统幻觉，把宗教信仰、组织规则、民族记忆、种族差异、社会价值观等一系列人类认知想象中的不真实和荒诞之处都尽情地嘲弄一番，但又绝非普通的虚无主义者，尽管一再戳破世间种种梦幻泡影，却不认为想象即虚无、神话无意义，而是鞭辟入里地分析了这些共同想象甚至偏见在人类社会组织中如何发挥重大甚至不可或缺的作用，以及制造种种难以应付的灾祸和麻烦。作者认为，人类语言的独特之处是有虚构功能，讨论虚构事务正是智人语言最独特的功能。虚构让人类能够拥有想象，最重要是可以一起想象，共同编造故事。人类跃居食物链顶端的原因是合作。智人的合作不仅灵活，还可以与无数陌生人合作。正因如此，智人才统治世界。人类的发展得益于科学，科学的进步在于不断探索，探索的目的是为了战胜自然，究其根源是因为生存的本能。现代科学体系与先前知识体系的最大区别在于：(1) 愿意承认自己的无知；(2) 以观察和数学为中心；(3) 取得新能力。作者认为，科学的革命并不是知识的革命，而是无知的革命，真正让科学革命起步的伟大发现，就是发现"人类对于最重要的问题其实一无所知"。

金钱本质的深度探究

作者坦言，人类在公平交换的困境中走过千年，直到近代，基于对未来的信任，才发展出"信用"这种金钱概念。金钱并不是物质上的现实，而是心理上的想象，"人人都想要"是金钱最基本的特性。理想的金钱不只是用来交换物品，还能用于积累财富。金钱制度的两大原则是万物可交换和万众皆相信。因此，金钱成为了有史以来最普遍也最有效的互信系统，钱是人类最能够普遍接受的"共同想象"，比起人类其他所有语言、法律、宗教和社会习俗，钱的心胸都要更加开阔，能够跨越几乎所有文化鸿沟，丝毫不会因为宗教、性别、种族、年龄或性取向而有所歧视。但这并不代表金钱文化之下的罪恶就会消失，金钱带来的影响必将也是喜忧参半。虽然金钱能建立起陌生人之间共同的信任，但人们信任的并非人类、社群或某种神圣的价值观，而只是金钱以及其背后那套没有人性的系统。金钱在一定限度内确实会带来快乐，超过限度效果就不明显。正如疾病会短期降低人的幸福感，但除非病情不断恶化或持续疼痛，否则疾病并不会造成长期的痛苦。

快乐痛苦的追根溯源

该书是一部探索个人幸福之书。作者用通俗的语言和新鲜的视角，将个体的幸福放在人类发展的过程中审视。我们从农业革命学到的最重要一课，就是物种演化上的成功并不代表个体的幸福。在人类心理上，现代人与前人相比快乐不一定更多。比如自由，虽然可以自由选择拥有，对方也可以自由选择离去，社群和家庭凝聚力下降。这个世界上个人感觉越来越孤独。快乐不在于客观条件，而在于客观与主观期望是否相符。快乐是数百万年演化的生化机制所塑造，包括血清素、多巴胺和催产素。而演化机制让人类的快乐只是短暂奖赏，不然不会有心情做其他事情。从生物学角度来说，快乐和痛苦不过是DNA奴役人类的工具，为了更好地繁衍，快乐和痛苦都是短暂的。我们会短暂感受到快感，但不会永远持续。迟早快感会消退，让我们再次感受到痛苦。人类心理就像一个恒温系统，所有正向和负向的波动都会回归正常水平线。人类总是为了自己的快乐，发明一些自己根本无法控制的东西，像各种社会制度、经济制度，结果往往只是少部分人得到快乐。而在科技越来越发达的今天，未来瞬息万变，历史的发展绝不是人类越来越幸福，而且结果可能恰恰相反。我们被灌输各种意识形态，离我们的初心越来越远。历史一再证明，人类有了权力或能力就可能滥用，所以认为能力越高就越幸福实属天真。快乐的关键在于追求真我，真正了解自己；痛苦真正的来源不在于感受本身，而是对感受的不断追求。正如尼采所言，只要有了活下去的理由就能忍受一切。生活有意义，就算在困境中也能甘之如饴；反之，就算在顺境中也难免度日如年。

人类未来的当头棒喝

作者的开创性成果是打通文字发明前后历史的界限。前者是生物学家、考古学家的专长，后者是历史学家、政治学家和经济学家的专长。作者弥合了这两大段历史之间的断层，填补了传统人类史中历史观与哲学观、人类和生态系统、集体和个人之间的三大鸿沟，有助于人们从宏观了解历史，并在科学中赋予深厚的人文关怀。就整体而言，现今人类所知远超过远古人类；但在个人层面，远古的采集者则是有史以来最具备多样知识和技能的人类。智人的殖民是整个动物界最大也最快的一场生态灾难。智人所到之处，都有大量的物种灭绝。

该书的目的不是传授人类考古学的所有研究成果，而是提供一种看历史的独特视角，一种全局的观点。作者认为，当你不再执着于科学、政治或宗教等某一个领域的发展过程，而是关注人类社会的整体演变，观察这些领域的相互作用，你会感到自己脑海中零碎的历史知识忽然像拼图一样各就各位，构成一幅宏大的图景。作者最后预测了并非骇人听闻的人类未来：未来科技的真正潜力在于改变智人本身，包括我们的情感和欲望。真正惊天动地的可能是永远年轻的生化人，既不繁衍后代，也无性欲，能够直接与其他生物共享记忆，而且其专注力和记忆是现代人类的千倍以上，没有愤怒和悲伤。他们的情感和欲望完全是我们无法想象的。未来的世界和人类究竟如何？我们拭目以待。

世界已经变平　未来时不我待

——《世界是平的——21 世纪简史》

今年的五一节，用去整整三天的时光，第四次拜读美国作者托马斯·弗里德曼著的《世界是平的——21 世纪简史》。该书的中文版自 2006 年 11 月问世以来，一直高居畅销书前列，每次阅读，随着对作品的认识更深，对作者愈加敬佩。书中许多理念不仅会影响我们的思维，而且将改变人们对世界的看法。它确实是一本值得推荐并与大家分享的好书。现将书中的要点及笔者的愚见记录于下，以飨读者。

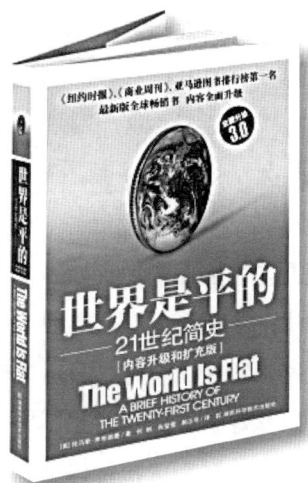

世界变平的经历和碾平世界的十大动力

弗里德曼以独特的视角讲述了世界正在变平的过程。他在书中援引了许多热点话题，介绍了诸多令人瞩目的市场和炙手可热的行

业。在阅读中我们深刻感受到，变平的世界将让每个个体都站在同
一水平线上，任何企业、组织甚至个人都将参与到全球整合的业务
环境中。

作者认为全球化经历了三个伟大的时代。第一个时代从 1492
年持续到 1800 年，被他称其为全球化 1.0 版本。这一阶段肇始于
哥伦布远航开启新旧世界间的贸易。全球化令世界的规模从大号
"缩水"为中号。全球化 1.0 版本讲述的是国家和实力的故事。第
二个时代或可被称作全球化 2.0 版本。这一时代从 1800 年左右一
直持续到 2000 年，中间曾被大萧条和两次世界大战打断。这个阶
段世界的规模从中号"缩水"为小号。在这一时期，推动全球一体
化的主要力量是跨国公司。这些公司到国外去的目的就是要寻找市
场和劳动力。这一时期全球化的进程取决于硬件的突破——从早期
的蒸汽船和铁路到后来的电话和大型计算机。2000 年左右我们进
入了一个新的纪元——全球化 3.0 版本。全球化 3.0 版本使这个世
界进一步缩小到了微型，同时平坦化了我们的竞争场地。如果说全
球化 1.0 版本的主要动力是国家，全球化 2.0 版本的主要动力是公
司，那么，全球化 3.0 版本的独特动力就是个人在全球范围内的合
作与竞争，而这赋予了它与众不同的新特征。作者把这种使个人和
小团体在全球范围内亲密无间合作的现象称为平坦的世界。

在该书中，作者列出自认为碾平世界的十大动力：（1）创新时
代的来临：柏林墙的倒塌和 Windows 操作系统的建立；（2）互联时
代的到来：Web 的出现和网景的上市；（3）工作流软件：让你我的
应用软件相互对话；（4）上传驾驭社区的力量；（5）外包：Y2K；
（6）离岸经济：和瞪羚一起赛跑，和狮子一起捕食；（7）在阿肯色
州吃寿司；（8）内包：那些穿着可笑的褐色短裤的家伙在干什么？

（9）提供信息 Google、雅虎和 MSN 搜索服务；（10）数字的、移动的、个人的和虚拟的类固醇。这十大动力的会合已经创造了一个全新的平台。它是一个全球性的、以网络为基础的竞争平台。在该平台上存在多种形式的合作。它是前所未有的创造性平台。作者认为，我们将进入一个阶段，让我们可以看到几乎一切事物都能数字化、虚拟化和自动化，那些采用新科技手段的国家、公司和个人将获得惊人的收益。人类和计算机的沟通可以距离更远、速度更快、价格更低、方便更多。我们将进入一个阶段，让更多的人可以接触到这些科技手段，他们可以是创造者、合作者甚至是恐怖分子。不管你在世界的任何地方，你都会发现，等级制度正遭到来自社会底层的挑战，或者正从自上而下的关系变成更为平等和合作的关系。

何谓平坦的世界

这是没有人愿意告诉你的事实：在三重会合的作用下，这个全新的平坦世界平台，已经开始摧毁我们的围墙、天花板和地板。也就是说，世界通过光缆、互联网和工作流软件的联结，已经摧毁了妨碍合作的围墙。想象中的美好却总是被现实打破。这个世界到处都是制造摩擦和低效的地方，尽管有些低效的确是应该极力避免和消除的，但也有些低效的来源却是人们十分珍惜的机构、习惯、文化和传统。它们反映了社会凝聚力、宗教信仰和国家荣誉等非市场价值。在平坦的世界里，没有所谓的美国人的工作，任何人，只要有能力，都可以参与竞争。与以往不同，世界越变得平坦，普通人就会变得越透明。不论这个人在世界的哪个角落，只要它是最好的、最聪明的、最有生产力的或成本最低的，这个工作就非他莫属。作者坚信古典经济学家所言：工作应该由做得最好的人来做。

当世界变平时，把等级制度夷为平地的不仅是那些可以做大事情的小人物，还包括可以做小事情的大人物——它们可以自己完成更多的事情。

世界的平坦化为工作的分配、知识的传播和娱乐的共享提供了多种形式并存的全球性平台。担心全球化会粉碎传统文化是有道理的，但是我们忽视了它对于提高个人能力、丰富文化内容的意义，将会忽视其潜在的对人类自由与多样化的积极作用。作者的观点并不是说平坦的世界总是能丰富和保护文化；他想说的是它并不总是破坏文化，这是你在听到对全球化的批评时要思考的事情。全球化的铁律很简单：如果你把它想成全都是好的或全都是坏的，那你将不会得到它。全球化是双刃剑，正面和负面影响同时存在。

作者特别为我们解释了何谓平坦系数：一个国家自身越平坦，也就是说一个国家的自然资源越少，那么这个国家在平坦世界中的处境就越好。在平坦的世界里，一个理想的国家是没有任何自然资源的，因为没有自然资源的国家无依无靠，所以倾向于挖掘自身的潜力，提高自身的竞争能力。这些国家会设法调动起全体国民的干劲、创业精神、创造力和学习知识的热情，而不是热衷于挖油井。

平坦的世界中必备的知识

作者认为，一个好的例子胜过一千个理论。除非迫不得已，人们不会主动改变自己。对那些没有做好思想准备和不愿意改变的人来说，改变是最难的。但是改变也是自然的。它不是什么新鲜事。有所变化是至关重要的。路易斯·巴斯德的名言为：机遇只垂青有准备的头脑。因为只有当人们受到挑战的时候，他们才能处于最佳状态。世界的竞技场已经被夷为平地。平坦的竞争平台不会仅仅吸引各行各业的创新人才，给他们激情和力量。同样，愤怒、失意的人们甚至是人类的败类同样会更容易集结起来。一旦人们发现有必要改变他们的某些习惯时，他们会很快这样做。人类天生愿意寻求与他人的自由交流。当你给他们提供和他人交流的方式时，他们会跨越任何技术障碍，甚至学会新的语言。推动未来全球化进程的将是理解平坦世界的个人，他们能迅速适应新世界的程序和技术。作者指出在平坦的世界中必备的知识如下。

第一，培养"学习如何学习"的能力——不断学习和教会自己处理旧事物和新事物的新方式。这是新时代条件下每个人都应当培养的能力。你必须首先要记住原有的知识，才能在其基础上拓展到更广阔的领域。在这个世界里，要想脱颖而出不仅要看你了解事物的多少，也要看你了解事物的方式。因为你今天了解的事物可能很快就会过时，其速度之快恐怕你连想都想不到。要想学会如何学习，你必须热爱学习——或者至少你应当喜欢学习——因为很多学习都和自学有关。一个人若不成为合格的读者就不能具备扎实的写作技能；这些技能的欠缺导致他们在标准化考试中满盘皆输。作者的理念就是不断学习。你会不断接受挑战。学习是没有止境的……谁能干什么也是没有止境的。

第二，具备激情和好奇心。不管做什么事情，拥有激情和好奇心永远都是一大优势。但值得重申的是，在平坦的世界里，激情和好奇心对工作、成功、研究领域甚至兴趣爱好都显得更为重要。在平坦的世界里，IQ——智商——仍然重要，但是 CQ 和 PQ——好奇心商和激情商——更为重要。我得出了方程式 CQ ＋ PQ>IQ。努力很重要，但是好奇心更重要，没有人会比一个拥有好奇心的孩子学习更努力。如果你自己都没有激情，那你就不可能点燃别人的激情之火。

第三，你必须喜欢别人。你需要擅长和别人打交道。拥有好的人际关系处理能力是职场中人的一大优势，在平坦的世界中更是如此。

第四，如何像开发左脑一样更多地开发你的右脑。艺术才能、换位思考、统筹安排和追求卓越都是右脑决定的各种能力。为了能在这个时代更好地生存下去，我们需要用"高概念"和"高接触"的天资来补充已经相当发达的高科技。高概念包括创造艺术美和情感美的能力，发现特点和机会的能力，撰写令人满意的叙述文的能力和发明创造的能力。高接触包括换位思考的能力，理解人类交往精妙之处的能力，寻找自身快乐和给别人带来快乐的能力，以及在探求目标和意义的过程中超出日常范围的能力。人们出于爱好所做的事情和出于经济利益所做的事情之间的重合之处越来越多。

如何在平坦世界中占得先机

戴维·兰德斯在《国富国穷》中指出，尽管气候、自然条件和地理环境都可以解释为什么某些国家能够从农业社会跃进到工业社会，而有些国家没有，但最关键的因素是他们不同的文化禀赋，特别是一个社会在勤劳、节俭、诚实、忍耐和坚韧等方面的价值观，以及这些价值观深入民心的程度。

弗里德曼认为：当今世界，只有适应性和包容性强的文化才能够得到真正的利益。当谈论到经济活动时，人们很容易忘掉对一国发展起到最大推动作用的是文化的容忍度。当宽容成为人们的行为准则，人人都会因此得到好处，因为宽容是彼此信赖的前提，而彼此信赖又是创新和企业精神的基础。增进不同群体、不同公司或社会之间的信任水平，只有好处没有坏处。值得我们高兴的是，文化不仅仅对社会发展很重要，而且一个社会的文化是可以改变的。文化没有渗入我们人类的 DNA 中，它们是每个社会中地理环境、教育水平、领导人能力和历史经验的综合产物。既然形成文化的各个因素可以发生变化，那么文化也可以改变。

当世界变得平坦时，一个国家的发展依赖于做好三件基础工作：基础设施——从便宜的网络宽带和手机到现代机场和道路，因为正是这些基础设施将本国人民与平坦世界平台联系起来了；正确的教育——将更多具有创造力和合作精神的人民带入平坦世界平台；正确的监管——从财政政策到法律法规——以可获得的最有成效的方式来管理你的人民与平坦世界平台间的互动。

公司在平坦世界中占得先机应采取的一些措施：（1）当世界变得平坦，并且你也感到这种压力时，你应该挖掘自己的潜力迎接挑战，而不是修建各种保护墙。（2）小企业应该有大手笔，小公司要想在平坦世界中发展，必须学会采取大手笔。而要想如此，小公司就必须迅速利用所有促进合作的新工具，使自己扩展的力度更大，速度更快，范围更宽，程度更深。（3）大公司应该学会做小卖部，在平坦的世界中，大公司获得发展的一个经验就是学会该放手时就放手。要想做到这一点，关键是要向你的顾客和雇员提供自助服务，而不必大包大揽。（4）最好的公司是最善于合作的公司。在平坦的世界中，越来越多的工作要通过合作才能完成，不管是公司内部的合作还是公司外部的合作。（5）在平坦的世界里，最好的公司在市场上立足的法宝是经常做 X 线透视，并让客户知道其检查结果。（6）好的公司转移业务是为了成长壮大，而不是萎缩。他们通过转移业务可以加快改革的进度，降低改革的成本，获得更大的市场份额，可以雇用更多的有不同专长的人，而不是要通过解雇人员节省成本。（7）把工作向海外转移也是理想主义的选择。社会企业家想通过自己的所作所为对社会产生一些积极的影响。

对个人而言，每个人都想要经济增长，但是却没有人想要改变自己。如果你想在这个平坦化的世界中蓬勃发展，你最好要记住：只要有可能发生的事情就一定会发生，而且比预想的速度更快。唯一的问题是：你是主动地变化还是被动地变化；是你推动了创新，还是你的竞争者通过创新超过了你？

作者指出，如果一个社会的回忆多于梦想，在这个社会中，会有很多人花费大量的时间向后看。他们不是通过当前的努力而是通过回味过去获得尊严、肯定和自尊。回顾过去的 15 年，世界变得平坦，而我们的生活深深地受到两个日子的影响：11 月 9 日和 9 月 11 日。今天，它们代表两种相互竞争的想象力。"11·9"代表了创造性的想象力，而"9·11"代表了破坏性的想象力。"11·9"推倒了隔离墙，打开了世界的窗户，开放了半个地球，使那里的人民成为我们的合作者和竞争者。"9·11"炸毁了世界贸易中心，永远地关闭了世界饭店的窗户，在人与人之间重新筑起一道看不见的高墙——我们曾经以为自 1989 年 11 月 9 日以后，这样的高墙会永远地消失。弗里德曼认为：我们保持生活水准上升的唯一途径是建立这样一个社会，这个社会能培养出大批持续创造未来的人。但随着知识的高速发展，创造未来成了一件越来越难的任务——一件需要合适的教育、恰当的基础设施、适当的雄心、正确的领导和正确的抚养的任务。这需要使我们整个国家全神贯注地迎接这种挑战。

弗里德曼在书中多处涉及我们从事的行业，不乏真知灼见。他认为，新闻业不仅需要以最快的速度让世人知道消息，而且其真正的增值部分是在接下来的 5 分钟里，你需要一个真正的记者完成对这条快讯的评论，其中包括业内顶尖专家的评论，甚至是竞争对手的看法。

在该书封底中，刊登了作者精选出的一则寓意深刻的非洲谚语：在非洲，瞪羚每天早上醒来时，知道自己必须跑得比最快的狮子还快，否则就会被吃掉。狮子每天早上醒来时，知道自己必须超过跑得最慢的瞪羚，否则就会被饿死。不管你是狮子还是瞪羚，当太阳升起时，你最好开始奔跑。笔者认为，既然世界已经变平，那么必将时不我待。只有从我做起，从现在做起，才有可能在平坦的世界中创造出不平凡的业绩。

影射现实的哲理小说　鼠疫时期的人情冷暖

——《鼠疫》

　　时至今日，在一个以碎片化和快餐化阅读为主流、以查资料代替读原著的时代，重读经典似乎更为难能可贵。有鉴于此，自己重温了法国作家阿尔贝·加缪的《鼠疫》。这部1947年出版的以象征手法写出的哲理小说，真实生动地描写了鼠疫战争中的艰巨而伟大，人们在面临荒唐的生存时，通过艰苦搏斗感受着人生的幸福。作者在提醒人们警惕斗争到来的同时，又竭力宣扬了人生之荒诞，命运之无常，以及客观时刻威胁着"自我"的存在主义哲学观。该书结构严谨，生活气息浓郁，人物性格鲜明；小说中人与瘟神搏斗的史诗般篇章、生离死别的动人哀歌、友谊与爱情的美丽诗篇，使这部作品具有强烈的艺术感染力。该书是加缪最重要的作品。而且由于用文学形式揭示了当代人类意识形态中的各种问题而荣获诺贝尔

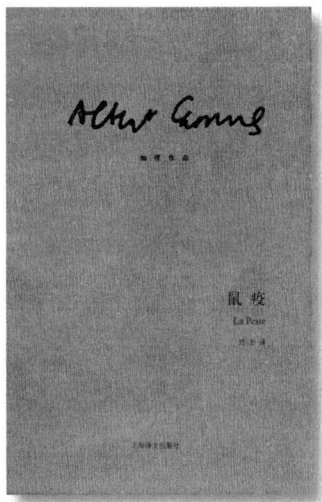

文学奖。列宁曾说过，忘记过去就意味着背叛。尽管加缪描述的那个年代距今久远，但窃以为经受过 SARS 洗礼的国人，一定对曾在数月间肆虐祖国大地的那场瘟疫记忆犹新，并对书中的许多场景感同身受。

人生百态的囚禁生活

《鼠疫》是加缪的代表作，描述了突发鼠疫席卷整座城池并夺走无数人生命时，以里厄医生为代表的志士仁人携手抗击瘟疫的故事。该书的故事情节并不复杂。作者以极其平淡的口吻记述了一个发人深思的故事，但其中包含着丰富的象征含义与隐喻色彩。虚构的记事影射着真实的历史，鼠疫的流行隐喻了纳粹的猖獗。该书形象地刻画了那个恐怖的时代，鲜明地勾勒出在这场斗争中，人们从觉醒到胜利的艰难历程，并以冷静而细致的笔触描绘了在那个年代里的恐慌、焦虑、痛苦、挣扎和斗争的场景。故事中的里厄竭尽全力与来无影去无踪的瘟疫进行殊死搏斗。在一次又一次的治疗失败后，当普通民众早已绝望之时，里厄依旧恪守医者的职业道德，始终履行治病救人的天职。在这座被封闭的城池中，所有人都曾在肉体和精神上经受过痛苦：难以忍受的空虚、无可挽回的分离、不能满足的欲求，当孤独达到极限时，谁也不能指望邻里的帮助，人人都得忧心忡忡地闭门独处。里厄虽然有时感到孤单绝望，但他清晰地认识到自己的责任就是跟那吞噬千万无辜者生命的毒菌作斗争。在艰苦的搏斗中，他目睹了爱情、友情和母爱给人生带来的幸福。纵观全书，正直而富有牺牲精神的里厄并非孤军作战。他的战友包括为求得内心安宁而积极参战的知识分子塔鲁，矢志追求个人幸福但最终又毅然把责任放在首位的新闻记者朗贝尔等。集体的力量使他认识到只有与道德高尚、乐于助人的人们携手并进，才能反抗肆无忌惮的瘟神。

加缪在书中淋漓尽致地表现出那些敢于直面惨淡的人生、拥有"知其不可为而为之"的大无畏精神的真正勇者，不绝望、不颓丧，在荒诞中奋起反抗、在绝望中坚持真理和正义的人道主义精神。当胜利到来时，大家以目光和微笑互致问候时，依然还留有原来那种唇齿相依的感觉。

影射现实的哲理小说

纵观全篇，读者不难体验到加缪以貌似平淡、不动声色的铺叙反衬出一场生死搏斗的悲壮，使作品更具真实性。而深入细致的人物心理刻画，浓郁清新的生活气息，色彩奇幻的滨海画面更透露出其现实主义手法的特色。通过阅读，笔者感受到加缪的作品平淡中暗含波澜，冷漠中不乏睿智。对于一向视小说为"形象化哲学"的加缪而言，以虚构来表现真实，以历史影射现实，用一种囚禁来描绘另一种囚禁，只是其创作的目的之一。通过小说彰显自己追求的某种哲理，并以此影响读者，才是加缪更为注重的艺术效果。在他看来，灾难是不可预测的，无论经历过多少次灾难，人们对天灾、人祸都同样是措手不及。人生是荒诞的，但人又不能在荒诞中生存，要解决这一矛盾的途径唯有反抗。围绕这一宗旨，作者组织了一系列不同思想和行为的对立与交锋，描绘出在鼠疫城中当面临死神的威胁时，各种人的"自由"选译。尤其在里厄身上更明显地集中体现了加缪的这种哲学观点：看到它给我们带来的不幸和痛苦，只有疯子、瞎子或懦夫才会向鼠疫屈膝。里厄不能接受神甫对鼠疫"天意根源"的阐释和"集体惩罚"的说法，也不愿像塔鲁自我完善式地行圣人之道。他只是脚踏实地恪尽职守。虽然医生的素养使他明白，对鼠疫的胜利是暂时的，这次鼠疫对自己来说意味着"一连串没完没了的失败"，然而这并不能成为不战而降的理由。加缪虽然尽力以客观冷静的态度记述这一切，然而内心世界无以解脱的矛盾和苦闷以及对世界和人生主观消极的看法跃然纸上。借用里厄之口，加缪多次表明自己奉行的人生哲理：人应正视恶、承认恶、抵御恶、战胜恶，恶虽败但不会绝迹，人虽胜但绝不能止步。

文学巨匠的哲学情思

加缪在叙述鼠疫横行时期人情冷暖的同时，在字里行间注满了哲学情思。他认为世界是荒诞的，人都有无法拒绝的东西，那就是死亡。人活着就意味要受到死亡的威胁，这也就是小说里提到的鼠疫。但仅仅把鼠疫看作荒诞的象征远远不够，还必须将其体现到死亡和病痛这些具体的事物上，这样，死亡就不再是空洞的概念，而成为了每个人必须面对的事实。书中里厄和塔鲁也认为这个世界是荒诞的，但是对抗荒诞、拒绝痛苦和死亡的迫切要求，使他们在行动上做出选择，采取行动大概是他们唯一的信念。塔鲁一直认为自己身患鼠疫，从而清楚地感受到死亡如影随形。作者对时间和幸福的看法是：不浪费时间的秘诀就是在时间的漫长中体验时间。幸福总是存在于相对之中，人生的第一要义是幸福，但在必要的时候，个人的幸福可以而且必须牺牲。爱是一个抽象的概念，永远不可能有自己确切的表达方式。没有远见卓识就不会有真正的善和高尚的爱。就像里厄在一开始断言的那样，每个人都会长久地和那些抽象概念做斗争。有关爱情问题，书中比较直接涉及的人就是外来记者朗贝尔。因鼠疫而突然封城使得他身陷囹圄。在抗击鼠疫的战役中，他的变化非常大。他曾锲而不舍地尝试各种努力，以便离开这座鬼城。一直支撑其行动的就是他的爱情。个人不懈追寻幸福并没有错，但是朗贝尔仍深感愧疚。他无法容忍一种舍弃他人才得以成就的爱。最后，他得出的结论是：世界上没有任何事物是值得人们为了它而舍弃自己的所爱。然而，为了与大家休戚与共，他宁愿暂时舍弃了自己所爱。

永不言弃的医者人生

作者坦言，撰写该书的初衷是不做遇事讳莫如深的人，实事求是地告诉人们在灾难中能学到什么，深信人的内心中值得赞赏的总比应该唾弃的东西多。作为忠实的见证人，里厄分担了同胞们全部的忧患，并对他们的处境感同身受。瘟疫伊始，人们就处于荒诞之中，虽然各自保命，但都有一种孤独无助的恐惧之感，春之神在鼠疫和炎热的双重压力下香消玉殒。为了使更多的人存活，尽可能多的人不致永远诀别，必须向鼠疫宣战。里厄和塔鲁组织起第一支志愿防疫队。献身于卫生防疫的人们明白这是唯一非做不可的事。防疫组织的成立有助于人们确信，鼠疫既然发生，就应该进行必要的斗争，应集合一切善良人士抵御袭击我们的病魔。在整个因鼠疫封城期间，里厄一直忠实履行治病救人的天职。尤为值得称颂的是，加缪在书中对医生作为一个人的真实描述。医生无非是对痛苦有了些认识，想象力比一般人丰富些而已。当看惯了人的死亡时，人们或多或少能从医者的身上看到情感的麻木。但在某些情况下，医生的情感也非常脆弱，容易出现情感爆发的状况。当胜利的黎明终于到来之际，里厄仍在继续行医，因为病人没有假日。里厄倾听着城中震天的欢呼声，心中却陷入沉思，这次战役的结束，不可能是决定性的胜利，鼠疫不会就此绝迹，因为鼠疫杆菌会隐藏在各种地方，潜伏守候，威胁着欢乐的东西始终存在。作者告诫我们：也许有朝一日，人们又遭厄运，瘟神会再度发动它的鼠群，驱使它们选中某一座幸福的城市作为它们的葬身之地。

因此，人类需要一种关于瘟疫的新思维，承认在人体的内外，我们和微生物之间存在一种动荡的、非线性的状态。人类的前途注定要继续不可预言，因为大自然会在某个预料不到的时刻，以某种出乎意料的方式对肆意破坏环境的人类进行反击。有鉴于此，我们必须承认，在与瘟疫的博弈中，人类几乎没有获得过完全的胜利，医者的使命远未完成，时刻准备并永不言弃必将成为我们永恒的追求。

生命的沉思　优美的牧歌

——《不能承受的生命之轻》

米兰·昆德拉的《不能承受的生命之轻》是笔者有生以来读到的第一本捷克作家的小说。该书是其最负盛名的作品，美国导演菲利浦·考夫曼将其改编后搬上银幕，使昆德拉在世界上声名鹊起。他的作品曾多次获得国际文学大奖。年逾耄耋的他 6 次被提名为诺贝尔文学奖候选人，却始终与该奖失之交臂，但这些丝毫不掩其作品的光彩。有人如想仔细探究生命的真谛，不妨潜心研读一下，定会开卷有益。

章回分明的哲理小说

　　这是一本章节非常清楚的 7 章小说，其中 2 章"轻与重"都是从男主角外科医生托马斯的角度写的，2 章"灵与肉"都是从女主角画家特蕾莎的角度而写，"不解之词"和"伟大的进军"讲述了萨丽娜和弗兰茨的故事，"卡列宁的微笑"则再次回到托马斯和特蕾莎身上。作者这种写作方式最突出的优点是容易让读者深入每位人物的内心。大量的议论或抒情的段落让作者可以对人物内心挖掘得很深，甚至可以用头头是道来形容，就像心理分析那样，能够让人轻易读明白。小说以描写外科医生托马斯与特蕾莎及萨丽娜之间的感情生活为主线，通过编年史的风格，描述了捷克人在"布拉格之春"改革运动期间及被苏军占领时期适应生活和人际关系的种种困境。其中既有隐喻式的哲学思考，也展现了生命历程中的悲欢离合。它绝不是一个男人和两位女性的三角恋爱故事，而是一部充满哲理的小说。

作者从"永恒轮回"的讨论开始，把读者带入了对一系列生命问题的思考中，如轻与重、灵与肉。该书是一部意象繁复的作品，隐藏了多重含意：被政治化了的社会内涵的揭示、人性考察、个人命运在特定历史与政治语境下的呈现，以及对两性关系等的探索。昆德拉通过娴熟的文学技巧将这些元素糅合在一起，奉献给读者一部非同凡响的小说。

上帝发笑的人类思考

尽管先哲说：人类一思考，上帝就发笑。但人类与动物最大的区别就是人类能思考。昆德拉小说中最重要的一点，就是通过思考清楚地揭示了天真和经验的相似性。它们往往根植于同一渴望之中，且通往同一个天地。它们紧密相连，都是对个体的取缔和对界限的抛弃。人生的经验使我们悟出：表面是清晰明了的谎言，背后却是晦涩难懂的真理。作者认为，赋予我们行动意义的，人们往往全然不知，追逐荣誉的年轻人根本不识荣誉为何物，人们追寻的终极目标永远是朦胧的。如恐惧和忧虑。恐惧是一种撞击，是彻底失去理智的一瞬间，缺乏任何美的痕迹；忧虑则相反，它意味着我们是有所知的。世界从来就不是非黑即白、泾渭分明的；同样，在越来越多元的状态下，我们更多的是需要和那些时而鲜明，时而黯然，时而模棱两可的物质打交道。人们无法权衡每个与我们有交集的点是否足够重要，但是当交集发生时，我们必须对其抱有耐心、投入精力、与之周旋。我们总在工作、生活中应接不暇；我们与事相遇、与人交往，在处变中学会发现背后的真相。我们不断地与各种对我们的社会关系有影响的具有特定称谓的人相处，看那些从陌生到熟知的面孔，而在一连串的事件发生时，我们很难分清孰是孰非、孰轻孰重。生活在真实中意味着什么？否定式的定义很简单：不说谎，不欺骗，不隐瞒。生活在现实之中，既不对我们自己也不对别人扯谎，只有远离人群才有可能。在有人睁眼盯住我们做什么的时候，在人们迫不得已只能让那只眼睛盯着的时候，我们不可能有真实的举动。有公众在场，考虑公众，就意味着生活在谎言之中。失去私密的人就等于丧失了一切，而心甘情愿放弃它的人必是魔鬼。

我们都需要被人关注。根据生活希望承接的不同目光，可以把人分成4种类型：第一类人期待公众的目光，一旦失去公众时就觉得熄灭了生命之光，而这种情况对几乎所有人来说迟早要发生；第二类人极其需要被许多熟悉的眼睛注视，他们比第一类人快活，能够总是与自己需要的目光在一起；第三类人需要经常面对自己爱的人的目光，当深爱的人闭上双眼，他们就像进入黑暗；第四类人是梦想家，生活在想象中某一双远方的眼睛之下。梦是意味深长且美丽的。它不仅是一种交流行为，也是一种审美活动，一种有价值的幻想游戏。梦是一种证明，想象或梦见那些不曾发生的事，是人内心最深层的需要。医者愿意毕其一生与人体以及各种疾病打交道，意味着通过解剖事物的表层，探究里面隐藏的未知；而外科把医疗职业的基本责任推到了最边缘，人们在边缘线上与神打交道。上帝从未想到有人胆敢把手伸进他发明的装置中去，然后小心包合皮肤使之不露痕迹。

人的伟大在于他能扛起命运，就像用肩膀顶住苍穹的巨神阿特拉斯一样。社会富裕后，人们就不必劳作，可以投身精神活动。我们有越来越多的大学和学生。学生们要拿到学位，就得写学位论文。既然论文能写天下万物，其题目便是无限。那些写满字的稿纸车载斗量，堆在比墓地更可悲的档案库里。即使在万灵节，也没有人去光顾它们。这种现状导致文化正在悄然无声中逝去，死于过剩的生产中、文字的浩瀚堆积中、数量的疯狂增长中。

基于理性的爱情反思

作者认为，爱情就像帝国：它们建立在信念之上，信念一旦崩溃，帝国也将随之消亡。生命中的爱情若没有分量、无足轻重，那简直不可思议；人们总是想象自己的爱情是它应该存在的那种，没有了爱情，我们的生命将顿失色彩。昆德拉倾向于灵与肉的分离，认为爱情中必有同情和嫉妒，或者说同情加嫉妒便等于爱情。叔本华说，每个人都生活在自己的世界中。我们看到的任何人，都是通过自己心灵折射给自己的影子。我们在缥缈的心灵世界中，不断地寻找能真切踏实的地面。其实，我们爱的只是自己心中那片最隐秘的影子。昆德拉认为，作品中的人物不像生活中的人，不是女人生出来的。他们诞生于一个情境，一个句子，一个隐喻。简而言之，那隐喻包含着一种基本的人类可能性，只是还没有被人发现或没有被人扼要地谈及。作者坦言，比喻是危险的，一个比喻就能播下爱的种子。爱情始于一个比喻，也就是说，当对方往我们的诗情记忆里送入第一个词，这一刻便开始了爱情。柏拉图《对话录》中提出的著名假说认为：原来的人都是两性人，自从上帝把人一劈为二，所有的这一半都在世界上漫游着寻找那一半。爱情，就是我们渴求失去了的那一半自己。

许多学生能在物理实验室里验证各种科学定理，但是人只有一次生命，绝无可能用实验来测定自己为感情所左右的对错。当人们还很年轻的时候，生命的乐章刚刚开始，他们可以一起来谱写它，互相交换动机；相爱的双方各自都把对方视为坐骑，梦想共同驰入他们期望的远方。但是，如果他们相见时年岁大了，生命的乐章多少也已完成，那么每一个动机、每一件物体、每一句话，互相都有所不一样了。在交谈中，尽管他们都明白对方言词的逻辑意义，但不能听到从它们身上淌过的语义之河的窃窃细语。如果他们能长久相守的话，就能开始理解对方用语。他们的词汇就像害羞的情人，慢慢地、怯生生地走到一起去，各自的旋律就会渐渐融合。

直面生命的优美牧歌

先哲尼采说过，每一个不曾起舞的日子，都是对生命的辜负。他用哲学的思考告诉人们生命不是用来度过的，而是应该绽放的。人永远无法明白自己要什么，既然生命只有一次，我们就无法测定自己决策的好坏，原因是在一个给定的情境中，我们只能作一个决定。我们没有被赐予第二次、第三次或第四次生命来比较各种各样的决断；我们既不能把它与前世相比，也无法在来生加以修正。人生的草图不是任何东西的草图，最终也不会成为一幅图画。有句德国谚语说：只发生过一次的事就像压根儿没有发生过。如果生命属于我们只有一次，我们当然也可以说根本没有过生命。昆德拉认为，生命的无法重复称之为重，生命的只有一次谓之轻。永恒轮回之说从反面肯定了生命一旦永远消失，便不再回复，像影子一般，了无分量，未灭先亡，即使它是残酷、美丽或是绚烂的，这份残酷、美丽或绚烂也都毫无意义。以此类推，历史和个人生命一样，轻得不能承受，轻如鸿毛，轻如尘埃，卷入了太空。它是明天不复存在的任何东西。

古希腊哲学家赫拉克利特曾言：人不能两次踏入同一条河流。许多人认为人生就像钟表的时针那样周而复始地绕圆圈推移，日复一日地按同一轨迹运行。但如果生命的每一秒钟都有无数次的重复，我们就会像耶稣钉于十字架，被钉死在永恒上。西方的教徒都是被《圣经》的神话哺育，因此可以说，一首牧歌就是留在他们心中的一幅图画，像是对天堂的憧憬：天堂里的生活，不像一条指向未知的直线，不是一种冒险。它是在已知事物当中的循环运动，它的单调孕育着快乐而不是愁烦。

许多人认为，昆德拉的作品晦涩难懂，笔者第一次读的时候，确实感同身受。小说不是作者的忏悔，而是对陷入尘世陷阱中人生的探索。尽管风格稍显颓废，但作者通过高超的文学写作技巧将自己的独特思想描写得淋漓尽致。每每重新翻阅，前尘往事历历在目，仍能忆起当时的心境感触，岁岁流年，甘苦自知，悲喜自悟。值得我们深思的是，该书的封底上赫然印着这样的名言："最沉重的负担压迫着我们，让我们屈服于它，把我们压到地上。于是，最沉重的负担同时也成了最强烈生命力的影像。负担越重，我们的生命越贴近大地，它就越真切实在。相反，若负担完全缺失，人就变得比空气还轻，就会飘起来，远离大地和地上的生命，亦即告别真实的生活。"

　　笔者从这段话中体会到作者的良苦用心，因为烦恼和痛苦组成了我们时常迷茫的生命，赋予人们生活的最基本意义。生命中所谓没有重量的轻松和自由常常是让人无法忍受或难以承担的，甚至毫无意义。当别人真正放下他手里的那份沉重，所有的重量都将由你独自承担；轻，是一个人能给他人最严厉的惩罚。每当此时，人们就会在心里呼唤：宁愿要更多的沉重而无需飘忽的轻，因为它是对心的煎熬。因此，太轻的重量，我们反而觉得它沉重得像巨石，压在我们渴望轻松、向往自由的灵魂上。在自己的人生中，究竟选择重或轻？这就是《不能承受的生命之轻》带给读者关乎生命的思考。

宇宙往事的博古论今 充满穿越的科幻佳作

——《三体》

无论人类如何发展，有识之士都笃信"文明乃故事所支撑"的理念。回溯远古时代，夸父追日、精卫填海、嫦娥奔月等一系列神话故事表达了人们对美好事物的精神追求。时至今日，科技发展的日新月异、生活压力的与日俱增，迫使活在当下的人们放弃了那些似乎不切实际的幻想。历代先哲一直认为，自古以来中国很难出现优秀的科幻佳作，这归咎于五千年传统文化的禁锢和农耕民族的天性使然。然而，作家刘慈欣的科幻小说《三体》，不仅令人耳目一新，而且使想象力缺乏的国人脑洞大开。《三体》被誉为中国当代最杰出的科幻小说，是中国科幻文学的里程碑。2015年8月，《三体》实至名归地荣获第73届雨果奖最佳长篇故事奖，为中国科幻作品赢得了世界性赞誉，刘慈欣也成为首位获得雨果奖

的亚洲人。

《人类简史》的作者赫拉利曾指出：随着社会的进步，人类需要一种新的故事，才有可能克服 21 世纪必须面对的诸多重大问题。而且这种故事一定是全球故事、生态故事、述说人类幸福和不幸的故事，能让后人接着讲的故事。笔者以为，《三体》事实上是一部关于外星文明入侵地球的"故事新编"，不仅展示了极富视觉冲击力的技术细节，而且设置了引人入胜的悬念，并给出了一个充满光明的结局。毕竟科幻小说终归是大众文化产品，它必须给读者带来视觉快感和精神抚慰。由于对科幻作品的成见，自己从未读过中国的科幻小说；但作为一名好读书不求甚解的读书人，好奇心又驱使自己去探究这一盛名之下作品的诱人之处。

充满穿越的科幻佳作

作者为我们虚构了一个充满科幻的星球大战故事，主要讲述了正在"文化大革命"如火如荼的同时，军方探寻外星文明的绝密项目"红岸工程"取得了突破性进展。就在地球人按下按钮的那一刻，历经劫难且对人类充满愤恨的故事主人公没有意识到，自己的举手之劳将彻底改变人类命运。地球文明向宇宙发出的第一声啼鸣，以太阳为中心，以光速向宇宙深处飞驰。与此同时，距离我们的星球 4 光年外，"三体文明"正苦苦挣扎，3 颗无规则运行的太阳主导下的百余次毁灭与重生逼迫三体人准备逃离母星。在三体人的世界中，直到第 192 次被毁灭的文明时，才终于明白了三体问题无解，从而确定了新目标：飞向宇宙，寻找新家园。当他们接收到地球发来的信息：我们的文明已无力解决自己的问题，需要你们的力量介入。他们立即组成宇宙舰队直扑太阳系，意欲清除地球文明，人类的末日悄然来临。面对即将来临的危局，经历过无数磨难的地球人组建起庞大的太空舰队，同时，利用三体人思维透明的致命缺陷，制订了神秘莫测的"面壁计划"，秘密展开对三体人的反击。富于想象的作者将人类的灵魂暴露于冷酷的星空中，遥远的宇宙宛如一面明镜，更深刻地映照出人类自己。与三体文明的战争使人类第一次看到宇宙黑暗的真相，地球文明像一个处于极度恐惧中的孩子，熄灭了寻友的篝火，在暗夜中瑟瑟发抖。地球人自以为历经沧桑，其实刚刚蹒跚学步；自以为悟出了生存竞争的秘密，其实还远没有具备参与竞争的资格。作者指出，迄今为止，人类没有见过想象中的星际战争，也不可能亲眼见到这种战争，因为战争的方式和武器及威力已经远远超出人类的想象，一旦我们目睹战场之日，即是人类灭亡之时。

荒诞之中融科学知识

物理学知识告诉人们：3个质量相同或相近的物体，会在引力作用下进行无规律、永不重复的复杂运动。该书中，半人马座的3颗星，就是"三体运动"中的"三体"，3颗恒星的光和热孕育了一种智慧生命。但是有3颗太阳确实是件麻烦事，有时太热，有时又太冷。三体人把太阳正常的时期称为恒纪元，其他时期都是乱纪元。恒纪元到来之时才能繁衍生息，文明才能发展，而乱纪元时只能休眠。恶劣的生存条件，铸就了三体文明的冷静与麻木，恐惧、悲伤、幸福、美感等，都是三体文明极力避免和要消除的，因为它们会导致个体和社会在精神上的脆弱，不利于在恶劣的环境中生存。书中充满想象的三体人的脱水功能不乏科学依据。为了应对变幻莫测的自然环境，他们随时可以将自己体内的水分完全排出，把自己变成干燥的纤维状物体，以躲过完全不适合生存的恶劣气候。这充分体现了达尔文"物竞天择、适者生存"的进化论思想。三体社会也不养闲人，失去工作能力的人就会被强制脱水，脱水后的干纤维躯体被付之一炬。总而言之，三体社会的发展史足以证明以冷静和麻木为特点的文明极具生存力。

作者在书中借科幻道出的科学知识比比皆是。如一个人的鉴别能力与他拥有的知识成正比。他认为，科技革命是人类社会的一种病变，技术的爆炸性发展与癌细胞的飞速扩散相当，最终的结果都是耗尽有机体的养分，破坏器官，导致其寄宿体的死亡。在宇宙间，一个技术文明等级的重要标志是它能够控制和使用的微观维度。为了探测宇宙，人类可以将太阳作为一个超级天线，通过它向宇宙发射电波。这种电波是以恒星级的能量发出的，功率比地球上能够使用的全部发射功率的总和还要大上亿倍。

貌似错乱显哲学思维

作者在书中使用了很多貌似错乱的胡言乱语直抒胸臆，道出许多人生真谛。在当今的世界争霸中，超级大国都以拥有核武器而不可一世，然而作者使我们清醒地认识到，宇宙中还有黑洞、反物质等更可怕的力量，与这些力量相比，核武器不过是一只温柔的蜡烛。作者认为，人类与邪恶的关系，宛如大洋与漂浮的冰山，它们本质上是同一种物种组成的巨大水体。冰山之所以被醒目地认出来，只是由于其形态不同而已，而它实质上只不过是这个巨大水体中极小的一部分。因此人类真正的道德自觉是不可能的，就像他们不可能拔着自己的头发离开大地。要做到这一点，只有借助人类之外的力量。作者坦言：在疯狂面前，人类的理智是软弱无力的，信任无疑是一种不敢奢望的奢侈品。世界上许多一流的科学家都被伪科学骗得团团转，最后还为之摇旗呐喊。历史的经验证明，伪科学最怕魔术师，事实上大量伪科学的骗局最终都是被魔术师揭穿的。作者倡导物种共产主义，其核心理念就是：地球上的所有生命物种，生来平等。笔者推而广之，认为宇宙中的万物也应该是生而平等。然而，在该书中高傲的三体人把人类看成不堪一击的虫子，但他们似乎忘记了一个无法辩驳的事实：虫子从来没有被真正战胜过。人类与虫子在技术上的差距远大于我们与三体文明之间的差距，千百年来，人类尽己所能、竭尽全力企图消灭它们。这场漫长的战争伴随整个人类文明的发展，现在依然胜负未定。笔者以为，无论科技如何一日千里，虫子依然不会被灭绝，照样傲行于天地之间，而且其数量与日俱增。

科学精神的理性思考

先哲认为，尽管人的观念和看法随着时代在变，但对人性的描摹和刻画，从不同的角度去写，永远都有推陈出新的可能性，《三体》在科幻领域的成功再次成为这一观点的佐证。对于浩瀚无边的宇宙和世间的万物，我们都可以站在各自的角度去观察它们。它们就像一个不规则形状的晶体，可以从不同的立面看到其不同的表征。不同作者的写作风格亦然如此，可以直面现实或映射当下，也不妨对历史痛定思痛或为当今世界把脉。作者指出：如果你通过完全认同敌人的生存理念战胜了敌人，你就变成了自己的敌人，这根本不是胜利，因为真正消失的是你自己，留下来的是换了一张脸的敌人。这就是为什么人们会把意识形态中的斗争看得如此重要，即使我们输了战术，仍有改进的余地；可是一旦输了理念，就全盘皆输。作者坦言，随着人类在太空争霸上的竞争日趋激烈，宇宙的田园时代已经渐行渐远，昙花一现的终极之美最终变成任何智慧体都无法做出的梦，将成为游吟诗人缥缈的残歌；宇宙的物竞天择已到了最惨烈的时刻，在亿万光年暗无天日的战场上，深渊最底层的毁灭力量被唤醒，太空将变成死神广阔的披风。

掩卷遐思，笔者以为：归根结底，人文关怀是作者写作的基本出发点，而科幻只是载体而已。在如今充满快节奏的社会中，慢也是一种生活态度，活在当下是一种被遗忘了许久的生活方式。作为普罗大众，也许我们不必殚精竭虑地思考生命意义这种虚无缥缈的东西，只需踏踏实实地在勤奋工作的同时尽情地享受生活，而无需杞人忧天地时刻提防是否有外星人躲在暗处攻击人类。

充满睿智地与神对话　人生之旅的授业解惑

——《与神对话》

恰逢十一长假，又是一年中品茗读书的大好时光。然而今年认真研读的并非一本新书，而是自己第三次潜心阅读的旧书。它是美国作者沃尔什的《与神对话》。作者在书中借用"我"与"神"的对话，以层层递进的逻辑，极具说服力地解答了众多关于生活与爱、善与恶、金钱与健康等芸芸众生都面临的困惑，让人们憧憬美好生活，从而使读者产生脱胎换骨的感觉。几乎每位看过该书的读者都会感到极其震撼，并推荐给身边的人。该书出版后很快登上《纽约时报》畅销书排行榜，并在其上停留长达 137 周。时至今日，该书在全球已经被翻译成 37 种文字，卖出 1200 万册。自己阅读的书

来自一位编辑同人馈赠。赠书者在扉页中题写了"一生等待的书，一世敬重的人"。尽管自认为受之有愧，但恭敬不如从命，只好通过认真领会书中的精神实质、撰写引人入胜的读书心得来投桃报李，以不负友人之厚爱。

充满睿智的与神对话

沃尔什曾是电台主播、报纸记者和主编，并创办了自己的公关和市场营销公司。正当其事业蒸蒸日上时，突然的车祸和失败的婚姻使他跌入人生的谷底，过着风餐露宿、以捡易拉罐维持生计的日子。绝望之中的他在梦中向神求教。在长达 3 年的时间中，和蔼并充满爱意的神回答了他的所有疑问，而他正是从中择其精华结集成此书。尽管书名带有宗教的色彩，但实际上它不属于任何宗教，而是融合了东西方众多宗教和哲学流派的智慧。作者坦言，该书的一切均源于生活，讨论了绝大多数我们曾经提出的问题，主要关注个人在生活中遇到的困难和机遇，并一针见血地指出：过度的个体主义造成的受害者心理是现代人愤怒、忧愁及怨憎的根源。现代人痛苦的部分根源还在于社会的压力，个人焦灼更多地来自人与人的相互比较和指责。唯有意识到你对这个世界的现状负有责任，你才有能力去部分地改变它。该书是写给所有人看的，因为这是神赐的美妙礼物，要送给真正关心问题并想得到答案的人，要送给带着真诚的心、渴望的灵魂和开放的精神追求真理的人。作者借助通俗易懂的语言，提供了一个全新的世界观和人生观。在阅读的过程中，很多读者深受感动并潸然泪下，也为其中的欢乐和幽默捧腹大笑。他们的生活发生了变化，并在震惊中获得力量。正是由于写出了这本好评如潮的书，作者的人生重新登上巅峰，他的灵魂也到达了前所未有的境界。

感受与思维胜过话语

先哲认为，真实的事物必须在思维、语言和行动上都真实。作者指出，"交流"胜过"交谈"。交流的含义更丰富且准确。人们最常见的交流方式是通过感受。感受是灵魂的语言，最高的真实隐藏在最深的感受之中。此外，人们也使用思维进行交流，由于在思维交流中通常使用形象和图像，因此它远比单纯的话语交流更有效，同时经验也是重要的交流载体。当感受、思维和经验均无法奏效时，人们只能借助话语。话语是效率最低的交流方式。它们最容易导致错误解释，最容易令人误会。究其缘由，话语仅是声浪而已，它们是表达感受、思维和经验的噪音，是符号、标记，并非真正的东西。我们对某事物的经验和感受代表自己对该事物的实质和本能的认识。话语只能表现你的认识，而且经常混淆你的认识。有时候，你能奉献给别人最美好的礼物是保持缄默。作者认为，最高级的思维永远是包含了欢乐的思维，最清晰的话语永远是包含了真实的话语，最美好的感受是我们称为爱的感受。欢乐、真实、爱是可以相互替换的，无论其次序如何，它们永远是互通的。没有什么事物是痛苦的。痛苦是错误思维的结果，是思维中的错误，源自你对事物作出的判断。移除判断，痛苦就会消失。因此苦难是人类经验的多余要素，而且还由于愚蠢和难受不利于健康。实践中的大师从不谈及苦难，因为他们清楚地知道话语的力量，所以不出怨言。人应该秉持自己的信念，恪守自己的价值观，改变它们的理由只有一个，那就是你的真实身份让你感到不快乐。

凡人本性的深刻领悟

生活的本质决定了它不能拥有保证，否则它的目标将会落空。如果你想要生活有保证，那么你要的就不是生活，而是依照已经定稿的剧本进行的彩排。作者总结出凡人本性：在最深层次中人类的所有想法和行为，都受到爱或怕的驱使，情感总是在爱与怕之间来回摆动。对于最为珍惜的东西，人们先是爱，继而是毁灭，然后再去爱。所有人类曾经做出的自由选择，都必定出自二者其一。爱是扩张、开放、赠送、停留、敞开、分享、诊疗的能量；怕是收缩、封闭、攫取、跑开、隐藏、独吞、伤害的能量。生活的结果是不确定的。正是这种对生活终极结果的怀疑，创造了恐惧这一自己最大的敌人。你最怕的东西将会折磨你最多，怕将会像磁铁般把它吸到你身上。作者指出生活不是发现的经历，而是创造的过程。生活的意义不在于抵达任何地方，而在于发现你在那里，曾经在那里，已经在那里。你永远处在纯粹创造的时刻中，因此生活的意义就是创造，创造出你的身份和本质，然后体验它。激情是将存在转成行动的爱，是创造之引擎的燃料，将观念变成了经验。激情是火焰，鼓励我们表现真正的自我。怨恨是破坏力最强的精神状况，会给自我造成极大的破坏。忧虑是仅次于怨恨的糟糕精神活动。怕是被放大了的忧虑，不仅毫无意义，而且是被浪费的精神能量。因此作者告诫我们：思维是创造性的，最有爱心的人就是以自我为中心的人，如果你无法爱自己，你便无法爱别人；怕将吸引相似的能量，而爱历经千秋万代，遍布天涯海角，贯穿生命的始终，存在于生命中的每刻，因此无所不在。如果不能成为别人生命中的礼物，就不要走进别人的生活。

道法自然的异曲同工

作者认为，事件并无痛苦，痛苦是错误思想的结果。当你做任何事时，都应避免贴标签和判断。因为每种状况都是礼物，而在每个经验里都隐藏着宝藏。宇宙间没有好或坏的状况。一切都是现实，所以没有必要做出价值判断。所有的现状都是暂时的，没有不变的东西和静止的状态。事物以何种方式改变取决于我们自己。生活的过程是完美的，而且所有的生活都源自选择，干预和质疑选择都是不合理的，谴责它更无道理。人最难做到的事情就是听从自己内心的呼唤。人毕生最棘手的任务是控制自我膨胀，而尴尬是在意别人如何看待自己的反应。一般而言，人做出决定的基础并非自己的经验。在绝大多数情况下我们选择接受的是别人的决定。遇到重大问题尤其如此，问题越重大，就越容易将别人的决定据为己有。合理的做法是观察它，然后尽量帮助它寻求和做出更好的选择。

作者同时揭示了事物对错的本质，他认为事物对或错，只是因为你说它是而已，其本质上没有对错，而是个人价值系统中的主观判断。创造是纯粹的选择，不受任何控制并不应任何要求的选择。服从不是创造，因而永远不能产生救赎。生活的悖谬在于，一旦你不再关心尘世的美好和成功，它们对你来说反而变得唾手可得，因此真正的大师是那些选择享受生活而非过日子的人。

我为人人与人人为我

孩提时代，父母让我们认识到爱是有条件的。成人之后，我们将这种经验带入自己的爱中。当我想要你获取你想得到的东西，那么我是真的爱你；当我想要你获取我想要你得到的东西，那么我就是通过你在爱我自己。在我们被灌输的理念中，一向是适者生存，强者获胜，智者成功，但极少有人告诉我们有爱心无上光荣。作者认为，你的生活始于自己的生活目标，总是你关于它思维的结果。例如，医疗行业的培训目标就是让人们活着，而非让人们感到安逸舒适，以便他们能够体面地谢世。对医护人员而言，死亡等于失败；对亲朋好友来说，死亡等于灾难。作者坦言，生活没有什么可怕的，前提是你不执着于结果。别让你的爱成为黏合的胶水，而要让它成为磁铁，先是相互吸引，然后反过来相互拒斥，以免那些被吸引的人一直认为他们必须黏着你才能活下去。没有什么比这离真相更远且对他人的伤害更大，用你的爱把你爱的人推进世界，让他们完满地体验自己的身份，这样做你才是真正爱过的人。

掩卷遐思，笔者确实体会到作者润物细无声的高超技巧。全书没有任何空洞说教的痕迹，而将要表达的思想和传播的理念融入风声的低吟、溪水的潺潺、雷霆的霹雳、雨水的嘀嗒，呈现出来的是泥土的质感、百合的芬芳、太阳的温暖、月亮的引力，从而令读者手不释卷，回味深长，在尽情欢乐中播撒喜悦，共享真爱。

点燃心烛的真心付出　集腋成裘以改变世界

——《我愿意改变》

　　在人类社会发展和进步的当下，世界面临重重危机，险象环生：观念危机、经济危机、环境污染、人类健康等问题不断引发人们关注和讨论。为了应对这种现状，4 位举世闻名的智者兼畅销书作者首次联袂推出《我愿意改变》一书，探讨改变的紧迫性、社会对个人的异化等，同时指出通过正念冥想等改变自身带来的积极影响；期盼世间多一些利他主义，人类与自然更加和谐相处等。作者们结合各自的经验、运用才华，为人们面临的困局及时代的病痛开出良方，不仅给出共创和谐生活的新方法，而且提供了如何践行的具体步骤。同时，他们以学术的语调探讨人和世界的关系，不同国度的迥异思维带给我们精神世界的惊喜，哲学与生态学的介入，不仅使得内容丰富多彩，其中焕发的哲思也使得读者情趣盎然。作者坦

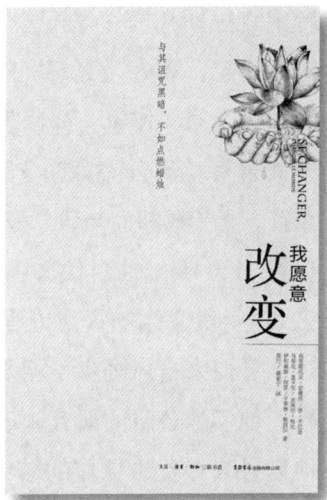

言：没有人能够置身世外，我们就是世界，只有先改变自己，才有可能改变外在世界的任何问题，改变自己就改变了世界的一部分。该书字里行间传递给读者的强烈信念是：与其诅咒黑暗，不如点燃蜡烛，未来掌握在自己手中。每个人需要做的就是点燃自己手中的蜡烛，为自己带来"希望之光"，如此方能照亮整个世界。

当代智者的佳作结集

《我愿意改变》并非一位大师的专著，亦非同一领域专家集体智慧的结晶，而是来自不同领域的4位博学鸿儒首次联袂共著。作者中克里斯托夫·安德烈为法国著名心理学家、精神科医师及畅销书作家，著有《冥想》《幸福的艺术》等；乔·卡巴金是国际知名的科学家、作家、禅修教师，致力于将正念带入主流社会和医学中，著有《不分心，初学者的正念书》等；马蒂厄·里卡尔为佛教徒，著有《和尚与哲学家》等，他的数本著作已被译成各国语言；皮埃尔·哈比是当代法国作家、环保人士、农业生态学之父，过去40年里，他一直为更尊重人与自然的世界而努力工作着。作者表面看似来自风马牛不相及的领域，但他们为了共同的信念携手同行。他们从各自的研究领域入手，探讨人和世界的关系。该书就是他们各自最优秀佳作的结集。他们为读者展现出的共识是：如果你一味蜷缩在保护壳里，固执地沿袭旧习惯和一成不变的生活态度，那么就不要妄谈改变世界或改变自己；假若我们总是等着别人或是其他时机，改变永远不会到来；我们就是自己一直等待的人，就是我们寻求的改变。改变自己应该从提升自己的良知、智慧和同理心、好好梳理自身开始。真正的改变要像躺在床上的婴孩那样，专注地倾听自己的呼吸或观察放在胸前的玩偶。你要重新创造一个朴素的世界，找到内心的宁静。这是一切改变的基本。同时，真正的改变要像经验丰富的海员那样，给生活立下最高点和最低点，找出两点间的距离，设定好目标，然后扬帆启航。该书在写作上也独具匠心，每一章的最后，作者都列出"给我启迪的人"和"我对如何投入生活的三大建议"，通过鉴往知来和自己的亲身实践为读者提供简便实用的行动指南。

蜂鸟梦想的深度呼唤

作者们是带着普世的悲悯关注世界发展动向和人类未来命运，探寻在物质主义盛行的时代如何协调个人与社会的关系。人生在世，我们常常对世上的不公感到不平、激动或愤怒；可每当我们希望扭转这种局面时，总又感觉到自己势单力薄。在该书的引言中，作者通过一个印第安人的故事开宗明义：某天，森林突发大火，动物们都很害怕，眼睁睁地看着火焰熊熊燃烧却无能为力。只有一只小小的蜂鸟忙着用嘴衔来水滴救火。过了一会儿，犰狳觉得蜂鸟的举动很可笑，便烦躁地说："你不是疯了吧？这么几滴水根本浇灭不了大火！"蜂鸟正视犰狳，答道："我知道，可是我要尽力量。"作者通过这个浅显易懂的故事提醒人们，只要每个人都愿意改变自己，就有可能改变当今已经不太好的世界。改变是"蝴蝶效应"的代名词，想要改变世界其实并不难，只要自己锲而不舍，必定能积跬步以至千里。该书列出切实可行的方法包括：（1）去除内心的"毒素"，从嗔怪、贪欲、嫉妒、傲慢、报复心这些令自己和他人生活痛苦的心境中解脱出来。（2）停止评论、贴标签、把人分成三六九等，这些都是矛盾冲突的根源。试着对人采取一种热情、人性的态度，接受他们本真的样子。（3）对自己宽容、温柔，尤其在艰难的时刻。这样才能更宽容地接受自己的脆弱，谦恭地融入人类大家庭。我们总是忘记，实际上不是时间在流逝，而是我们在流逝。我们总是与生命匆匆地擦肩而过，应该学会的是如何活在当下的每一秒。也许我们努力的真实目的不是为了改变这个世界，而是为了不让世界改变我们。但无论目的何在，该书的宗旨正如封底上醒目地印着的一句话：为时代的病痛开出良方，深度唤醒每个人体内的蜂鸟梦想。

大爱无疆的社会互助

回溯人类发展的历史，文化的改变比我们基因的变化更快。科技固然为社会发展带来一定的进步，但并没有让人类变得理智，反而让人类自诩为造物主。尽管拥有聪明才智，人仍然脆弱，需要相互依赖并与大自然和谐共处。积极心理学研究的先锋人物弗雷德里克森认为爱不能持久，转瞬即逝，但可以无限再生。他将爱定义为3种事情同步发生时出现的积极共振：共享一种或一种以上的积极情绪；两个人的行为和生理反应的同步；都怀有关爱对方的意图，这种意图促进双方的相互依恋。作者提醒我们，人类本是自然的产物，却正在毁灭自然，破坏和脱离自然即破坏和脱离人类。如果说人类将招致灭绝，毫无疑问，自己就是始作俑者。应理解和认识到生活的本质主要是合作而非竞争，是互助而非仇恨，是关怀而非恶意。共同行动的总和产生出的结果超乎微观水平的想象，自然令人不得不羡慕的是：整体永远大于部分之合。尽管个人的力量微不足道，但只要充满信心并心怀正念的人足够多，就会令社会发生质变，达到新的平衡。合作带来的宽容和善意是最高贵、最智慧的事。生命的法则是互相承担责任，聚合能量、知识及技能，从而使每个人得到满足。而竞争是小部分人削弱大部分人的能量。许多研究显示，大爱无疆的社会互助会改善精神健康，减少心血管疾病，延长寿命，减少成瘾药物的使用，增强免疫力，降低老年痴呆的发生率。哲人指出，应采取一种知足常乐、适度快乐的生活态度，培养我们的全面意识，专注于爱和怜悯。我们每一天的每一个选择都会影响并改变世界，万涓成河，百川成海。

个人觉醒助美梦成真

法国当代著名思想家埃德加·莫兰曾说：每个人身上都背负着人类的命运，在各自的能力范围内负起责任。该书作者从思维和行动两个方面潜移默化人们并号召人们以更主动的心态与方式做出改变。他们指出，人类世界越来越倾向物质主义，人倾向于物质价值，如金钱、社会地位和财物，而忽视非物质方面的价值，如分享、灵性、内在平衡等。物质主义让人追求此起彼伏的物欲快感，但这种快感稍纵即逝。人们在患得患失中得到的反而是更多的不幸福。人的幸福不仅与其从事的活动有关，还与自己是否全身心地投入有关。心神越是涣散，自我感觉就越差。与话不投机的朋友们心不在焉地聚在一起，还不如全力以赴的工作状态让人感觉愉悦！作者认为，网络时代的最大优势就是提供了更多的资源共享机会。

我们需要改变的，是对待这些资源的态度，厘清滥用和合理利用的关系。我们并不否定现代生活和社会的进步。重要的是要反思怎样才算更好地、审慎地、极高要求地利用现代生活条件。在大数据时代，变数太多，信息更新更快，绝大部分是无效信息。作为个体的人，与其盲目地追逐潮流，还不如根据个人需要制定出最合理的需求清单，从而实现最大的内心自由。由此，作者给出得到幸福的秘诀：认真投入地做一件事，在成长的过程中感受内心的安宁。

掩卷遐思，该书汇集了 4 位人中骐骥应邀撰写的文章，旨在展现生命原则，促发行动的助力，激发我们身上沉睡或已经被唤醒的蜂鸟梦想。他们都以自己的方式在改变世界，并胸怀同样切实的意愿重塑良知、触动人心，以引发深刻的社会演变。《我愿意改变》至少表明了这样一个观点：改变自己和改变世界，并非对立而是互助互利的两个过程。正如我们熟知的精卫填海和夸父逐日，他们从实现个人的目标开始，最终以个人行为改变世界。因此，窃以为，北京奥运口号"同一个世界、同一个梦想"，对每一位怀揣改变世界梦想的行者都有所激励，只要梦想不灭，定有美好的未来。

历经磨难的人生感悟　生命与爱的完美诠释

——《活出生命的意义》

如今人们生活在快节奏的当下，身处喧嚣浮躁的社会，无数人通过各种方式探寻生命的意义，如何纾解应接不暇的物质焦虑与精神困惑？人生究竟应向何处去？带着这些追本溯源的命题，自己重温了维克多·弗兰克尔的名著《活出生命的意义》，感受颇深。这是一本讲述生存问题的书，初版于1946年。作者是德国犹太人，精神病医生，1942年被纳粹关进集中营服了3年苦役，侥幸大难不死，期间妻子和父母均被杀害。重获自由以后，他把狱中经历提炼成这本著作，以集中营的经历为主干，辅以医学理论说明。作者认为：天空并非总是蓝色，云彩并不都是白的，但生命之花却永远鲜艳灿烂，只要拥有自由选择应对处境的主动权，我们就不会一无所有。到1995年作者去世时，该书被译成

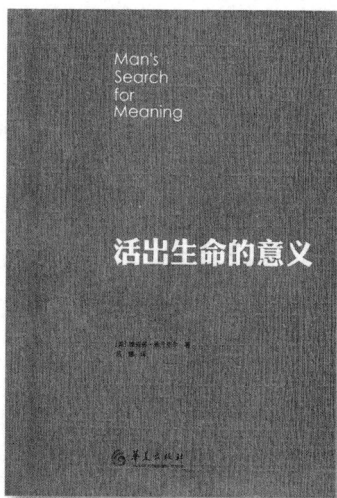

24 种语言，已销售 1000 万册。该书感动过千万读者，1991 年入选美国国会图书馆最具影响力的十佳图书榜单。该书不仅触动读者的灵魂而且能引领它共舞，甚至改变读者的日常生活与命运。相信这本记载作者历经磨难的人生感悟的小书，一定有助于读者活出生命的意义。

无心插柳却水到渠成

该书并不是对某些事实的陈述，而是有关作者经历的记述，同时也是对数以百万因徒经历的记录。这是由一名集中营幸存者亲口讲述的故事，其焦点并非人们常听到的有关集中营里的恐怖遭遇，而是一些小的磨难。换言之，就是想要回答集中营的日常生活如何反映在普通因徒的思想中。该书描述的多数事件并不发生在诸如奥斯维辛那样著名的大集中营，而是发生在一些小集中营。该书不是名人受难记，其主人公并非受人景仰并青史留名的大英雄，也不是那些有名的因头或因徒。作者将注意力集中在那些鲜为人知、没有记录在案的遇难者遭受的磨难和死亡，讲述的正是这些普通的因徒。他们没有戴着表明身份的袖箍，却时常遭到因头的轻视。当普通因徒饥寒交迫时，因头们却衣食无忧。与看守相比，这些人更为凶狠，在鞭打因徒时更为残忍。弗兰克尔认为有责任将自己的经历写下来，或许对那些绝望中的人们有所帮助。他绝没料到该书如此畅销，也没有把它看作一种成就。作者坦言：出版本书的初衷很简单，只是想通过具体的事例向读者传递一种观点——生命在任何条件下都有意义，即便在最为恶劣的情形下依然如此。弗兰克尔毕生出版了 39 部作品，并被翻译成 34 种语言。然而令作者惊讶不已的是，在其众多著作中，恰恰是这本原来打算匿名出版的小书一鸣惊人。"就我个人而言，更愿意把这本书看作对我们这个时期困境的一种表达：如果数以千万的读者去购买一本标明能解决有关生活意义问题的书，那说明这个问题一定是当下最急需解决的。如果这种观点在某些极端的环境中得到验证，其作品或许会引起人们的关注。"

意义疗法的精髓所在

弗兰克尔担任维也纳神经综合医学院的首席专家长达 25 年，创立了"意义疗法"及"存在主义分析治疗"，被称继弗洛伊德的心理分析、阿德勒的个体心理学之后维也纳第三心理治疗学派。该书第二部分主要涉及存在主义分析治疗，不仅浓缩了第一部分的精华，书中的理论分析也增强了其冲击力，两部分的结合共同提升了该书的可信度。作者指出，生命中真正短暂的是潜力，一旦潜力实现就成为现实力量。意义疗法牢记人类存在的短暂性，所以不是消极悲观而是积极向上。该疗法着眼于未来，侧重于患者在将来应当完成的意义，作用是拓展患者的视野，使其意识到自己生命潜在的所有意义。叔本华说过，人注定要徘徊在焦虑和厌倦这两极之间。作者认为，精神健康有赖于一定程度的紧张，即当下状态与理想目标之间的差距。人对生命价值的担心乃至绝望是一种存在之焦虑，而绝非心理疾病。人的独特之处在于能着眼于未来，看不到未来的人之所以自甘沉沦，是因为他深陷回忆之中。人们一旦失去生活下去的勇气，几乎就不可能再挽回。拯救人类要通过爱与被爱，只有认识到自己对所爱的人或未竟事业的责任，人才永远不会抛弃生命。尼采曾言：那没能杀死我的，会让我更强壮。作者坦言，苦难、厄运及死亡也是生活不可剥离的组成部分，积极的生活能够使人有机会通过创造性的工作实现价值，而消极的生活能够使人满足于对美、艺术或自然的追求。自由是人生命中消极的一面，而其积极的一面是责任，承担责任就是人类存在之本质。

历经磨难的人生感悟

先哲曾言：生与死的距离被称为人生，如何走过这段距离被称为生活。作者指出，苦难毫无意义，但人们可以通过自身对苦难的反应赋予其意义。在苦难中，一个人可能仍然保持勇敢、自尊、无私，也可能为了自我保护在激烈的斗争中丧失了人的尊严，而无异于低等动物。作者认为，外人对于囚徒之间为了生存的残酷斗争一无所知。这是一场为了每天的面包、为了生活、为了朋友的斗争。对于没有经历过集中营生活的人来说，很容易对有过这种经历的人抱有一种错误的同情心态。而作者以自传的形式介绍了自己在集中营的经历，通过现身说法，超脱出来看现象。他很少谈及自己在集中营里忍受的那些常人无法想象的艰辛、苦难和摧残，而是更多地探讨那些让人坚强活下去的勇气，凭借坚韧的内心和卓越纯净的头脑以及专业知识为读者带来生命意义的思考。作者认为，寻找生命的意义是人生中被赋予的最艰巨的使命，集中营的体验足以证明人的内在力量可以改变外在命运。通篇而论，作者没有正面回答什么是生命的意义，但给出可能找到生命意义的 3 条途径：创造或从事体现人生价值的工作、体验爱与被爱、采取积极态度忍受不可避免的苦难。由于独立思考和自由选择能力造就人的天赋异禀，所以并无普适众生的生命的意义。人生成功的秘诀只有那些在奋斗中尚未成功的人才心知肚明。他在书中多次引用尼采的名言：知道为何而活的人，便能生存。为此，弗兰克尔再三叮嘱学生们："不要只想着成功——你越想成功，就越容易失败。成功就像幸福一样，可遇而不可求。它是一种自然而然的产物，是一个人无意识地投身于某一伟大的事业时产生的衍生品，或者是为他人奉献时的副产品。幸福总会降临的，成功常常是无心插柳柳成荫。我希望你们的一切行为服从良心，并用知识去实现它。总有一天你会发现，正是由于这种锲而不舍地秉烛前行，成功才降临于你。"

生命与爱的完美诠释

作为著名的心理学家，弗兰克尔是 20 世纪的一个传奇。他不但超越了集中营里炼狱般的痛苦，更将自己的经验与学术相结合，开创了意义疗法，替人们找到绝处再生的意义，也留下了人性史上最富光彩的见证。他不仅是当年集中营里被编号为 119104 的待决囚徒，而且是让人性得以彰显的圣者。他认为生活不仅存在终极目的，而且充满意义，人们应摒弃环境的侵扰，学会追寻生活的意义。法国的一项民意测验显示：89%的受访者承认人需要"某种东西"才能活下去。61%的人承认自己愿意为生活中的某种东西或某个人献出生命。弗兰克尔认为，爱是人类终身追求的最高目标，是直达另一个人内心深处的唯一途径，只有在深爱他时，你才能完全了解其本质。只有通过爱，才能使你所爱的人实现他的全部潜能。他不仅学术造诣深厚，而且毕生对生命充满了极大的热情，67 岁开始学习驾驶飞机，并在几个月后获得驾照。热爱户外运动的他直到 80 岁还登上了阿尔卑斯山顶。在弗兰克尔逝世后，有人这样评价他："英雄稀有，他们静静地出现并发光，在世上留下印记。当他们逝去，作为整体的人性，已变得再也不一样了。"

掩卷遐思，最令笔者着迷的，是作者既恳切又超然的视角。他恪守自己的内心，极力坦诚无欺；同时又以医者特有的专业冷静态度，超越严酷的环境，不自怜、不抱怨、不倾诉。这种态度，既让人感受到他坚韧的内心和卓越纯净的头脑，也使人充分理解他所处的非人环境。他无需倾诉，感情已经丰沛。弗兰克尔曾言：事物相互决定对方，但人最终由自我决定。人拥有的任何东西，都可以被剥夺，唯独人性最后的自由，也就是在任何境遇中选择自己态度和生活方式的自由不能被剥夺。人生在世，如何才能不忘昨天、不愧今天、不负明天，窃以为只有通过努力做最好的自己，才能真正活出生命的意义。

体验父爱之旅　深悟人生真谛

——《父亲：一次发现父爱的旅行》

　　近年来，东西方文化的融合加剧，加之精明的商人不放过任何一个表面看似渲染浓浓亲情，实则为自己赢得暴利的西方节日，使得许多前所未闻的异域习俗似乎一夜间成为中国传统节日的一部分。其中最引人注目的就是母亲节，相比而言，父亲节就很少被人提及。一位先哲曾对人的生命从哲学层面给出了定义：生命是一种死亡率为 100% 的性传播疾病。依据这种理性思考，在全社会高度赞扬母亲伟大和母爱崇高之时，子女们也不应忽略自己诞生中父爱的贡献。当笔者读到美国作家巴兹·贝辛格著、华文出版社最近出版的《父亲：一次发现父爱的旅行》一书时，对作者书中的许多描述感同身受。贝辛格是 2004 年普利策奖得主、美国畅销书作家，其作品《八月的三个夜晚》《胜利之光》荣登《纽约时报》畅销书榜单，仅《胜利之光》销售量就突破 200 万册，并被改编为同名电影、电视剧。

同时，贝辛格为《名利场》资深编辑，《纽约时报》《新共和新闻杂志》专栏作家。该书为贝辛格反思儿子成长的情感自传，作者以细腻动人的笔触，采用回溯的手法，通过一场体验父爱的父子携手环美之旅，讲述自己的儿子扎克降临后给生活带来的改变，以及旅途中父亲对自身的发现，从而深悟了父爱的来龙去脉，而该书编者的不懈努力将最初那些不乏真诚但却散如沙粒的文字变得如此优美。作者写这本书的过程很艰难、很痛苦。自揭伤疤是一个与恐惧作斗争的过程，而且作者下决心要让书中所有的观点都是公正的，不论多么艰难，都务必要剖析出内心深处最真实的想法。这意味着要承认自己犯的错，要坦诚自己有一个严重残障儿子的那种复杂而又矛盾的感觉。该书一经面市，好评如潮，被誉为"感动美国人的父爱圣经""为完美的丈夫树立了标准"。人们常说，母亲和孩子的感情是天生的，父亲和孩子的感情是后天培养出来的。掩卷遐思，你会感觉到不论那份感情来自于哪里，父母对子女的爱一定是世间最无私的。

扎克的残酷现实

身为父亲，谁都希望自己的孩子能够健康快乐地成长，赢得骄傲。然而贝辛格必须面对残酷现实。作为孩子的父亲，作者对扎克的降临一直都在逃避。1983 年闷热的 8 月里，他在医院手术室的玻璃窗外第一次看见自己的儿子。从那一刻起，他一直在逃避。刚刚出生的扎克满身是血，比预产期提前 13 周半来到人世，体重仅有 766 克。他的手臂似乎轻轻一折就会断成两段，手指像铅笔的笔尖一样易断，腿像纸片一样单薄；而比他早 3 分钟出生的双胞胎哥哥格里的体重为 851 克。扎克出生后，医生告诉对医学知识一窍不通的贝辛格：他的情况非常严重，黄疸、蓝婴综合征，持续的输血，对碰触不敏感，吸吮、喂食、吞咽和哭喊都有困难，扎克存活的概率非常低，即便能幸运地存活下来，脑部受损的他也无法成长为父母期望中的孩子。扎克在医院一共住了 10 个月。出院回家的 1 年半里，扎克仍然无法脱离辅助的供氧设备。直到 2 岁才会走路，3 岁才说出第一个字，5 岁时仍然无法进行对话，9 岁时被诊断为"严重的学习障碍"。

由于出生时脑部受损，扎克的智商只有 70 分；口头表述能力是 90 分，处于正常范围，他的行为技巧只有 50 分，身体没有受到任何早产后遗症的影响。扎克 24 岁时的理解力大概只相当于八九岁的稚儿，但他的语言表达能力却很出色。他喜欢用简单的只言片语与人交流，有时能在不经意间成为开心果，因为他总是说出自己的真实感受。他可以阅读，但无法理解很多句子的含义。然而，他具有让人困惑的超凡记忆力，情绪非常平稳，连父亲都从来没有见过他哭。扎克的动作不够灵巧，也可能是不够自信。他害怕改变，因为固定的安排是他生活的导航。每一次外出用餐，他几乎都会点同一道主菜：三文鱼。他有基本的算术能力，却喜欢扳手指头。他对钱有一定的理解。父母都鼓励他独立，允许他搭乘公共交通工具去费城。他在那里的一家律师事务所当兼职的勤杂工。

孩子的特异功能

脑部受损就像一团斑驳的迷雾，有的地方你永远无法看清，有的地方则清晰可见。19 世纪中期，人类第一次认识到学者症候群患者表现出怪异的迷离现象，患者均在某一领域具有非凡的能力，电影《雨人》中的主人公雷曼和当前热播的《最强大脑》节目中的"白痴学者"就是典型代表。扎克患有学者症候群，有典型的症状，完全黑暗的认知领域，伴有惊人的记忆能力；能够神奇地回想起人们的生日以及最模糊不清的事情发生的具体日期，一面之交后的十年仍能准确回忆起何时何地见过他，能够准确地想起每一幅地图上的街道网格，能够告诉你任何一天是星期几。所有的父母都视自己的孩子为掌上明珠，而作者最爱自己儿子的一点就是：扎克可以做一些极少数人能做到的事情，那就是非常专注地研究地图。他觉得地图非常清晰明了，没有任何遗漏。他常常沉浸在一幅地图里，可以在上面找到自我，这也是一种非常特别的社会资源。扎克对地图的深入研究和精确记忆使得众人瞠目结舌。人们认为他是一个疯狂的天才、人脑导航仪。地图变成了他的延伸、他的标记，让别人知道他是谁，可以做什么。对普通人而言，当我们垂垂老矣，记忆力就会衰退，回想不起以前的事情。而扎克属于极少数被医生定位为"无法忘记"的人群。他的记忆力好得令人咂舌，对去过的地方过目不忘。他的记忆是一场没有统一主题的音乐会，是一大堆不和谐音符的集合。但有时候扎克也能将它们奏出和谐的音调。

我们知道，只要你真心喜爱某样事物，那么任何痛苦都是正常的。扎克的记忆断层让其父又爱又恨，有时候满怀喜悦，有时候满心厌烦。扎克在认真观察这个世界。他变得越独立，就会越渴望独立。扎克的优点是你总能感受到他一直在说真话。父亲喜欢他那种独特而又尖锐的见解，带着一种古怪而又恰到好处的才华。而他也喜欢与父亲在一起。他非常喜欢提问，对于他毫不设防的纯真，大多数人往往都能理解、忍耐和包容，并乐于回答他的问题。扎克总是认真地倾听，因此他记住了自己听到的所有的话。尽管在朦胧的灯光下，扎克显得形单影只，但他的关系网总是鲜活而明确。扎克反应迟钝，往往沉浸在只有他能看到的世界里。对于别人的回答，扎克的大脑在缓慢地运转，然后开始得出一个他能理解的答案。贝辛格相信他能看到、听到和了解一些东西，而这些是其他人无法知道的。他无师自通、自学成才，努力让自己变得完整，并且融入自己喜欢的人所在的世界里。很难说清楚的是，扎克如今的表现哪些是后天努力，哪些又是天性使然，事实上根本无法分清楚。医学专家指出：这些学者的存在时刻提醒我们对人体，尤其是对大脑功能的无知。贝辛格真希望自己能潜入儿子的体内，把他大脑中坏掉的线路重新接好。

慈父的永不言弃

格里没有留下任何后遗症，现在已经成为美国著名大学的研究生。扎克进了那些专门为有严重教育障碍儿童设立的私立学校，随后又加入了高中项目组。扎克不会计算一百加一百等于多少，但他知道答案是"很多"。如果你仔细想一下，会觉得他的这个答案也不算错。扎克知道自己的生活会有许多缺失，但并没有自怨自艾。他非常喜欢游泳，十几岁的时候，加入了一个游泳俱乐部，并和其他俱乐部展开对抗赛。当时，他游的是50米自由泳。他的速度远远落后于其他选手，但这并不重要。重要的是即使他每一次划水都像迎着万仞高的惊涛骇浪逆潮而上一样艰难，并坚持游完了全程。直到今天，父亲仍百思不解其动力何在。这是迄今为止，父亲见过的最值得纪念的运动壮举。扎克高中毕业时，父亲为他举办了一场毕业庆典，这是一次有重要意义的里程碑事件。来自全国各地的近百人出席了这一庆典，因为人们真心喜欢他，而且他总能得到人们真心喜爱。作为父亲的贝辛格知道，扎克的未来不会有结婚典礼，不会有孩子的出生纪念日，更不可能有金婚纪念日。只有这一刻，在慈父的脑海中，他就是银河系的中心。作为父亲，他在心中默默希望和祈祷：自己可以见证扎克人生中的每一个奇迹。

父爱的真心剖析

贝辛格不是心理学家，也不是精神科医生，但他是父亲。这不仅是岁月的馈赠，也是人生最难以胜任的角色。当事业奋斗和压力让贝辛格失去耐心，妻子离去，扎克又突遭不幸时，他依旧没有放弃父爱。他在扎克身上已经付出近 25 年的时光，努力寻找适合儿子的学习方法和生活方式。因此，贝辛格对自己给扎克做出的论断颇具自信，觉得比其他人的论断要可信得多。贝辛格一直认为隐瞒也许是爱的一部分，但不是完整的爱。有一个像扎克这样的孩子，猜测对父母而言一定是家常便饭。尽管深爱自己的孩子，但贝辛格被自己的思想禁锢住了，无法走出来。工作和对成功的追求成了贝辛格唯一追求的。他面临最残酷的现实是：我的孩子永远都和正常人不同。由于患有自闭症，扎克无法进行深奥的思考，他也不懂审美的细节。但对于无序和不可预知的世界，扎克会把它缩小成一条直线。扎克 24 岁时仍在超市工作，负责把食品杂货用袋子分装，每工作 4 小时休息 15 分钟。以下是贝辛格的真实想法："我不愿意想象扎克努力地把溢洒的牛奶壶放在正确的地方，在他人的帮助下明白鸡蛋必须要单独用双层塑料袋来包装，每每想到这些画面，我就觉得丢脸。5 年来他都在做同样的工作，而且他的余生也会一直和这份工作相伴。我儿子未来的职业发展方向不是纸袋包装，就是塑料袋包装。"对于一个处在周围都是雄心壮志的朋友且胸怀抱负的父亲而言，扎克分装日用杂货是一种羞耻。为了自己的面子，贝辛格通过熟人关系将扎克安排在著名的律师事务所打杂。其实他并不在乎儿子干什么工作。他的虚荣心告诉自己，终于可以在他人面前宣告：扎克在全市最有名的律师事务所工作。作者坦言：其实这并不是扎克的救赎，而是自己的救赎。因为在扎克眼中，人并没有三六九等之分，而且他对地位没有概念，认为所有的人都很好。他对人的喜悦是真心的。扎克带给人们的疑惑是：为何大脑受损的人友好、诚实且真实，而许多正常人却靠不住，会在人背后捅刀子？为何深奥的思想带着邪恶的天性？为何人们抬高自己、贬低他人？

　　贝辛格深爱着扎克，但认为自己并不了解孩子，而且也没法了解他。扎克的头脑并不简单。父亲说："有时候，他表现出来的智商低得让我挫败不已，然而在某一刻，他又会出其不意地让你惊讶一把。我这一辈子都在努力了解他。我可以根据经验做出有效的推测，准确率还颇高。"爱一个这么多年来一直让你觉得神秘莫测的人，听起来很怪异。但怪异只是一个无关紧要的表述用语，没有任何实际意义。贝辛格竭尽全力想要了解扎克，让这颗种子发芽开花。然而在这个过程中，作为父亲却常常会选择逃避。贝辛格坦言："我逃避是因为我内疚，我觉得羞愧，因为他不完整，我也因此不完整。心怀这种想法和坦白，并不是值得骄傲的事，我认为只会增加自己的羞愧感。"作者认为，当我们面对与众不同时都会这样，现实总是与期望有出入，甚至互相矛盾。古人云：塞翁失马，焉知非福。贝辛格认为：当自己不再寻找所谓的顿悟，就能收获一些更为美好的东西。因此，当作者创作电视剧本失败后，却意外发现了对自己而言最重要的东西——父亲的身份，这是他最优秀的一面。

父子的携爱同行

很多人身为父母，就是为了炫耀自己的孩子而活着，而孩子活着的目标就是成为能够让父母炫耀的骄傲。有了扎克以后，父亲就下定决心，不再让自己的孩子承受他成长过程中所感受到的压力，发誓让自己的孩子永远都不需要为父亲而努力，尽管如此，父亲依然希望他成功。为了这次环美旅行，贝辛格与儿子一起制订计划，而且让扎克参与了每一个决定，只有这样，旅行才能真正成为一次两个人共享的经历。他们计划的全国自驾游，只去扎克以前去过的地方，因为计划的线路安排基本上是以能引起他的共鸣为前提。回忆不过是苦乐参半的事情，它的美妙之处在于，它是一种心灵工具，而不是文字工具。当孩子逐渐长大时，父亲正在坚硬的外壳中渐渐逝去，就像逐渐燃烧殆尽的蜡烛一样。生命中的许多画面都会褪色，无论我们多么努力想要永远记住它们，它们终将会变得朦胧又模糊。最好的情况是你用记忆让它们重新变得鲜明，但记忆却会永远停留在那里。就像扎克的记忆一样，这一刻就是永恒。经过旅行，扎克细致入微的记忆并没有巩固过去。它只强调他的现在，生活中的点点滴滴永远不会消失。他记得每一个人，他记得所有的一草一木。这里没有复杂的推断，没有情感依附，只有那些非常清晰而鲜活的画面，就像循环播放的电影一样。父亲看着他的回忆让他生活得更好，很多时候甚至会成为他生活的一部分。

在父亲心中，幻想通过这次旅行将扎克塑造成他不可能成为的样子，寄希望于那条公路可以通向更多的归宿感和理解，可以在父子间亲密互动时深入扎克的灵魂，让它重新迸射出火花。但当接近4000英里穿越全国的旅行即将结束时，父亲终于意识到我辈落伍了，最终证实这是一种徒劳无益的尝试。无论孩子遇到什么事，我们都不能再从自己的利益角度出发，即使自认为出发点是为他们好也不行。所有的孩子，无论是否有伤残，都被希望自己完整的需求推动着前进。尤其是身体残障者，清晨他披着残破的羽翼醒来，每天都努力学着如何能够展翅翱翔。也许他们永远不可能到达目的地，但他们一直以自己的方式努力。

人在旅途，携爱同行的父子达到前所未有的团结，父亲获得了有史以来最大的满足。他们最终实现了从一开始萌生进行这次旅程时的设想：父子一起在路上。通过旅行，父亲真正看到今天的扎克已经成长为一个勇敢无畏的男子汉。他友善、风趣、让人捉摸不定、高深莫测、心胸宽广、古灵精怪，总能让一个父亲恢复信心，相信一切会更好。

旅行的意外收获

该书记录的是作者贝辛格的真实经历，讲述一位父亲为重拾日渐疏离的父子亲情，为按自己的理想来设计儿子的人生，有意发起了一次父子携手的环美旅行。然而，这场漫长而琐碎的旅程，却迎来了"父爱真谛"对世俗人生的醍醐灌顶。作者用类似圣经中"出埃及记"的心灵故事，为"父亲"这个人生角色赋予了新的意义。通过和儿子的一次旅行，他走进了孩子的世界；也正是通过这次朝夕相处的旅行，他认识到熟悉的那个认知障碍的孩子其实有惊人的力量。自此，作者明白，即使患有认知障碍的孩子也有自己独特的逻辑，也有值得人们尊重的世界观，也有令常人汗颜的品质和能量。正是通过这次旅行，作者心中的那份父爱被充分激发出来，他明白了爱的含义，找到了爱的途径，父子情感在这次旅行中得到了升华。作者最深刻的感悟在于：每个孩子都是独特的，不要轻易用成人的价值去评判一个孩子的好与坏。也许她不美丽，也许他不聪颖，甚至他生来便有缺陷，但她虽不美丽却聪慧，他虽不聪颖却果敢，即便他生来便有缺陷但记忆力超凡……通过一次精心设计的环美驾车之旅，贝辛格终于发现了儿子缺陷背后的潜能。

《纽约时报》指出，该书为美国人展示了"父爱沉默如山"的东方韵味。这部自传使得读者明白：孩子的善良可以帮助我们战胜所有的困难。很多读者高度赞赏该书宗教般的人性之光："这部作品讲述的虽是贝辛格和儿子扎克之间不寻常的、属于他们自己的故事，但读者看到的却远不止如此，读者感受到的是世间所有父子努力尝试走进彼此内心的心灵之旅。"父爱如山，你可曾发现？一幅罗中立的油画《父亲》留下了父亲的"沉默"形象。其实父亲也有一颗敏感的心。来自大洋彼岸的这本自传，以美国人的率真和忏悔，道出了父爱的来龙去脉。他山之石，可以攻玉，如果我们这些身为父母的读者，能够认识到每一个孩子都有优秀之处，善于发现他的才能，用适合他的方式爱护他，进而借鉴作者的思路，在孩子成长过程中寻找并发现他身上的闪光点，那就真正达到开卷有益的目的。

随先哲纵横天地　从智者与庄共舞

——《与庄共舞：人生的自救之道》

在网络发展日新月异的今日，信息的爆炸和阅读的碎片化使得人们难以潜心阅读经典。有鉴于此，如能通过智者的解读了解名著，也不失为一种事半功倍的捷径。该方法尤其适用于理解高深莫测的先哲思想。由王蒙著的《与庄共舞：人生的自救之道》无疑是上乘精品。作为蜚声中外的哲学经典之作，《庄子》成书以来影响了无数人。其中的很多成语、俗语被广为流传。但是原书艰涩难懂，其深刻的思想内容较难有效地被世人领悟并应用。为此，作为思想深刻、著作等身的知名作家，王蒙先生借助故事、寓言、成语，用通俗易懂、趣味横生的文字诠释《庄子》，以小观大，使读者在字里行间感受到庄子思想的博大精深。

王蒙当过文化部长，作家生涯60载，加之阅世80年，与2500年前的庄子对话，绝非"我注六经"，而是"六经注我"。这个"我"并非某一独立的个体，而是当下的现代人。现代人压力大，心理问题和人生困惑多，由王蒙解读的庄子充满智慧和洒脱，堪称现代人的一剂醒脑针，可以为心灵有效疏压，帮助人们重新审视人生。但愿读者阅读此书"观舞"时，亦能"观心"，为自己寻找一个更宽广的精神世界，让心从此更加舒展。除书的内容值得欣赏之外，每一讲题均配有1—2幅画风拙稚的重彩写意画。精彩的手绘插画和作者的手书题注使得该书图文并茂，是一本兼具哲学和美学价值的大众经典读物。

突破自我的鲲鹏展翅

庄子是一位特立独行的哲学家，最大的特点就是把非常深邃的思想变成了文学和艺术，变成了神话、寓言、故事、传说，从而达到深奥哲理的文学化与趣味化。他的风格为"心如涌泉，意如飘风"，表现出无与伦比的神圣般的大才华、大心胸、大手笔。庄子虚构了一种称为鲲鹏的动物，它先是大鱼，后来又成了大鸟。由鲲鱼变成的大鹏鸟一展翅，可以飞上九万里的高空。通过夸张宏伟的想象，传达出庄子的大格局情怀。庄子使我们感觉到，鲲鹏展翅未必不可行，是你自己的心胸不够开阔，不能够接受这种宏伟的理念，难以理解其存在。所以庄子一开始就先给读者写了一个"大"字。人要有大眼光、大气魄、大格局、大境界。让读者感受到人类的身躯可以是渺小的，但精神一定要宏大。精神宏大，眼前的一些麻烦困惑，就显得不足挂齿。同时，庄子强调人们对天地、宇宙及世界应该心怀敬畏感。这种鲲鹏式的想象其实充满了挑战，是惊世骇俗而非韬光养晦，是气势逼人而非随遇而安，是自我张扬而非委曲求全。他让我们了解到自古以来就有这么一种东西，通过它可以表达一种精神的高超、逾越及独立。庄子一生论述的主旨就是指出通向逍遥之路，实现个人与内心世界的超脱解放。

王蒙指出：享受庄子，首先就是享受这个关于逍遥的思维与幻想体系的别具风姿。鲲鹏展翅正是庄子逍遥的典型注解，带给我们的享受是浩瀚的海洋，是巡天的飞翔，是突破，是灵魂突破肉身，是生命充溢宇宙，是思想突破实在，是无穷突破有限。

螳臂当车的豪迈悲凉

"螳臂当车"出自《庄子》，说的是一辆大车开过来，一只螳螂起身举起细小的胳膊，试图阻止大车前行。在当今人们的脑海中，螳臂当车被视作自不量力的滑稽故事广为流传，而大相径庭的另一种解释似乎早已失传。感谢王蒙刨根问底，使得其深刻的含义得以重现。远在古代，螳臂当车的形象悲壮而又滑稽，现代人只知道此故事自不量力的漫画含义，早已忘却了它的深刻与悲凉。螳臂当车其实是一个勇敢者的形象，是一个舍生取义、杀身成仁的壮士之举，只问是非，不计利害，是一个知其不可为而为之的形象。从这个故事可以看出，悲壮与滑稽、悲情献身与自不量力、使命感与夸大狂，仅有半步之遥。王蒙指出：成语反映的是民族与公众的共识，是文化传统的积淀，是久经考验与淘洗的智慧。螳臂当车是一个成功的、富有内涵的文学故事，耐人咀嚼、滋味丰富、引人思考、令人叹息、值得警醒，余音绕梁，三日不绝。当前人们必须正视的是，我们的雄心壮志和使命感中，必定包含螳臂当车的元素。

朝三暮四的以讹传讹

庄子，是古今中外的不二人物。他的思路奇诡别致，言语超凡脱俗，比喻精当准确，见解令人拍案叫绝。庄子能把文字变成艺术，通过这些文字使自己的思想变得非常喜闻乐见并易于接受。他认为形象大于思想，因此他给出的寓言故事的含义并不是绝对固定与有限的。如朝三暮四就是一个包含了复杂寓意的成语，既揭露了耍花招，也揭露了人与人无谓的意气之争。庄子的目的是提倡齐物，否定区分与争论。庄子认为：万事万物皆有定量，皆有定数，争来争去并无大用。王蒙认为：朝三暮四与暮四朝三之争，着实可笑与可悲；二者之间确有奥妙，独辟蹊径的高手就此有独到见解；庄子的非争论、齐物论着实高明有味道，有益世道人心。因此提醒读者，万事万物看不透是一种愚蠢，看得太透是一种毛病，也是一种糊涂。因此人站得高一点，想得透一点，有利于去掉许多无谓、抽象、烦琐之争，这是庄子寓言精髓所在。如今，我们难以回避的是，由于文化传播碎片化和阅读浅尝辄止，使得深刻的寓言和故事，难免被浅层化、简单化及流俗化。因此，作者告诫我们：如果你想评价智者的言论，一定要追根溯源、刨根问底，千万不要道听途说。口耳相传的结果常常谬以千里。正如读书一定要静下心来潜心研究才能避免人云亦云，以讹传讹。

心怀达观以善待生命

在庄子众多的寓言故事中，"庖丁解牛"也是我们耳熟能详者之一。庄子只讲了"庖丁解牛，游刃有余"，并没有介绍如何达到这种境界。我们知道，只有勤学苦练、头悬梁锥刺股，才有可能使技艺精湛。庄子通过这一故事讲述为人要善于寻找生存的空间，以及大道、技艺和利器的空间，成功运作而不损刀折刃，做到游刃有余、迎刃而解、举重若轻、从容淡定。关于如何看待生命，庄子谈到：死生，命也，其有夜旦之常，天也。他认为生死存亡是一体的，人生的开始即死的起始，方生方死，方死方生。他一直在宣传和表达一种思想，用最充分、最自然、最淡定、最尊重自然的心态看待生死。这正如医学的智者所言：无论我们努力与否，生命必将是一种死亡率为百分之百的性传播疾病。

虚空生白而吉祥止止

庄子谈到一个雅致的成语：虚空生白，是说房间里的东西越少，空间越大，越敞亮，所以更加吉祥。同理，如果人的心中各种私欲杂念及成见偏见越少，心境越加光明澄澈、吉庆祥瑞。如今我们生活在一个信息爆炸、数据超负荷的网络时代，人们头脑中充满各种真假难辨的八卦信息。其中许多人已经处于"半死机"状态，光是浏览和表层记忆，耗费自己几乎全部的功能和电力，没有余力想象、思辨、探索和论证。如何扩大自己的精神空间，庄子给出很好的建议：减少自己的成见；抛弃或尽量减少私欲；懂得包容；凡事要自己判断，不要人云亦云；提倡与时俱化，要有自我调节、自我发展、适应变化的能力；扩大自己的心胸。如果我们能够遵循先哲教诲，虚怀若谷，不在头脑中积累精神垃圾，就一定会生活在充满吉祥的阳光之中。

身居斗室之中　随书行走世界

——《叶永烈行走世界》

　　今年的假期，恰逢科学普及出版社的友人送来一箱他们出版的书，其中《叶永烈行走世界》的第 1 辑和第 2 辑激发了自己的好奇。该书是作者的自选集，第 1 辑分为《文明的摇篮》《政治的中枢》《科学的力量》《细节的文化》及《名校的风采》5 章，第 2 辑包括《历史的沉思》《艺术的殿堂》《领袖的身后》《企业的辉煌》及《先贤的追忆》5 章。作品注重科学背景加人文内涵，文学性加纪实性，既有作者最经典的文章，同时又收入其最新作品。作者丰富的人生经历，深邃的思想内涵，都值得我们细细品味。假日中，身居严重雾霾笼罩的京城，无法尽情拥抱大自然，笔者只好自我安慰地"坐地日行八万里，巡天遥看一千河"，独居斗室跟随作者思路，重温自己曾经行走过的大千世界。

环游世界的文化名人

《叶永烈行走世界》（第 1 辑）和《叶永烈行走世界》（第 2 辑）都是作者的自选集。近年来，这位自称"驴友"的文化名人，背着双肩包，足迹遍及五大洲，以自己的目光探幽揽胜，观察异国风情。他注意细节，注重人文、历史及科学，把所见、所闻、所记、所思凝聚笔端，写下 22 册"行走文学"图书。他以为，文化是民族的灵魂，历史是人类的脚印。只有以文化和历史这"双筒望远镜"观察世界，才能撩开瑰丽多彩的表象轻纱，深层次地揭示丰富深邃的内涵。作者对欧洲文艺复兴的摇篮——佛罗伦萨情有独钟。它也是但丁的故乡。博学多才的但丁是个真正的语言学家。拜谒莎士比亚故居之后，叶先生归纳了莎士比亚伟大的一生：他总共写了37 部剧本、2 部长诗和 154 首十四行诗。非常巧合的是他的辞世之日，也是他的诞辰。在莎士比亚故居的留言簿上，温家宝总理写到：给人类带来阳光，给梦想插上翅膀。梁实秋先生以特有的散文笔调，整整耗费 37 年的时间才得以完成《莎士比亚全集》的中文翻译，工程之大，耗时之久，令人惊叹。在庆功会上，已经 65 岁的梁实秋幽默地总结了自己获得成功的 3 个条件：（1）自己没有学问，否则就去做研究工作了；（2）自己不是天才，无法创作出传世之作；（3）幸好健康长寿，否则无法翻译完全部作品。

美国纽约大都会艺术博物馆、法国巴黎的卢浮宫、英国伦敦的大英博物馆并称世界三大博物馆。其中以大英博物馆历史最悠久。如果有幸遍访世界三大博物馆，可以说是人生中历史、文化及艺术不可多得的享受。作者正是通过自己的笔触，记录下这美好的体验，也勾起自己当年身临其境的美好回忆。作者特别提及卢浮宫。

它是位居巴黎而享誉世界的艺术殿堂，不仅收藏着法国的艺术珍宝，也收集到世界各国的艺术珍品。作者不仅向读者详细介绍了卢浮宫的三件镇馆之宝——胜利女神雕像、维纳斯雕塑和油画蒙娜丽莎的来龙去脉，而且道出法国人的心声：能够把别国的国宝变成法国的国宝，这正是法国强大的象征。

对历史名人的追忆也是该书的重要部分之一，在《领袖的背后》和《先贤的追忆》中，作者介绍了一些鲜为人知的名人轶事。如印度圣雄甘地墓出口处的石碑，上面刻有甘地 1925 年所著《年轻的印度》一书列的七大社会罪恶：搞政治不讲原则，积累财富而不付出劳动，追求享乐而不关心他人，拥有知识而没有品德，经商而不讲道德，研究科学而不讲人性，膜拜神灵而不做奉献。尽管历史的车轮已近驶过近一个世纪，但这些罪恶在社会上依然存在。书中也详细介绍了尼赫鲁的火葬台、列宁墓的风波和神秘的斯大林墓，尤为值得一提的是黑白参半的赫鲁晓夫之墓，可供有兴趣的读者仔细阅读。契科夫是对我们这一代国人影响很大的俄罗斯著名作家，但他成为作家以前的经历很少有人知道：他 1879 年考入莫斯科大学学医，1884 年毕业后成为一位医生，从医生执业之初，他就开始了文学创作。契科夫与我国著名作家鲁迅、郭沫若及韩素音一样，都是以医学治疗患者的身体开始，进一步用文学医治他们的灵魂。

图文并茂的列国游记

作为一位浪迹天涯的医学期刊编辑，得益于国际学术交流的日趋频繁，叶先生足迹所到之处，笔者也基本去过。但我们的差异就在于笔者只是利用会议的空隙蜻蜓点水般"到此一游"，而他却用心准备和悉心收集资料，并选择最佳时光和角度拍摄出高质量的照片，精美图片大多出自作者之手，为此书增添不少色彩。在埃及的游记中，作者为我们揭示了金字塔的历史之谜：建造它是为了搭建法老升天的天梯；在4000多年前，没有罗经和指南针，古埃及人是通过开阳星和帝星这2颗北面明亮的恒星精确构建金字塔的正北出口；金字塔是由工人而非奴隶建造的；同时引经据典地向读者介绍了建造中巨石的来源以及如何建成的。黄金面罩、黄金宝座、黄金棺材，这埃及博物馆的三大镇馆之宝都是出自3200年前埋入图坦卡蒙法老陵墓中。通过阅读，我们了解到黑色圆顶硬礼帽、嘴上叼着的烟斗和手中拄着的手杖是英国绅士的"三件宝"。英国特殊的气候导致人们对帽子情有独钟，而这小小的帽子竟然具有防雨、遮阳、保暖及装饰四大功能。

在该书中，作者对世界各国动物的描述也令人大开眼界：当恐龙灭绝以后，象是世界上最大的陆栖动物。它的平均体温为39.9℃，通常寿命为70—80岁。印度人崇敬的动物有大象、神牛、蛇和猴子，最受推崇的大象，是印度国家形象的标志。在澳大利亚，目前生活着大约6000万只袋鼠。大的袋鼠一般身高2.6米，体重约80公斤。它是动物世界里的跳远冠军，袋鼠以跳代跑，最高可跳到4米，最远可跳到13米，其蹦跳速度可以达到40—65公里/时。澳洲另一种吸引人的动物是考拉，有着"世界上最可爱的动物"美称。它是树栖动物，没有尾巴，只吃桉树的叶子，不喝水。"Koala"的澳洲土著语原意就是"不喝水"的动物。考拉非常贪睡，平均每天要在树上睡15—19小时。由于环境恶化和人类大量捕杀，考拉数量急剧下降。为了树立保护意识，澳大利亚联邦政府规定每年10月20日为全国考拉日。

鉴赏不同植物也是各种游记中不可或缺的部分，叶先生的书也毫不例外。我们只知玫瑰是英国的国花，樱花是日本的国花，但大多数人对以下的知识可能并不知晓：日本共有340种不同种类的樱花，每年3月15日至4月15日为樱花节；一朵樱花，从蓓蕾初绽到凋谢只有7天，而一颗樱树从开花到全谢大约为16天，盛花期不超过1周。樱花不仅红颜薄命，而且有花无果，给人晚景凄凉之感。在作者的笔下，各国的建筑也独具特色。韩国的景福宫用形象印证了它是一座名副其实的"汉"城，其名字也是取自中国古代《诗经》中的诗句"君子万年，介尔景福"。温莎城堡始建于1078年，类似北京的颐和园，有近千个房间，是英国规模最大的一个城堡。

史料翔实的科普新作

作为一位闻名遐迩的科普大家，作者时刻铭记自己义不容辞的责任，通过优雅的文字和精美的图片将枯燥的科学知识与引人入胜的旅游完美结合，融科普于娱乐之中。在充满趣味的阅读之中，各种科普知识扑面而来，俯拾皆是。如埃及总共有96座金字塔，胡夫金字塔是最大的一座。公元前2575年，胡夫金字塔以塔高约146.5米创造了世界最高建筑物的纪录，这一纪录保持了3875年之久，它也是目前硕果仅存的古代世界七大奇观之一；金字塔在阿拉伯文中的意思是"方椎体"。尼罗河是非洲第一大河，也是世界上最长的河流。全球3/4的重大文物在埃及，而埃及3/4的文物在底比斯。叶先生认为，伦敦的格林尼治天文台名震世界主要是拥有三宝——世界各国通用的"格林尼治标准时间"以这里为基准，以这里为界将地球划分为东西两半球，在世界天文史上永垂史册。对于喜欢阅读的人，应该具备有关图书馆的必备知识：在闻名世界的哈佛校园中，广受关注的"哈佛铜像"，其主人并非哈佛的校长，而是该校首任图书馆馆长。如今，哈佛大学图书馆是美国最大的大学图书馆，藏书超过1000万册。美国第一个公共图书馆是由富兰克林于1731年在费城建立，而美国的国会图书馆是世界上最大的图书馆，藏书近亿册，其中中文图书超过42万册。

许多人认为威尼斯是一个完整的大岛，其实不然。这里原本是118个小岛，被350多座桥梁连成一个整体。这些桥梁的总长度达到4000米。整个威尼斯水城，犹如一座硕大无朋、漂浮在海面的豪华游艇。通过阅读，自己第一次知道给我们送来马克思列宁主义的俄国"十月革命"实际上发生在11月。所谓的"十月"是指的俄历，而二者的换算关系为俄历加上13天就是公历，故1917年11月7日的一声炮响，也就是发生于俄历的10月25日。

名垂千古的辉煌企业

作者认为，异想天开的人，其实是最富有创造精神的人。对此笔者通过阅读《贪玩的人类》一书感受最深，正如弗兰西斯·培根所言："人类的知识之球越大，接触到的未知世界也就越多。"1885年，世界上第一辆汽车诞生，它只有3个轮子，用汽油发动机发动。其发明人就是奔驰汽车公司的创始人"本茨"，他有"汽车之父"美誉。"奔驰"的标志，最初取义于汽车的方向盘；如今的新解是：外面的圆圈象征地球，而那三叉象征海陆空。西雅图被称为美国"波音之城"。波音公司是西雅图的顶梁柱，是世界上最大的航空公司，也是全世界最大的军用飞机生产商。公司的客户遍布全球145个国家，正在使用中的波音喷气客机达15000架，长期稳占国际民用飞机市场份额的60%—70%。全球每天有超过4万个航班使用波音飞机，运送乘客超过200万人次。西雅图同时也是微软帝国的所在地，因为比尔·盖茨是西雅图人。为了报效故里他将自己微软帝国的"首府"建在这里。比尔·盖茨利用自己的远见卓识和精明的商业头脑打垮了竞争对手，最终把软件做成了人们生活中不可或缺的东西，成就了今日的微软帝国。作者提及入住到韩国的酒店中，三星产品无处不在，对此笔者深有同感。基于韩国第一企业的实力和韩国人的爱国热情，韩国已经成为名副其实的"三星共和国"。三星集团的年总产值占韩国国民经济总产值的1/6，创建于1969年的三星集团历史仅40多年，从给日本打工到独创世界名牌，进而成为一个富可敌国的私有制企业，其成长之路对我们有很好的启迪和借鉴作用。

底蕴深厚的名校风采

在作者遍及五洲的游记中，不仅使我们获得许多前所未闻的珍贵史料，而且对世界名校的探访和感悟尤为值得我们思考。谈到英国的著名大学，非牛津和剑桥莫属。牛津大学是英语世界中最古老的大学，也是世界上现存第二古老的大学，有"天才与首相的摇篮"之称的美名。虽然牛津大学的确切创立日期仍不清楚，但其有记录的授课历史可追溯到1096年，迄今已有9个世纪。牛津大学培养了6位英国国王，26位英国首相，近40位诺贝尔获奖者。不仅如此，它为全世界培养了12位国王、53位总统和首相，在全世界名校之林中首屈一指、遥遥领先。剑桥大学成立于1209年，是英语世界里成立的第二所大学，也是世界上现存第四古老的大学。剑桥大学是培养时代精英的摇篮，英国首相中15位出身于此，它也是英国诺贝尔奖得主的摇篮，至2010年已诞生了97位诺贝尔奖获得者。迄今为止，剑桥大学培养出的诸多名流精英，首屈一指的当属牛顿。作为中国人，对这所古老学校最熟悉的莫过于徐志摩和他的诗《再别康桥》。

　　美国是一个历史短暂的国家，但有 4000 多所大专院校。创建于 1636 年的哈佛大学已经是很古老的学校了。哈佛的毕业生中，曾有 7 位当选美国总统，29 位诺贝尔奖获得者。哈佛成功的关键在于历任校长秉承"学术自由、学术自治、学术中立"的原则，崇尚真理是哈佛大学一贯的追求。笔者非常推崇哈佛大学的办校理念：最值得夸耀的就是使进入哈佛的每一粒金子都发光。1731 年，美国著名科学家、政治家及社会活动家富兰克林在自己的家乡费城创办了宾夕法尼亚大学，1946 年 2 月 15 日，世界上第一台电脑就在这里诞生。当时的电脑共有 18 800 只真空管所组成，是一个占地达 167 平方米的庞然大物。美国哥伦比亚大学属于私立的常春藤盟校，其历届毕业生和教职员中诺贝尔获奖者人数在世界大学中排名第一，产生了 3 位美国总统，9 位美国最高法院大法官，其新闻学院颁发的普利策奖是美国文学和新闻界的最高荣誉。1755 年创建的莫斯科大学是目前俄罗斯最高学府，也是位列前十的世界著名大学。1957 年 11 月 17 日，毛泽东主席在这里接见中国留学生，发表了著名的谈话："世界是你们的，也是我们的，但是归根结底是你们的。你们青年人朝气蓬勃，正是兴旺时期，好像早晨八九点钟的太阳，希望寄托在你们身上。"

执行国标的作家楷模

　　在自己的记忆中，叶永烈是毕业于北京大学的著名科普作家，20 岁就成为《十万个为什么》的主要作者。对他作为"驴友"行走世界的举动和撰写如此多的游记，孤陋寡闻的自己确实前所未闻，对医学专业以外"精彩世界"知之甚少。该书的特点除了"注重科学背景加人文内涵、文学性加纪实性、收录作者最精加最新作品"之外，作为一名出版人，窃以为，最突出之处在于作者的写作中对现行国家标准的严格执行。该书的字里行间有关涉及国家标准部分，无一不是按最新的国家标准执行，在规范化名词的使用上更是率先垂范，对目前社会上普遍使用的非规范化名词给出了标准的答案。如："公斤"应改为"千克"，"公里"应改为"千米"；在所有能够使用阿拉伯数字而又不会导致歧义的地方，书中一律使用了阿拉伯数字。令笔者尤为佩服的是，窃以为世间鲜为人知的名词修改竟然出现在叶先生的书中：我们上小学就知道举世闻名的格林尼治时间和格林尼治天文台，近年在国家标准有关名词的修改中，专家指出 Greenwich 中的"w"是不发音的，最初的中文译者由于不知道这一点，所以译成格林尼治，如今的国标已经正本清源，统一采用了格林尼治这一中文翻译名词。笔者一向认为成就大学问者必定是业精于勤、学成于博，对自己相关专业的博闻强记，叶先生也为我们树立了学习的榜样。

英年早逝的杏林才俊　生命本质的深邃洞见

——《当呼吸化为空气》

　　时至今日，尽管人们物质生活水平获得极大提高，但医疗方面的需求仍然难以得到满足，医疗资源的紧缺、医患矛盾依旧是挥之不去的痛。尽管医者已经尽己所能，但部分患者并非心存感激。或许只有当医者不幸成为身患绝症的患者，才能重新认识其中的真谛。有鉴于此，笔者以为美国作者保罗·卡拉尼什的《当呼吸化为空气》一书无疑能为我们指点迷津。作为年轻有为的神经外科医生，保罗在历经 10 年每天长达 14 个小时残酷无情的训练后，在即将成为神经外科教授之际，忽然被诊断出患有晚期肺癌。凭着向死而生的坚强信念，在与顽疾殊死搏斗的 22 个月中，他不仅重返手术台治病救人，而且用自己一流的文学素养、饱含深情地记录下这期间的所思所想。在这位"杏林"才俊的绝笔之作中，

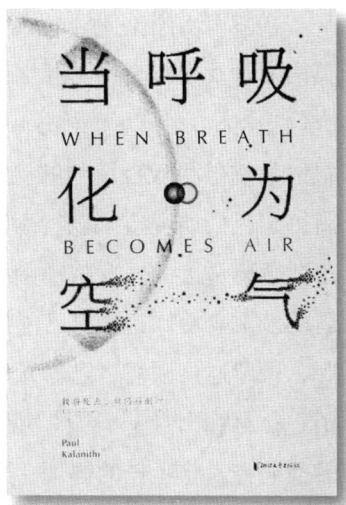

保罗对医者天职的真心顿悟引人深思，对生命本质的深邃洞见力透纸背，对襁褓中女儿的舐犊之情感人至深，医者的天职和患者的体验跃然纸上。平心而论，在保罗驾鹤西去后出版的该书，是笔者读到最感人的探讨死亡之书，充分体现了保罗对文学的挚爱，展现了他非凡的才能。他从自己的生活出发，讲述了一个与死神同行的故事，扣人心弦，充满力量，发人深思，必将有助于我们更好地认识人生和感悟生命。

英年早逝的杏林才俊

1977 年出生的保罗无疑是一位人中骐骥。他获得斯坦福大学英语文学及人体生物学双学位，后于剑桥大学获得科学史与哲学研究硕士学位，并以优异成绩从耶鲁大学医学院毕业，即将获得斯坦福医学院外科教授职位并主持自己的研究室。在任住院医生期间，就因出色的研究成果获得美国神经外科医生协会最高奖。2013 年，事业蒸蒸日上的保罗被确诊患晚期肺癌。自此，他开始以医生和患者的双重身份，记录自己的余生，反思医疗与人性。在来日无多之际，保罗通过回忆自己令人羡慕的短暂人生，梳理探寻人生意义的历程。尽管出身于"杏林"世家，但酷爱文学的他坚持从文学开始，转而研究大脑运作的原理，进而从哲学探寻，到学医成为医者与死神交战，最终在自己人生巅峰时直面死亡。当身患绝症之后，保罗忍受疾病痛苦与死亡不断抗争，并在生命最后时光，学会坦然面对死亡，在亲情和友情的呵护中走完生命最后一段旅程。他不仅与妻子通过试管生下一个女儿，而且重返手术台治病救人，在被癌症击垮前历尽艰辛写下该书。在生命的最后时光，他选择按照自己意愿拔掉呼吸机插管，怀抱襁褓中的女儿，在人生最美好的年华撒手人襄。保罗无疑是以亲身经历探究生死的最好老师。他通过自己的切身感受帮助人们理解死亡，并直面必死的命运。从其痛苦的经历中，他不仅深邃洞见了生命的本质，而且在医患冷暖的双重体验中悟出人生的意义。保罗坦言：你永远无法达到完美的境地，但通过不懈努力奋斗和追求，你能看见那无限接近完美的渐进曲线。掩卷遐思，该书呈献给读者的是刻骨铭心、凄美动人的生命历程，不仅令人崇敬度且震撼。充满亲情和友情的感人故事使笔者潸然泪下。他的事迹将影响并能改变无数人的生命轨迹。

医患人生的鲜活记录

尽管学医出身，但保罗的文学修养和对文字的驾驭能力令笔者折服。从书里那些震撼人心的描述，可以清楚地看出作者才华横溢、博学多闻。该书不仅描述了他的求学经历和子承父业的行医之道，而且记录了他紧张而丰富多彩的生活。这些朴实无华的文字没有多愁善感，更无任何夸张。出生医学世家的保罗，坦言自己对医学的了解就是"缺席"，确切地说，就是从小到大父亲的缺席。因此，酷爱文学的他曾斩钉截铁地认为自己永远不会成为医生。然而，弃文从医后，蓦然回首发现自己重蹈父亲的覆辙：无数次半夜回家，家人早已进入梦乡，只好筋疲力尽地倒在客厅的地上独自入睡；多少个清晨，吻别睡梦中的娇妻离家前往医院。尽管如此，他依旧乐此不疲地恪守从医时的初衷：审视灵魂，接受自己作为凡人的责任，重新找回自己。不仅要做个神经外科医生，还要成为神经系统科学家。他的人生哲学是：激情工作，努力奋斗，毫不满足；等待生，学会死。

该书另一引人入胜的特点是，作者用鲜活的文字真实地记录了枯燥乏味的医学临床，令人耳目一新的描写俯拾皆是，身为患者的我穿着一身病号服和一根输液杆"血脉相连"；我身着白大褂说话就自带权威，穿着体检服就温良恭俭让；当年轻有为的我登上人生巅峰之际，眼前就是一片辽阔的"应许之地"；当病入膏肓后，我能看到自己皮囊之下瘦骨嶙峋，像行走的 X 光片。身患绝症后，保罗意识到癌症已经彻底颠覆了他的人生规划，不管多么希望收获胜利的喜悦，还是感到病患如同螃蟹的大钳子，紧紧夹住自己，使得他举步维艰。他坦言："癌症的诅咒是奇怪而紧张地存在，也是对我的极大挑战，对于死神的步步逼近，我既不能无视，也不能任其摆布。就算现在死神蛰伏起来，他的阴影也时刻笼罩着我。"对保罗而言，这是一部未完成之书。书的长篇后记由他的妻子写成，忠实地记录了保罗最后的生命时光和坦然迎接死亡之旅。

医者天职的真心顿悟

先哲曾言：所谓理性就是既不漠视常识也不助长偏见。该书是一位天才医者对人性的感人思考，条理清晰地呈现医者和患者的双重角色。尽管文学写作和外科手术大相径庭，但保罗通过娴熟的技艺使两者相得益彰、融为一体。他以冷静清晰、言简意赅且毫不自怜的笔触忠实地记录了自己从懵懂无知的医学生到直面死亡的全部过程。他死亡阴影中探究生命的意义，并亲历了将生前的呼吸化作死后空气的人生之旅。保罗坦言："医生的工作就像把两节铁轨连接到一起，让患者的旅途畅通无阻。随着医术的精进，成功的机会更多，失败的可能也更大。失败的痛苦让我明白，专业技术上的出类拔萃，其实是道德要求。光有一颗好心是不够的，关键还要靠精湛的技术。"保罗认为，医生真正的形象是在鲜血和沮丧之间极富英雄主义的责任感。作为医者，必须对自己的技术精益求精，同时需要努力确保患者的个性不受影响，依旧鲜活。决定手术，不仅是对自己的能力做出评估，也要深刻了解患者的特性及所珍视的东西。例如脑中最神圣而不可触碰的是理解并产生语言的皮质，一旦该区遭到损伤，患者就变成一座孤岛，人性中最核心的部分将永远消失。正是通过感受生死，保罗顿悟出医者的天职：不是延缓死亡或让患者重回过去的生活，而是在患者与家属的生活分崩离析时，给他们庇护与呵护，直到他们可以重新站起来，面对挑战，并想清楚今后何去何从。医生和患者的双重身份，让他更自觉地承担起自己的责任。正是这种毫不避讳的态度，彰显出他的勇敢坚强，让他在生命的最后时光还能毫不懈怠地完成梦想。笔者以为，每位医者都应该认真研读该书。它不仅能帮助我们深刻理解医患关系，克服医患之间的壁垒，而且有助于我们重新理解医者的天职。

生命本质的深邃洞见

笔者以为，保罗用简朴而优美的文字记录了身临其境面对死亡时发生的故事和对人性的深刻洞悉，字里行间不乏古希腊悲剧的智慧和吸引力，充满对生命本质的深邃洞见。作为医者，当被确诊为顽疾时，保罗才惊觉"死亡"的真实与残酷，深知等待他的悲惨结局。正是死神毫不留情地席卷而来，不分青红皂白地带走牵挂、陪伴、幸福与欢乐。保罗坦言：思想不过就是大脑运转的产物。尽管我们拥有自由的意志，但仍然是有机生物体，大脑是我们的器官，也遵循一切物理定律。文学是人类的一大财富，而通过某种方式实现文学价值的，就是大脑这个机器。与死亡打交道越多，越发觉死亡不可战胜，因此不仅要学会与之相处，更应该坦然面对。

　　先哲曾言：生命是一种死亡率为百分之百的性传播疾病。就是告诉人们死亡无法避免。在自己行医的过程中，保罗逐渐明白：医者终究无法自救，每个人的一生，都会面临疾病与死亡，正是疾病让我们看清自己想要什么，越早学会了解死亡，就能越早发现生命的意义。他提醒人们：不要因为即将死去才去或者不愿意去做某件事情，而是要找到自己认为重要的事情，并及时行动。正是由于富有哲思、超然于世的思考和采取向死而生的积极态度，保罗的心绪逐渐澄澈明净，对于死亡的那些虚妄担忧也变成勇敢和笃定。尽管他的躯体已经归于尘土，然而其形象依旧亲切鲜活。这本发人深省的著作使得他身虽远去，但福泽绵延。

时间的无言　生命的目送

——《目送》

　　每到中秋，都是一个举家团圆，神州同庆的时刻。小时候，父母教育我们，只要是中国人，无论身处天涯海角，在这一团聚的时刻，一家人一定会排除万难回到自己的家中，共享一年中的天伦之乐。尽管我们深信"海内存知己，天涯若比邻"，但今年的中秋，当明月高挂晴朗的夜空之际，仅有3口之家的我们，连两人团圆的机会都成为一种奢望，分别在大洋的彼岸、九州通衢的武汉以及东方明珠的上海共享一轮明月寄托各自相思。在思念中，笔者再次重温了龙应台的《目送》。这是一本2009年三联书店出版的书，也是自己近年爱不释手、经常翻阅的散文集。当已知天命后，苍茫独行间，随着年龄徒增，体验了更多人生经历，越发对作者的思想感同身受。

该书是一本图文并茂、文字优美、极具亲情、感人至深的文集，共由 73 篇散文组成。她以温柔笔触描写亲子间的亲密互动。身为父母与子女双重身份的她逐渐明了人世中亲情的牵绊，不仅是当下的感动，亦是渐行渐远的必由之路。由父亲的逝世、母亲的苍老、儿子的离开、朋友的牵挂、兄弟的携手同行，写出失败和脆弱、失落和放手，道出缠绵不舍和决然的虚无。该书描写了诸多生活中的友情细节，反映出作者细腻的情感，让人感觉读起来温馨有味，情趣盎然。她以有情的眼光观察社会，温柔纤细，深情动人。正如作者所说："我慢慢地、慢慢地了解到，所谓父女母子一场，只不过意味着，你和他的缘分就是今生今世不断地在目送他的背影渐行渐远。你站在小路的这一端，看着他逐渐消失在小路转弯的地方，而且，他用背影默默地告诉你，不用追。"在大力倡导人文精神和人文关怀的今日，对事业有成、侍奉双亲、为人父母的医务工作者而言，如能抽空悠闲地翻阅一下该书，想必会对自己的工作和家庭有所裨益。

对信仰的人生演变

作者在《（不）相信》一文中，真实而坦诚地回顾了自己人生中有关信仰的演变：20 岁之前相信很多东西，后来一件一件变成不相信。曾经相信历史，后来知道，原来历史一半是编造的。前朝史永远是后朝人在写，后朝人永远在否定前朝，他的后朝又来否定他。但是负负不一定得正，只是累积渐进的扭曲变形移位，使真相永远被掩盖，无法复原。曾经相信过文明的力量，后来知道，原来人的愚昧和野蛮不因文明进展而消失，只是愚昧和野蛮有很多不同的面貌。各种人都可能有不同形式的巨大愚昧和野蛮，而且野蛮和文明之间，竟然只有极其细微的一线之隔。这薄弱、混沌的中隔线随时可以被抹掉。曾经相信过正义，后来知道，原来完全可以同时存在两种正义，而且彼此抵触，水火不容。曾经相信过理想主义者，后来知道，理想主义者往往经不起权力的测试。理想主义者必须要有品格，才能不被权力腐化；要有能力，才能将理想转化为实践。曾经相信过爱情，后来知道，原来爱情必须转化为亲情才可能持久，但是转化为亲情的爱情，犹如化入杯水中的冰块。曾经相信过海枯石烂作为永恒不灭的表征，后来知道，原来海其实很容易枯，石，原来很容易烂。雨水，很可能不再来，沧海，不会再成桑田。原来，自己脚下的地球，很容易被毁灭。海枯石烂的永恒，原来不存在。尽管社会的现实使我们的心灵从纯真逐渐演变为世故，但作者追求美好信仰的童心犹在，20 岁之前相信的很多东西，有些仍旧痴心不改。譬如史书也许不能信，但是对于真相的追求可以无止尽；譬如文明也许脆弱不堪，但是除文明外我们其实别无依靠；譬如正义也许极为可疑，但是在乎正义比不在乎要安全；譬如理想主义者也许成就不了大事业，但是没有他们社会一定会不一样；譬如爱情总是幻灭的多，但是萤火虫在夜里发光从来就不是为了保持光；譬如海枯石烂的永恒也许不存在，但是如果一粒沙里有一个无穷的宇宙，一刹那里想必也有一个不变不移的时间。随着时间的推移，有些作者 20 岁前不相信的东西，现在却信了。如性格决定命运，色即是空，船到桥头自然直等。有些无关实证的感觉，现在明白了，如李叔同圆寂前最后的手书："君子之交，其淡如水，执象而求，咫尺千里。问余何适，廓尔忘言，华枝春满，天心月圆。"读完此文，笔者最为佩服的是作者身上显示出历经磨难仍矢志不渝的正能量。

对成长的深刻领悟

当自己从女儿变成母亲之后，作者对人生的成长之路有了极为深刻的领悟：人生在世，有些事，只能一个人做；有些关，只能一个人过；有些路啊，只能一个人走；要真正地注视，就必须一个人走路。从小到大，我们接受的家庭教育、学校教育、社会教育只教我们如何追求卓越，从砍樱桃的华盛顿、头悬梁的孙敬、锥刺股的苏秦到平地起楼的比尔·盖茨，都是成功的典范。即使谈到失败，目的也是要你绝地反攻，再度追求出人头地。譬如越王勾践卧薪尝胆，洗雪耻辱。在成长的路途上，我们拼命学习如何成功地百米冲刺，但是没有人教过我们：你跌倒时怎么跌得有尊严；你痛得无法忍受时，用什么样的表情去面对别人；你一头栽下时，怎么治疗内心淌血的创痛，怎么获得心灵深层的平静；心像玻璃一样碎了一地时，怎么收拾？针对当今教育的缺憾，作者大声疾呼：谁教过我们，在跌倒时，怎样的勇敢才真正有用？怎样的智慧才能度过？跌倒，怎样可以变成行远的力量？失败，为什么往往是人生的修行？何以跌倒过的人，更深刻、更真诚？

作者认为，人生其实像一条从宽阔的平原走进森林的路。在平原上同伴可以结伙而行，欢乐地前推后挤、相濡以沫；一旦进入森林，草丛和荆棘挡路，各人专心走各自的路，寻找独自的方向，那推推挤挤的群体情感，那无忧无虑无猜忌的同侪深情，在人的一生中也只有少年期有。离开这段纯洁而明亮的阶段，路其实可能愈走愈孤独。你将被家庭羁绊，被责任捆绑，被自己的野心套牢，被人生的复杂和矛盾压抑。你往丛林深处走去，愈走愈深，不复再有阳光似的伙伴。到了熟透的年龄，即使在众人的怀抱中，你都可能觉得寂寞无比。有一种寂寞，身边添一个可谈的人，一条知心的狗，或许就可以消减。而另一种寂寞，是茫茫天地之间"余舟一芥"的无边无际无着落，人只能各自孤独面对，素颜修行。在你与世隔绝的修行室外，有很多人希望捎给你一句轻柔的话、一个温暖的眼神、一个结实的拥抱。当我们成年后，你的工作能给你多少自由？走进人生的丛林之后，自由却往往要看你被迫花多少时间在闪避道路上的荆棘。有人喜欢拿着旧时的照片带着美好的回忆前行，但作者坚信：修行的路总是孤独的，因为智慧必然来自孤独。而在成长的过程中，相机，不过是心的批注，眼的旁白。

对家庭的独具慧眼

作者在《寒色》一文中，对家的思考也显示其独具慧眼。她认为在人生的不同阶段，家的概念是完全不同的。回首人生，太疼的伤口，你不敢碰触；太深的忧伤，你不敢安慰；太残酷的残酷，有时候，你不敢注视。当作为被人呵护的儿女时，父母在的地方，就是家。然而，随着时光的流逝，人，一个个走掉，通常走得很远，很久。留在家里的人，体态渐孱弱，步履渐蹒跚，屋内愈来愈静，听得见墙上时钟滴答的声音。当与人做终身伴侣时，两个人在哪里，哪里就是家。墙上，不敢挂什么真正在记忆里终生不渝的东西，因为墙是暂时的。在暂时里，只有假设性的永久和不敢放心的永恒。家，也就是两个人刚好暂时落脚的地方。渴望安定时，很多人成家；渴望自由时，无数人逃离家。家，一不小心就变成一个没有温暖、只有压迫的地方。外面的世界固然荒凉，但是家可以更寒冷。一个人固然寂寞，两个人孤灯下无言以对更为寂寞。当我们有儿女时，家，就是儿女在的地方。孩子在哪里，哪里就是家。作为传统的中国人，窃以为对中华民族传统家庭最典型的总结就是：当我们有儿子的那一天，我们一定是儿子；当我们有孙子的时候，自己一定心甘情愿做孙子。

对家人的不释情怀

作者在《牵挂》一文中，表达了非常难得的亲人牵挂。她认为，人们经常认真、非常在意而且郑重地说"保重"，主要是因为我们实在太知道人生无常了。我们把每一次都当作可能是最后一次。当我们注重与家人团聚的时候，作者在《时间》一文中提出非常简单而又被人们忽略的问题：我们用什么东西丈量时间？一段时间有多长：一只沙漏里的细沙流完，一炷清香烧完，一盏清茶从热到凉，还是钟表的指针滴答行走一周？作者重申：所谓父女母子一场，只不过意味着，你和他的缘分就是今生今世不断地在目送他的背影渐行渐远。而"老"的意思，就是失去了人的注视，任何人的注视。作为拥有中西方教育背景的文化人，她对孩子的要求可能令今日国内绝大多数的家长不敢苟同。她认为：如果我的孩子能够平安而且快乐，不管杰不杰出，我都已经很感谢了，所谓的"成功"好像真的不重要。我可以接受我的孩子"平庸"，重要的是他们在人生里找到意义。

该书的第三部分《满山遍野茶树开花》是一本生死笔记，深邃、忧伤、美丽。作者在送别父亲的这一章中的真切情意尤令笔者感动。她写到：我们记得，当母亲生病时，他如何在旁奉汤奉药，寸步不离；他教会我们堂堂正正做人，君子不欺暗室；我们记得他的暴躁、固执，但更记得他的温暖、仁厚，他的眼睛毫不迟疑地告诉我们：父亲的爱没有条件，没有尽头。他教会我们对人心存仁爱，对社会心存责任。人生本来就是旅程，夫妻、父子、父女一场，情再深，义再厚，也是电光石火，青草叶上的一点露水。在一条我们看不见但是与我们的旅途平行的路上，爸爸，请慢慢走。当送别父亲之后，作者的感觉就是山河仍在，春天依旧，只是昔日的乡土，已无故人。

对幸福的真心诠释

作者对幸福的诠释非常简洁：幸福就是生活中不必时时恐惧，幸福就是早上挥手说再见的人，晚上又平平安安地回来了。尽管有人认为幸福是唾手可得的，但当今生活在地球上的人中，没有追求幸福权利的，可能居大多数。作者认为，每个时代都有思考和不思考的人。一个社会特立独行的人越多，天分、才气、道德、勇气就越多。她说到：每一个被我"看见"的瞬间刹那，都被我采下，而采下的每一个当时，我都感受到一种"美"的逼迫，因为每一个当时，都稍纵即逝。就她自己而言，生活中总有读不完的书，写不完的字，走不完的路，看不完的风景，想不完的事情，问不完的问题，爱不完的虫鱼鸟兽花草树木。然而，思想需要经验的累积，灵感需要感受的沉淀，最细致的体验需要最宁静透彻的观照。累积、沉淀、宁静观照，哪一样可以在忙碌中产生呢？作者相信，奔忙，使作家无法写作，音乐家无法谱曲，画家无法作画，学者无法著述。奔忙，使思想家变成名嘴，使名嘴变成娱乐家，使娱乐家变成聒噪小丑。闲暇、逗留，确实是创造力的有机土壤，不可或缺。真正带给我们幸福、值得回味的人生，应该是沙上有印、风中有音、光中有影。

作者认为，个人心中的幸福与自己拥有的金钱不成正比。她在书中对金钱价值的评估尤其令人赞叹。她总结到：钱可以买到房屋，但买不到家；钱可以买到珠宝，但买不到美；钱可以买到药物，但买不到健康；钱可以买到纸笔，但买不到文思；钱可以买到书籍，但买不到智慧；钱可以买到献媚，但买不到尊敬；钱可以买到伙伴，但买不到朋友；钱可以买到服从，但买不到忠诚；钱可以买到权势，但买不到实学；钱可以买到武器，但买不到和平；钱可以买到小人的心，但买不到君子的志气。

2010 年 8 月 1 日，龙应台应邀在北京大学百年纪念讲堂发表演说时，阐述了她的"中国梦"。她认为"礼义廉耻国之四维""士不可以不弘毅，任重而道远"构成了台湾社会价值观的基座，而且永远不会改变。她强调，这是台湾人的梦，是可以与所有中国人共同拥有的梦。她认为，人本是散落的珍珠，随地乱滚，文化就是那根柔弱又强韧的细线，将珠子串起来成为社会。当公民社会不再依赖皇权或神权来巩固它的底座，文化、历史是公民社会最重要的黏合剂。人懂得尊重自己——他不苟且，因为不苟且所以有品位；人懂得尊重别人——他不霸道，因为不霸道所以有道德；人懂得尊重自然——他不掠夺，因为不掠夺所以有永续的智能。

读龙应台的作品，我总是非常感动。我喜欢她作品中透出的那种深刻，那样一种看尽人间世态炎凉之后依然存在的悲悯情怀。从她的文字里，笔者体会到一种柔软的坚强。在当下世人追求华而不实的写作风格时，尤其敬佩她写作的胎记——不懂的字，不用。

说走就走的孤独之旅　意志坚定的个人朝圣

——《一个人的朝圣》

在知识快餐化的时代，许多人将读书和查资料混为一谈，浅尝辄止者众多、刨根问底者鲜见。曾几何时，笔者突然意识到自己也早已陷入"互联网孤独症候群"。看似各种资讯扑面而来，多种信息唾手可得，但这些碎片化的东西中真正能打动人心、深入记忆者却逐渐减少。直到笔者读完英国作者乔伊斯·蕾秋的《一个人的朝圣》之后，才深刻体会到坚定的意志对人生的重要性，更加难以忘怀的是主人公说走就走的孤独之旅带给自己心灵的震撼。该书记述了有关爱的回归、自我发现、日常生活的信念以及万物之美，通过一个简单、朴素且感人至深的故事，使人们悲喜交织，感悟人生。

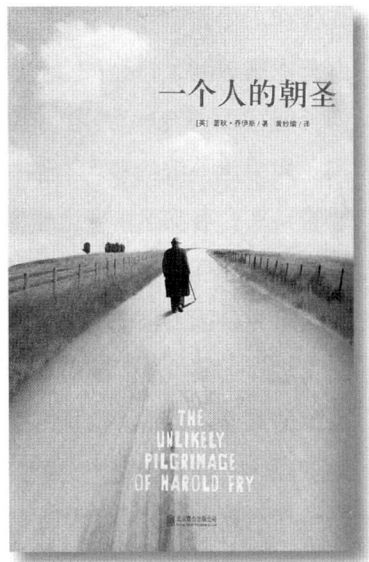

说走就走的孤独之旅

该书讲述的是主人公哈罗德为了友情千里跋涉的故事。平心而论，小说的故事性并不突出，甚至平淡无奇。60岁的哈罗德，在酿酒厂从事40年的销售工作后默默退休，既无朋友，也无敌人，退休时公司甚至连欢送会都没开。他跟隔阂很深的妻子住在英国宁静的乡间，日复一日的乏味生活，导致夫妻在感情疏离中平静度日。打破哈罗德平静生活的是从邮寄一封给朋友的信开始。一天清晨，他收到20年未见的老友奎妮的来信。奎妮身患癌症，写信与其告别。在震惊及悲痛中，哈罗德写好了回信，在寄信的路上，他由奎妮联想到了自己的人生，经过了一个又一个邮筒，越走越远。为了能当面与奎妮诀别，他突发奇想决定徒步前往奎妮所在的医院。因为他坚信：只要自己在前往医院的途中，奎妮就会活着等待他的到来。哈罗德在毫无准备的情况下开始了一场说走就走的千里之行。他没有适合走路的鞋子，未带手机、指南针、地图及换洗衣服，只凭自己的信念，历经87天，徒步627英里，从英国最西南一路走到了最东北，横跨整个英格兰，最终以行动践行了积跬步以至千里的承诺。基于真挚的友情和坚定的信念，哈罗德终于在病床边与病入膏肓的奎妮诀别。不仅如此，从他踏上这场征途开始，始终与其不离不弃的是哈罗德内心穿越时光隧道的另一场旅行，是自己心灵的一次进化。

这部出自剧作家之手的小说，并不注重戏剧张力，故事简单，人物平凡，打动人心的是字里行间的安静和细腻，仿佛润物无声的春雨，秋天即将凋零的落叶。正如该书的宣传语所言：作者讨论的是有关自我发现、爱的回归、日常生活的信念以及万物之美。哈罗德只是一个普通人，他人生之旅的错误也是我们每一个人难免的。掩卷遐思，在路的彼端，在时光的尽头，在人生的末尾，拂去岁月的蒙尘，那一点一滴的遗憾，正是普通人的渺小与孤独牵引着读者内心的温柔。

独自朝圣与群体狂欢

笔者非常相信一种说法"孤独是一个人的狂欢，而狂欢是一群人的孤独"。在度过最初时期的孤独且风雨兼程的朝圣之旅之后，经过新闻媒体不断报道，哈罗德的行为引起了公众的广泛关注，很多人加入了这场朝圣之旅。然而没有人知道哈罗德徒步去看奎妮的真正动因。是爱情故事，或是奇迹，是善举甚至是勇气，都只是凭空猜测。哈罗德了然于心的事实和他人自以为了解的情况大相径庭，这个发现让哈罗德一惊，也让他在回望身后这群人时感觉即使站在人群当中，也没有一个人真正认识他，他依然孤身一人。小狗和朝圣者的加入，搅乱了哈罗德的步伐，使旅途充斥矛盾和商业气息。尽管火焰在黑暗中传递光亮，欢声笑语飘进他耳中，却属于一群陌生人。哈罗德的妻子莫琳起初对这一举动很愤恨，事实上因为儿子戴维的死亡，她已经怨恨哈罗德多年。而随着朝夕相伴的哈罗德突然离去，莫琳痛苦、迷惘、挣扎。她第一次试着站在哈罗德的角度看问题。尽管莫琳最终仍然不明白哈罗德这一趟徒步旅行的原因，但这并不妨碍他们又一次牵起对方的手。

正如周国平所言：在最深的精神生活中，每个人都是孤独的，爱并不能消除这种孤独，但正因为由己及人地领悟到了这种孤独，我们内心才会对别人充满最真挚的爱。世上有多少位朝圣者，就会有多少条朝圣之路。每一条朝圣的路都是朝圣者自己走出来的，不必相同，也不可能相同。只要你的确走在自己的朝圣路上，你其实并不孤独。作者对美好生活的憧憬正如该书最后一段描述的：两个身影就这样拉着对方的手，站在海边，在笑声中摇晃。通过广泛的阅读，自己深悟到文学具有跨越时空、跨越国界、跨越民族的普世价值。纵观不同文化背景的作者，不同体裁的文章，都不约而同地给读者传达了同样的理念：我们都是靠自己孤独的朝圣加入人类的精神传统，但我们其实并不孤独。

难以忘怀的人间真情

踏上征途之后，哈罗德觉得自己好像成了这世上的最后一个人，整个世界只剩下了路，而他就是一部走路的机器。狂风暴雨挡不住他的脚步，阳光炙烤下他依然独自前行。他坚定地放下了一切不需要的东西，地图、手电筒、胶布膏药送给了需要的人，植物百科记在脑子里，手表、银行卡邮寄回家。哈罗德轻装上阵，卸下了不需要的累赘，欣赏沿途的风景，思考过往的人生，温和地对待相遇的人们。哈罗德在人群中仍感到孤单，唯有夜里独自徘徊才能让心得到自由。然而，朝圣之途中不乏友情和亲情。有人送给他徒步的专用袜子、登山包和指南针，好心人将其免费留宿并真心款待他。正是这些难以忘怀的人间真情，使哈罗德感激不尽并觉得有责任保护同伴们，直到朝圣者们和忠实的小狗全部离他而去，他终于又踏上孤独之旅。他发现当一个人与熟悉的生活疏离，成为一个过客，陌生的事物都会被赋予新的意义。他的坚韧简单得近乎执拗。他不懂人情世故，不知道前路漫漫，也不听他人的好言相劝，靠一双帆船鞋和坚韧不拔的意志独自前行。孤独之旅中没有欢呼，缺少兴奋，相反倒多了许多惆怅、痛苦和不知所措。当看到哈罗德抵住内心挣扎、怀疑、苦闷及脆弱失望之后，历经长路漫漫、翻越千山万水，到达疗养院准备与好友倾诉一番进行最后的告别时，感人至深的一幕出现了：由于肿瘤的转移，奎妮的舌头已经被手术摘除。近在咫尺却无法倾诉衷肠，久别重逢的他们只能无言以对地相拥而泣。当目睹奎妮驾鹤西去之时，哈罗德终于意识到生命可以消逝得如此彻底。这一顿悟提醒人们，任何事情的过程都很重要，人们应该在过程中更多地发现并享受快乐，一旦结果来临，各种意外都可能使人难以开心。

千里征程的人生感悟

作者坦言，人世间许多人每天做的事都是循环往复，日子久了，生活显得暗淡无光。然而每个人的生活又是独特的，各自都走在不同的道路上，都在追寻自己的圣地。或许世界需要的就是少一点理性，多一点信念。其实谁都可以做哈罗德所做的事，但人一定要放手，要放开你离不开的东西。作者认为，悲伤最好的状态不是凝固，是融化。奎妮去世后，哈罗德每时每刻都想着她，脑子里清楚她已经走了，却还是忍不住张望，唯一的变化是渐渐习惯了那种痛。就像在平地发现了一个大坑，一开始你总是忘记有个坑，不停地掉进去。过一段时间它还在那里，但你已经学会绕过它了。该书充满哲理并引人深思的句子俯拾皆是："没有爱的生活不是生活。""平凡人也可以尝试不平凡的事，人生爱过，也失去过，这样应该就够了。""触碰过生命的实质，也曾经游戏人生，终于有一天，我们都将关上门，把一切放下。""或许人就是这样，越害怕什么，就越容易被什么吸引。""去接受一些你不了解的东西，去争取，去相信自己可以改变一些事情。"人生中一定会不断挣扎，难以置信，会被现实一次次打倒，直到终于接受事实，尘埃落定。"给予和接受都是一份馈赠，既需要谦逊，也需要勇气。""有些事情可以有好几个起点，也可以用不同的方式开始。""有时候你以为已经展开了崭新的一页，实际上却可能只是重复以前的步伐。""人们一般都自觉和对方停留在最表面的交流，因为言语之下是深不可测、永不可能逾越的鸿沟，因此要珍惜语言的真情实意，不要拿它们当伤人的弹药来使。"

该书充满睿智的顿悟是：世界太大，歧路太多，人人都会迷路，要么庸俗，要么孤独。世上许多人每天做的事，就是不断将一只脚放到另一只脚前面。这看似再简单不过的事情，然而却有那么多人困顿于自己的世界，无法真正迈开脚步。人生之旅，不仅要真正迈开脚步前进，更重要的是真正往自己内心深处探寻，更加看清自己，从而享受自己追求的生活。

Ⅲ 健康人生及趣味科学篇

无出其右的音乐词人　用心修炼的人生之乐

——《原来你非不快乐》

以前一直以为，隔行如隔山是用于描述那些一心只读圣贤书的书呆子；当自己读完香港词人林夕的《原来你非不快乐》一书，发现这一成语用来形容孤陋寡闻的自己毫不为过。成天以读书为乐，借听歌为趣的笔者，竟然从来没有听说过林夕的鼎鼎大名。尊为香港金牌作词人，他的词打动了无数人。张国荣、王菲、罗大佑、梅艳芳、张学友、陈奕迅……几乎每位歌坛巨星，都有一首林夕填词的代表作。除了写词，林夕还写过很多书，如《原来你非不快乐》《似是故人来》《人情世故》等。该书是他在大陆发行的第一本书。林夕的独具匠心，正如书封上"林夕心简"所示，它是作者关于生命思考与人生感悟的文字呈现。从这个层面看，它更像是一

本哲学书，没用高傲的道理训人，而是用高山流水的清新，陶冶我们的灵魂，以心灵影响心灵。书中并没有一味灌输使人快乐的方法，而是注重强调每个人都是自己心的工画师，在努力向外界寻求答案之前，要优先面对自己的内心世界，对自己的要求越高就越不快乐。用他的话来说，就是要直面"不快乐"，将痛苦剖析开来，从而找到真正长久的快乐，以安稳人生，重塑生活的面貌和品质。作者写该书最大的快乐，就是希望读者阅读后能够找到一个救"心"圈，在波涛汹涌中获得浮力。该书不仅内容诱人，而且文字承袭林夕词作一向的精致风格，蕴涵与晓畅兼备，殊值品味。

无出其右的音乐词人

　　林夕，原名梁伟文，1961 年生于香港。他是个学习拔尖的学生，曾获当年香港的高考状元。1984 年毕业于香港大学文学院，主修翻译。毕业后先后任大学助教、报刊编辑、亚洲电视节目创作主任、音乐工厂总经理及商业电台创作总监，工余除了填词，还担任唱片监制、配唱工作。这位词坛圣手写歌词如探囊取物，词风自成一格，以填词速度快、产量多而著名。迄今为止，其歌词作品累计 3000 余首。才华横溢的林夕，通过暗度陈仓的婉转迂回，摄人心魄的哀婉缠绵，让一首短短的歌词唱尽艺人的心事，引起无数人的共鸣。这位香港当今最著名的填词人，连续 9 年夺得作词人大奖，获得奖项高达数百项，而某年的"十大金曲"中竟有 8 首出自他的手笔。当今华语填词者中无人能出其右。他实至名归地被誉为华人音乐界第一作词人。

　　关于林夕的笔名，其实跟《红楼梦》有关。当他想为自己取个笔名时，刚好桌子上放着一本《红楼梦》，"林"下面一个夕阳的"夕"字，正好组成是一个"梦"字。他认为树林下面有夕阳是挺美的意境，便取了林夕这个笔名，即"梦"字的拆分。对普通大众而言，一首歌的成功往往能使我们记住歌手和歌词，却极少有人能够说出它的词作者。大约在 15 年前，国内就有对填词者的戏称"十五的月亮十六圆"。人们很难想象，一位歌词作者，会红得如娱乐明星般粉丝遍布华夏大地，而林夕就是这样的不世之材。超过华语流行乐坛半壁江山的歌手，尤其是大牌歌手都以唱林夕写的歌为荣。王菲、张国荣、梅艳芳、张学友等人的歌曲与他密不可分，就连一向自己包办词曲、曾被认为歌词写到人灵魂深处的罗大佑也与他亲密合作。在这些巨星级歌手逐渐淡出歌坛之际，林夕又与陈奕迅等当代歌王携手，在年轻一代歌迷中再造流行霸主的地位，延续自己宝刀不老的神话。

用心修炼的人生之乐

该书是一本从内而外给读者正能量的书。在众人眼中，林夕是一位快乐的人，可是实际情况并非如此。表面阳光的他因为巨大的压力而患上严重的抑郁症，情况令人担心。当记者问："本书通篇都在诠释快乐的真谛，你有不快乐的时候吗?"林夕坦言："当然有，就是因为我曾经有不快乐的时候，才想要把这些不快乐的东西消化掉。我在写歌词的时候常常会表达悲伤的感情，但是总得想一些答案，或者自己如果也有一些痛苦的话，我们也需要解决它。就像洗澡一样，让那些根本不值得留在心里的东西都随风而逝。简而言之，我就像神农尝百草，尝了苦辣酸甜的滋味，把它们写下来，作为一种解药。都是不快乐的体验，但绝对不是心灵鸡汤，中间有很残忍的文字，因为我要面对这不快乐的人生真面目。"就如何看待年轻人自杀现象，他回答："人早晚要面对那一天，你也不必那么有效率，过早地主宰自己生命的长短。如有这种能力，为何不能主宰自己的情绪呢？"林夕为陈奕迅写《爱情转移》，就是劝诫人们要懂得放下，懂得"原来你非不快乐"。

该书中看似随意之言，却充满诗意，让人回味无穷。比如他说"如果多难能兴邦，多了解苦，查找苦的成因，大抵亦能兴建乐的心灵国度。""执着于快乐，便不快乐。""有理想就会有负担。所谓的梦想，会伴随着很多牺牲，梦想是一场孤独而上进的旅行，梦想是载你趋近幸福的木马。""无欲则刚，忘我则柔，知难而退所需要的是大智慧。"他认为，追逐梦想的过程比实现梦想更加珍贵，因为是过程给予你优秀的品质，而并非结果。我们攀登高峰，最高处的风景固然令人神往，可真正填补人生痕迹、磨砺意志并强壮体魄的，是向上攀爬的过程。该书写作的那段日子，他恰好患病并接受心理辅导。从心理抑郁到佛道的开解，读者发现他头上敞开了一片天空。走出抑郁症的林夕，回想当日替陈奕迅填下脍炙人口的歌词："夕阳无限好，天色却黄昏，不必渴望更美丽到最后伤心……"原来生生灭灭、日出日落、阴晴圆缺，本是自然法则，不必强作励志言或呻吟语，也无需刻意等待日光再现的时刻。他以自己的亲身经历告诉我们：就是普通人，我们对自己有时候并不了解。在最不快乐的时候，要懂得自救。正如他的歌词所言："原来你非不快乐，只我一人未发觉，若能忘掉渴望，岁月长衣衫薄。"

短小隽秀的睿智结晶

林夕这位写了无数首拨动听者心弦词作的人，通过该书，又使我们换个心态来了然生命的真相。他脍炙人口的词作深受传统中国文化感染，其中的人生哲理俯拾皆是。他认为做一个媒体的时候，一定要有立场和价值观。他的歌名常借用前人作家的书名。亦舒是他的终身偶像，很多歌名干脆取自亦舒的小说名，比如王菲的《开到荼蘼》《阿修罗》等。他的语言文字，具备情谊至真的文辞之美，一如箴言警句，用墨不多却耐人寻味，心有共鸣。最令人钦佩的是，他可以用一种个性化的文字，表达出别人内心存在、却不知如何言说的情感。写了很多歌词和文章以后，他觉得作为作者，写出好作品不是炫耀自己的文笔，一定要有真实的感情、体会，以及沉淀以后的经验和升华。这比文字技巧要强。如果你在 2008 年没有听过《北京欢迎你》这首歌，说明你来自火星，它就是林夕的作品。林夕坦言：这么多年写词，唯一觉得难一些的就是为奥运会写《北京欢迎你》。它要求所有人都听得懂，很高的境界，四两拨千斤的大气写法，好像过去的一个梦，太难了，压力也大。

林夕专职做填词人的时间不多，而是在繁忙工作之余填词，最忙的时候甚至白天上班夜里写词，同时他还要给多家媒体写专栏。热爱此行的他甚至曾经放言，自己生命中"写词第一，健康第二"。他属牛，笑言自己就如这个属相一般勤劳辛苦。他出道时是"为赋新词强说愁"的阶段，现在已经达到"我手写我心"的境界。林夕提醒读者："很多人希望被提拔，拥有更多的权利和收入，但发挥你才华的时候，你的年华会被牺牲掉。所以有才华有时是很残忍的事情，因为你不得不为了施展才华去做更多，你不断地透支和产出，却让灵魂变得越来越空，最终失去了你的花样年华。"

食学体系的开山之作 食事行为的深度反思

——《食学概论》

  自古以来，人们一直认为饮食是天经地义的事情，并无任何玄机和学术而言。然而，世上无难事，只怕有心人。最近，刘广伟和张振楣著的一本专门研究食事的著作《食学概论》由华夏出版社发行。作者首次提出了食学的定义、目的、特点、系统等学科的基本理论，论述了建设食学的必要和方向，以令人信服的数据诠释了人类的健康和可持续存在需要食学的支撑。拜读完这本300多页的作品，除了获得食学领域的新知之外，使笔者敬佩之情油然而生的是：作者在创建食学理论方面用心良苦、学识渊博、造诣深厚。民以食为天，就这么短短的5个字，刘广伟先生等就能穷毕生精力，集众家所长，将其归纳、演绎、创新出全球第一本近40万字的专著。该书不仅在学术研究上独树一帜，而且在方便阅读上也独具匠心。为了便于读者对这一新领域的理解和阅读，该书专门列出了 103 条专业词汇及解释，并提供了 53 本国内外有关的参考书目。尽管隔行如隔山，但在怀着敬畏之心浏览之余，更是感叹自己即便皓首穷经也难以望其项背。有鉴于此，窃以为普天下的饮食男女，闲暇之余翻阅一下，定会开卷有益。

敢为人先的拓荒之举

该书开篇伊始，作者就对人类饮食进行了追根溯源。盘古开天以来，饮食得更好、更健康是人类的永恒追求。回首历史，为何在漫长的人类发展进程中食事一直没有上升到科学高度？或许人们认为它太过于寻常而熟视无睹，或许是由于食事过于简单而与深奥的学问无缘，也可能是我们对饥不果腹的年代记忆犹新，从而限制和阻碍了食学的诞生。《食学概论》是世界上第一部食学专著，是作者多年思考的结晶，向我们传达了非常重要的理念。据作者之一、北京东方美食研究院院长刘广伟先生介绍，人类发展至今，任何年代、任何个人，都离不开食事，但从来没有食学，从来没有人从科学的角度，系统地研究和总结人类饮食这件大事。作者提出的食学是研究人类进食规律的学问，是探索和研究人体与食物之关系的科学，其研究目的是：维护个人和人类的健康，维护地球的健康。食学的核心结构是食生产、食利用、食文化，具有普遍性、通俗性及践行性。

食学研究的重要性在于倡导食物的原生性，将人类的健康与地球的健康联系起来，将以前那些割裂的、分散的饮食理念整合于一体，重新分类和梳理，为问题百出的人类食界打开了一扇窗户，注入了新鲜的空气，为读者展现出一个完整而广阔的"食学世界"。

当前，过度的食资源开发，严重的食环境污染，不仅破坏了地球的环境，也威胁到人类健康。作者对地球村人类的食生活做了前所未有的剖析和阐述，让人们重新审视我们的食生产、食生活以及每个人的食行为，将有助于推动食秩序的建设和发展。作者认为，人类生存和繁衍的历史，就是与各种食物和谐相处的历史，是人类用智慧和技能不断改造食材的历史，也是人类借助饮食来满足、抚慰并愉悦自己的历史。

实事求是的科学态度

当今世界，环境、资源、人口、和平、健康已经成为全球性问题，各种问题相互交融、错综复杂。《食学概论》站在全局的高度，从一个全新的视角，为读者揭示了这 5 大问题间的内在联系。该书的出版，不仅彰显了食学天人合一的研究目的，而且对生态环境进行了重新科普，为我们打开了一个重新审视食事、认识食界的新天地。书中新思维、新观点、新概念俯拾皆是。例如，作者提出食权的 4 项内容：获得食物、分享食物、尊重食物、养护食源的权利。作者指出，食业是人类最大的行业，占世界经济总量的 50% 以上。丰富多彩的食品，在满足人类生理需要的同时，带给人们许多享受。但过度追求五官感受的倾向，远离食物原生性，偏离食品基本属性，甚至危害到人类健康。摄食看似简单易行，但如何科学地摄食，一直缺乏完善的理论体系指导。该书不仅对人类正确的择食原则进行了精确归纳，而且从科学的角度提出摄食"六态九宜"原则。作者认为，食文化是人类文化的重要组成部分，而食行为能够调动 5 种感官，所以饮食是五官审美，具有即逝性、非数字性、普遍性、全感性、双元性 5 大特点。作者提醒人们，人类饮食行为也可以导致食灾，主要表现为环境、生态及潜在灾害 3 种类型。食灾具有很强的隐蔽性，大面积爆发之日，将是人类危亡之时。

医食同源的异曲同工

我们知道，人类赖以生存的地球因生命存在而彰显意义，所有的生命都无法离开吸收营养的同化和排出代谢废料的异化这两方面。工业文明以来，社会分工更细，生产效率更高，商品极大丰富，推动了许多行业繁荣发展，但食事却是一个例外。更细的行业分工，使食品知识碎片化、食品行业割裂化；更高的生产效率使得食品产业逆原生化、食物负营养化；过度的食源开发、严重的食环境污染，不仅破坏了地球生态，更威胁人类健康。而食学研究目的是维护人类和地球健康。两者休戚与共，不可分割。当前危害人类健康的 4 大食病，即饥食病、污食病、偏食病和过食病，威胁地球健康的两大食灾为环境和生态食灾。面对它们，迫切需要反思人类食行为，需要用更加科学的理论指导个人食行为。食生产高效率，有可能导致技术进步的本末倒置，并非百益无害。获利食品加工触目惊心，已经严重威胁人类健康。食学的绝对普遍性，在于将环境污染、生态问题与每一个人的饮食行为紧密相连，从大家都关心的健康入手。

对于人们普遍关心的食品转基因技术的优劣之辩，书中不乏真知灼见。这与我们医学的目标不谋而合，恰好殊途同归。最新研究显示，决定人类健康寿命的不仅是医，更重要的是食。因食而生的 4 大食病，亟待改变的就餐痼疾一直在威胁人类健康。在部分国家，过食病已经成为人们健康的头号杀手，50% 以上的死亡病例与过食病有关。最近，上海瑞金医院宁光教授牵头的研究显示：随着国人饮食习惯改变，当今中国成年人糖尿病和糖尿病前期的患病率分别高达 11.6% 和 50.1%。尽管困难重重，但作者对未来充满信心：食学改变你我，食学改变世界。人类的平均寿命在食学成熟期将达到 100 岁，食学繁荣期将达到 120 岁。

权威人士的客观评价

《食学概论》是刘广伟先生和张振楣先生的呕心力作，对人类的食生活作了前所未有的剖析和阐述，让人们重新审视我们的食生产、食生活以及每个人的食行为。刘广伟先生说："食学主张食权利，提高食效率，健全食法律，加强食教育。"这一观点将推动人类食秩序建设和发展。该书出版后，好评如潮，被誉为 21 世纪的《齐民要术》，为当代人类食行为，构建了崭新的理论基础，以促进人类健康与长寿。全国政协教科文卫体委员会副主任胡振民在此书的序中指出《食学概论》的出版有 4 大贡献：一是填补了学科的空白，确立了食学学科的基本概念和理论体系；二是发现了自工业文明以来，人类食事逆原生化、割裂化、碎片化的危害性，找到了解决当今全世界许多共同面临问题的新路径；三是提出了一系列新概念，如食权、食业、食病、食灾、食秩序、食效率、食审美等，丰富了人类的知识体系；四是提出了科学摄食的指导原则，既通俗易懂，又便于操作，很有实用价值。世界美食美酒图书博览会主席爱德华·君度在《食学概论》的首发式上说，该书论述科学、清晰，深入浅出，新的思维、新的观点、新的概念术语很多，特别是提出了现存的 4 种美食家：烹饪艺术家、传统美食家、现代美食家和美食大家，指出传统美食家的不足，让我们重新认识美食家这个身份，应该如何引导人们吃得更健康。

品读大医人生　弘扬杏林美德

——《寻找大医精神》

一段时间以来，医疗行业如陷泥潭，总是被动地与回扣、商业贿赂、被伤害等负面的东西相联系并被不断放大。尽管这些仅是个别现象，但却让一个行业背负了难以承载的负担。曾经，为追随悬壶济世理念，期望在救死扶伤中获得成就感、在呵护生命中体验崇高的医者，心中不免泛起一丝涟漪。而且，这种不断扩散的负面情绪带给整个医疗行业难以估量的伤害。为了弘扬正能量，让更多的人民群众感受到"大医精神"的存在，让医疗行业能得到大众更多的信任与理解，中国医师协会举办了声势浩大的"寻找大医精神"活动。这本内容感人、图文并茂、印制精美、散发着油墨清香的《寻找大医精神》一书，结集了从全国 270 万名执业医师队伍中脱颖而出的、具备"大医精

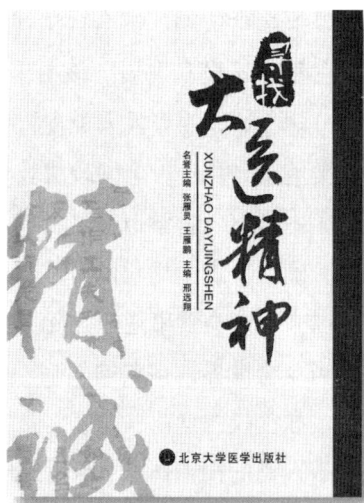

神"的 60 名代表人物的动人事迹。他们的故事向读者展示了穿越浩瀚中华历史,由孙思邈"大医精诚"不断演绎而来的"大医精神",就是医者具有崇高医德、精湛技艺的精神品质。对"大医精神"代表的找寻和对他们事迹的展现,至少可以起到沟通社会、重拾行业信心之功效。恕笔者坦言,入选者的专业包罗万象,学术水平参差不齐,所在单位从顶尖的三级甲等医院到条件较差的乡镇卫生所,从治病救人的临床医生到预防规划的公共卫生专家;获奖者的年龄差距更甚,从恰逢而立的青年才俊到几近期颐的不老青松。但本次入选的"大医",确实拓宽了我们对医者的概念,淡化了成就的大小,并且消除了年龄的隔阂。他们共同的特征是胸怀大爱、对从医有深刻体会、敬重生命、对病患无私奉献。每当笔者重拾该书,通读这些动人事迹时,都被他们的故事感动、沉醉,也愈加感受到"大医精诚"散发出的感人至深、历久弥新的顽强生命力。

悬壶济世的大医群体

所谓"大医",孙思邈在"大医精诚"中有过这样的描述:其修养包括"精"与"诚"两个方面。"精",要求医者要有精湛的医术,认为医道是"至精至微之事",习医之人必须"博极医源,精勤不倦";"诚",要求医者要有高尚的品德修养,以"见彼苦恼,若己有之"感同身受的心,策发"大慈恻隐之心",进而发愿立誓"普救含灵之苦",且不得"自逞俊快,邀射名誉""恃己所长,经略财物"。时光不舍昼夜,岁月悄然流淌。自此,"大医精诚"的精神被不断演绎,故事被代代传诵,成为护佑健康和生命的神圣之曲。

60 名"大医精神"的代表从全国的医师队伍中寻找、推荐出来,他们中有全国知名的专家、学者、院士,不乏扎根于某个专业有所建树的人，还包括在偏远乡村默默奉献的医生。笔者在中华医学会工作近30年，具有与医学大家亲密接触的便利条件。掐指算来，自己与超过半数的入选者有过工作交往，并与其中不少专家感情深厚，结成名副其实的忘年之交。这当中有年逾耄耋仍游刃肝胆写春秋的吴孟超，不惧权贵、仗义执言的医者典范钟南山，胸怀大爱、领衔健康中国的科普名家胡大一，不为名利所惑、坚守夕阳行业的外科泰斗顾玉东，特异独行、视名利淡如水事业重如山的白衣天使王海燕，高举健康管理大旗、惠及大众的管理精英白书忠，朴实无华、始终执着于当一名好医生的南国名医侯凡凡……

纵观全书，"大医"们感人的事迹、掷地有声的闪光话语俯拾皆是。30多年的春华秋实，丛玉隆将小检验做成了大学问。腿有残疾，靠着夫如大山一样坚实的脊背，村医周月华几十年如一日守护着山村百姓的健康。依靠自己的才气、霸气和义气功成名就的吴一龙坚信：一旦确定人生目标，还要敢于在巅峰舍弃，有所取舍，才能成功。信奉"善、悟、信、达"的王宁利坦言："医学手段是有限的，医生的情感是无限的，只有将情感投入医疗救治过程，才能产生奇迹。"儿童福利院的"雷锋"刘东认为，当下中国最需要看到更多与物质无关、却离心灵很近的欲望。用一生的精力奉献雪域高原37年的李素芝，在3次选择人生的道路时恪守：行医比当官更重要。"一根肠子走到底"的黎介寿院士终身奉行：良心是医德的底线，多从患者角度去想想。通过归纳和提炼，中国医师协会张雁灵会长总结出6条值得提倡的当代"大医"理念，分别是：敬畏生命，敢于担当，视病人高于一切的精神；生命不息，奉献不止，为患者鞠躬尽瘁的精神；精益求精、勇于开拓，勇于创新，勇攀高峰的精神；扎根基层，耐得寂寞，甘当百姓健康守护神的精神；坚持真理，求真务实，崇尚科学的精神；不顾安危，不计得失，坚守"医疗特区"，甘当普通一兵的精神。

仗义执言的医者典范

作为中华医学会的前任会长，钟南山的入选当属实至名归。他的会诊室里挂着一块"悬壶济世，福荫众生"的横匾。他说，想要"悬壶济世"，就得适应社会。10 年前，"非典"的凶猛来袭一度造成社会恐慌。当有关方面宣布"非典"的病原已明确为衣原体时，钟南山大胆地站出来质疑，"什么叫现在已经控制？根本就没有控制！目前病原都还没搞清楚，你怎么控制它？"在那场没有硝烟的战争中，他被中国学术界和大众熟知，被国际认可。10 年后，"GDP 第一，还是健康第一？现在到了认真考虑这个问题的时候了。"2013 年的全国两会上，面对众多媒体，他毫不避讳地说："管你什么和谐社会，管你什么纲领，人们最关心的，一个是呼吸的空气，一个是吃的食物，一个是喝的水。这些都不安全，什么幸福感都没有。"这些振聋发聩、引发轩然大波的言论，却让他在公众心目中的地位不可撼动。仗义执言的钟南山成了家喻户晓的名人，只要他一说话，总能增强人们的安全感。他的名字也成为"真话"的代名词。

作为他的直接部下，笔者有幸在他的谆谆教诲下工作过 5 年。尽管平日相距"千里"而直接面谈的机会不多，但我们总是通过电话和邮件保持密切的联系，一直保留至今。尤令笔者感动的是他爱才、惜才的行动和为探求真理而不耻下问的精神。当他届满离任时，心存感激之情的笔者赶去机场为他送行。这是我们相识多年里唯一的一次机场送别。阅读他的感人事迹，晚辈非常赞同王陇德院士对他的评价：在"非典"肆虐的时刻，他以科学家求真务实的天地良心和白衣天使无私无畏的奉献精神，积极与疾病抗衡，犹如一面高高飘扬的旗帜；他拥有令人景仰的高尚医德、学术风范和嫉恶如仇、敢于直言的人生准则和职业操守，深入探索人体与社会顽疾，直击要害，开具良方，不愧为大医与民族的脊梁。

健康中国的领衔之师

如果问及医学科普领域知名度最高的心血管专家，窃以为非胡大一莫属。大众对健康知识的渴求曾给他带来强大震撼，所以无论工作多忙，他都要投入健康教育。"管住嘴、迈开腿、不吸烟、好心态"等他首创的健康语录已被老百姓传颂。作为以解除天下百姓疾苦为己任的名医，胡大一喜欢走长征路，并在途中思考人生的方向。他常常自称"播种机""播火机"，是遍撒火种的人。他了解基层医疗的困境，把帮助基层摆脱困境当成义不容辞的责任。蜚声中外的"长城会"就是胡大一发起并召开的心血管领域最有影响力的会议。在健康中国的长征路上，很难统计出他领衔攻克了多少堡垒：循证医学、推广射频消融治疗心律失常、推广绿色通道、倡导肺栓塞的识别和救治、举办中国胆固醇教育计划、戒烟、多学科共同管理动脉粥样硬化疾病、双心医学、康复医学、健康从心做起……

出生于医学世家的胡大一牢记母亲的教诲：让民众能够少花钱、看好病。他母亲胡佩兰70岁退休后仍坚持坐诊27年、是一位近期颐之年"用便宜药治大病"的"良心医生"，并成为2013年度感动中国人物。这种简单而笃定的信念能够在母子的坚持中传承，令人敬佩、赞叹。他始终认为，作为医生，一定要以患者和公众健康的利益为己任。他旗帜鲜明地反对过度医疗，曾坦言："滥用支架，看起来受伤的是患者，最终最大的受害者还是医生，因为这样人们会失去对医生的信任。"尽管年逾花甲，但他仍然身体力行自己宣扬的理念：走路是最好的锻炼方式。无论环境多么险恶，矢志不渝的他都能不畏艰难险阻，仍旧领衔走在健康中国的长征路上。北京大学人民医院王杉院长的点评是对他最好的褒奖：胡大一教授不断引领学科和挑战自我，在心内科界，他的各种理念，总能让人耳目一新或振聋发聩。无论提倡"三个回归"、高举"四面旗帜"，还是对滥放支架等业内弊病的直言不讳，都有点"精神领袖"的味道。

夕阳行业的外科泰斗

10 岁那年的一场大病和亲眼目睹医者对自己的舍身抢救，在顾玉东的脑海里"种"下了一位好医生的形象，也成为他学医的起因。日月更替，怀揣梦想的他不仅如愿以偿践行医疗，并逐步成为中华医学会副会长和手外科的世界名家，带领着中国的手外科走向世界。在医疗实践中，顾玉东院士一直告诫年轻医生：我们的成长和荣誉都是用患者的痛苦、鲜血和生命换来的。医生这个职业不能拿百分比来算，即便失败 1%，对个体健康而言等同于 100% 的失败。作为一名严谨的外科医生，顾玉东常说："对每一位患者医生都要做加法，每一次手术都要让患者有所得。"他坚信：创新的关键不单纯是重复，任何只知道机械性重复的工作者都不可能有创新发现。50 年来，他为每一名患者建一张卡片，把每一个值得深究的细节记录在小卡片上。

笔者与他多次交谈过，顾院士一直为我国手外科的前景担忧。

由于手外科主要靠医生精湛的技艺，在经济大潮的冲击下，这个既无昂贵的设备又不使用获取暴利药品的行业，后继乏人日趋明显，昔日的辉煌难以再现。就是在这样的困境中，这位外科泰斗依然为自己的梦想而坚守着。他始终站在治病救人的床边，用一颗赤子之心、五十载励学修术和几千张手写病例卡，追求每个手术"零"的失败率。"零"是一个目标，成功在彼岸，他还在此岸。他守在专业领域的第一线，尽管功成名就，他依旧淡泊如水、率真超然，不断探寻下一个"零"的突破。高山景行行无止，了解顾玉东院士的志向与追求，才能更体识他身为"大医"的高度。

特异独行的白衣天使

在所有入选者中，与自己共事时间最长的是王海燕教授，我们在办刊中相识二十多年来她主持《中华内科杂志》就长达 12 年，她的特立独行、不为世风左右，尤其值得今日的学术界称道。作为首位获得国际肾脏病学会先驱者奖和 Roscoe R. Robinson 奖的中国人，她是我国肾脏病研究领域独树一帜的拓荒者。在《中华内科杂志》编委会中，我们这对忘年之交的密切合作超过 10 年。作为杰出的内科学专家，她不仅对自己的专业了如指掌，而且经常触类旁通和不耻下问，对如何办好高水平的医学期刊提出自己独到的见地。在办刊的过程中，她给我印象最深的就是无为而治，充分信任和依靠专业的编辑团队是她办刊成功的秘诀。在恭祝《中华内科杂志》创刊 60 周年之际，当人们向她表示祝贺时，她却说：自己对办刊是外行，这些成绩的取得完全应该归功于历代志同道合者的奉献和传承，也是今日全体办刊人勠力同心的结果。这种功成而不居的大家风范是无为而治的典型表现。

作为中华医学会的原副会长，她有高度的社会责任感，以祖国和人民的需要作为其学术发展的方向，以她的学术专长报效祖国。她时常感叹：光阴似箭，日月如梭；尽管自己廉颇老矣，但尚尽可能为国家效力。汶川地震后，她临危受命，虽年逾古稀，但作为专家组组长的她不负重托、不辱使命，亲赴抢救第一线，出色地完成了任务。享有"中国肾脏病学之母"声誉的王海燕教授，在近60年的从医生涯中始终秉承"名利淡如水，事业重如山"的信念，坚持"人家觉得我有用，我就会觉得很幸福"的人生信条，在肾脏疾病的临床诊断与科学研究上取得了多项重大突破，影响并带动了中国肾脏病学界，促进了整个学科建设水平的提升，更在国际舞台上发挥了中国人在肾脏病研究领域的开拓与引领作用。

惠及大众的管理精英

和蔼可亲、平易近人，举手投足带有明显的军人印记，飒爽、坚毅，难以想象的是他已年近古稀。他就是白书忠，解放军总后勤部卫生部原部长、中华医学会原副会长、现中国健康促进基金会理事长。他是我国健康管理及相关产业的主要创始人及领军人物。在近半个世纪的职业生涯中，始终心系军民健康，致力于健康医学的理论创新和实践探索。花甲之年，他毅然高举健康管理大旗，率队驰骋在没有硝烟的"上医治未病"战场。为加快创建新学科与健康产业发展的步伐，他以海纳百川之气度、外柔内刚之风范，身体力行与百折不挠之精神，凝聚正能量，开拓新天地，收获新硕果。在他看来，健康管理是他毕生的事业。他认为，保健不应是在得病后给予治疗，而是要少得病、晚得病甚至不得病，这才是高层次的保健。在军民携手抗击"非典"取得胜利后，他先后访问了美国、欧洲、古巴、日本等国，并着手实施健康管理的"三步走"战略：经多方游说，最终创建中华医学会健康管理学分会；为搭建学术交流平台，创办《中华健康管理学杂志》；借助社会力量，成立中国健康促进基金会。

时至今日，中国健康促进基金会已组建 38 个专项基金，组织了 7 届中国健康产业论坛和 4 次中华健康管理学年会。在他倡导和努力下，中华医学会健康大讲堂已进入第 7 个年头。包括多位院士在内的数十位专家进行了 40 场精彩的公开演讲，内容基本涵盖了当前公众最为关心的健康问题。他是一位将军，始终擎着中国健康管理的大旗驰骋在保卫国人健康的疆场；他又是一名儒将，拥有以柔克刚的力度和海纳百川的胸怀。白书忠常说，健康看似个人的事，实则不然，它是每个人的社会责任。医者的职责不应该仅仅停留在治病救人，更有责任让大家更健康地生活。"修身岂为留名，做事唯有敬天爱人。"这是他的座右铭。在笔者的人生道路上，从学会的一名业务尖子成长为管理骨干，他的教诲功不可没。整整 5 年，他一直作为主管领导分管杂志社，自己有幸在他的指导下带领杂志社展翅高飞。精湛的管理技巧，悉心的专业指导，忘年交的友情，加上 5 年言传身教，使得我们在融洽的工作氛围中将杂志社打造成中国科技期刊名副其实的"航母"。在白书忠副会长荣归故里之际，自己用一副对联表达了我们的感激之情：受益五载诸多事，铭记终生恩师情。

朴实无华的南国名医

在医患关系紧张的当下，从战士到院士的她用不懈的努力不断演绎人生的精彩，以 40 余年的医者仁心谱写动人的医患和谐之曲。在侯凡凡看来，做一名好医生，最重要的是把患者的利益放在首位。作为科主任，她给科室人员拟定了两条铁律：一是对患者态度好，绝不允许对患者发脾气；二是绝不能为谋利而开"大处方"，不该用的药绝不能用。1989 年至今，南方医院肾内科没有一起医疗纠纷，保持多年"零投诉"的纪录。面对各种荣誉，朴实无华的她只淡然地说："我还是要当好一名医生。"

　　侯凡凡十年一跃的生命轨迹，有两个重要的人生拐点。1990 年，已过不惑之年的她考取中山医科大学的博士研究生。45 岁时，她远渡重洋，留学哈佛大学医学院，这是她人生的又一重要转折点。临近回国时，面对"年薪 10 万美金，有房有车"的许诺，她不为所动，婉谢导师的美意，带着她自费从国外购买的研究试剂回到祖国。严格，是侯凡凡给学生最深的印象。跟着她，你可能得不到别的好处，可你能学到真东西。侯凡凡对学生的指导既有高屋建瓴的一面，也不乏细节上的亲力亲为。"拼命三郎"是业内对这位已年过六旬"工作狂"的真实评价。面对时下学术界的浮躁氛围，侯凡凡坚信：用 5 年、10 年时间做一项对临床有价值的研究，远远比写 20 篇只为发表的论文有用得多。掩卷遐思，侯凡凡以她惯有的严谨，把敬畏生命放在首位；她带领团队，严格执行医疗规范，才取得了患者的信任，保障了患者的生命安全。她为患者量身定做治疗方案，只为解决患者的问题而作科研。凡此种种，她以自己的实际行动践行了董必武先生对雷锋的赞誉：只做平凡事，皆成巨丽珍。

病中反思获真谛　向死而生悟人生

——《向死而生：我修的死亡学分》

作为一位酷爱读书的人，自己一般是通过各种报刊书评的推介来选择新书。鉴于多个图书榜单大力推荐，笔者阅读了李开复的新作《向死而生：我修的死亡学分》，给自己带来了心灵的震撼。该书真实地记述了作者从得知自己罹患淋巴癌到恢复工作 17 个月中的所想所思。他用自己的乐观和坚毅面对一切，并坦述了接受淋巴癌治疗过程中的心路历程。它不仅是一本纪实作品，也是一次关于生命的顿悟，一次与灵魂的对话，一本让读者感悟人生、参透生命的心灵佳作。窃以为，在全民关注健康的当下，该书不仅有助于人们提高自我保健意识，而且作者在向死而生的艰辛历程中的深切感悟引人深思、发人深省。

大师片语醒梦中之人

　　李开复 1961 年出生于我国台湾，11 岁只身远涉重洋赴美求学，曾就读于全美计算机科学排名第一的卡内基·梅隆大学，获计算机学博士学位。他是一位信息产业的经理人、创业者和电脑科学的研究者。先后效力于苹果、微软及谷歌这三大引领世界科技的公司，曾获选美国《时代周刊》年度百大风云人物。2009 年 9 月从谷歌离职后创办创新工场，并任董事长兼首席执行官。他笃行并奉行不辍的人生信念是：做最好的自己、世界因你不同。在这些信念之下，他出版了 5 本书，发过 1 万多条微博，拥有 5000 多万粉丝，举行了 500 场演讲。他积极、严谨和奋进的专业形象一直受人尊重，是当代许多年轻人倾心追随的青年导师。从人生的巅峰坠入病痛的折磨，从喧嚣抵达沉寂，在彷徨歧路、四顾茫然之中，星云大师对他开悟到：面对疾病，正能量是最有效的药。疾病最喜欢的就是担心、悲哀、沮丧，最怕的就是平和、自信以及对它熟视无睹。经过大师的点拨，加上病中的追问与忏悔，李开复说："我曾经追求每件事影响力的最大化，见聪明人，把自己周围都变成社会最顶尖人士，但这样做丧失了非常重要的一点，就是人人平等。我发现，癌症面前，人人平等；而我，褪去了过去所有的光环和头衔，不过就是一个普通人。"对于李开复矢志追求的人生目标"做最好的自己、世界因你不同"，星云大师认为"人生难得，不必想要改变世界，能把自己做好就很不容易了。要珍惜、尊重周遭的一切，不论善恶美丑，都有其存在的价值。"病后复出的李开复在书中寄语年轻人：用宽容的胸怀接受不能改变的事情，用极大的勇气来改变可以改变的事情。事业和健康不是二选一，我们可以把每一天活得更健康一些。在为事业打拼的同时绝对要平衡亲情，在平衡以后还是有足够的时间做好自己的事业。

病中反思获健康真谛

谈到新书的副标题"我修的死亡学分"时，李开复总结出的 7 个死亡学分包括：（1）健康无价。人的健康简而言之，其实就是我们的睡眠、压力、运动和饮食。生病以后，他才深深体会到，健康失去了，就什么都没有了。人们常说生命最重要，其实健康和生命是一样重要的。（2）凡事有其缘由。应该学会辩证地看问题，任何灾难都是学习的机会；就像太极图中黑与白的共存，就看我们是否有智慧看穿其中的奥秘。生病让人们学会生活得更健康；无助让我们接受无法改变的事情；面临死亡才能教会我们分辨什么才是人生最重要的事情。（3）珍惜缘分，学会感恩和爱。他认为最基本的是别人对你好，你应感觉到这是恩；再稍微好一点的是别人对你好你要回报他；第三个层次就是主动不要求回报付出关怀，这才是最高的境界。爱不是藏在心里的，应该表达出来，否则可能追悔莫及。要把"骄傲"从人的本性中拔除，很重要的一门课就是学会感恩。（4）学会如何生活，活在当下。他鼓励人们，不要把所有事情都推到以后和将来，去寻求和期待一个特殊的日子。希望大家都活在当下，让每一天都成为最特殊的日子。如果这样，人生一定会非常丰富和圆满。（5）经得住名利诱惑。星云大师指出，其实人是禁不住诱惑的。虽然作者认为自己一直追求的方向和建议没有错，但如果特别机械地追求效率，衡量每一天的结果，则会让自己变得更冷漠无情。（6）人人平等、善待每个人。所有的相遇，都是久别重逢。作者建议我们不要吝啬爱的关怀，因为你对任何人都是一样的，你的微笑或行为，都可能帮助他人、挽救生命。（7）人生的真谛。作者认为对珍贵的生命旅程，应该保持初学者的心态，对世界有儿童一般的好奇心，好好体验人生，自己让每天都有进步和成长，不要想着改变他人，做事问心无愧，多感恩和爱你周围的人。对人真诚、平等，这样就足够了。回首治病期间的心路历程，李开复坦言："癌症患者最需要的就是信心和勇气，跨过死荫的幽谷，我第一次如此真实地体验到健康的可贵。我找到了信念中存在的盲点，并由此感悟人生、参透生命，不再执着于用量化的思维计算每件事的价值和意义。"

亲情温情皆跃然纸上

有一个很著名的护士看护了很多临终病人，发现大部分人最大的遗憾就是没有和自己的家人更多地在一起。患病后，李开复反省自己的一生，自述了历经 2 个月确诊、6 个月化疗、9 个月休养中的所思所想，坦言曾经一度认为自己活不过 100 天的绝望。他首度在书中披露了留学时期的家书，第一次哽咽说出欠已故父亲的一句道歉，第一次落泪谈及母子深情，第一次温柔细述对妻子与女儿的亏欠。他诚恳地检讨自己："我每年只拿出很少的假期陪母亲，一直到她失忆，我是用多么敷衍的方式表达了口中的孝顺；多年以来，我专注于对事业的追求，对于太太的很多细腻付出和压力没有去了解，我每一次换工作，在外界看来都是华丽地转身，但我从未想这对于她们每一次都是连根拔起。""我在想如果我的生命只有 100 天了，怎么样来度过这段时间呢？我要让亲人知道我如何爱他们，我要和他们度过特别难忘的时光，无论是和妻子去蜜月的故地，还是和孩子去一个曾经快乐生活过的地方，吃着我们爱吃的东西，回忆着曾经的美好，我希望活的时候能够全心全意地活着，而不只是脑子不停去想我的公司。"此外，在这本图文并茂的书中，尽管许多风光绮丽的插图来自他女儿拍摄的世界各地名胜古迹，但使笔者感触最深的是那些充满亲情和温情的照片。不仅有李开复孤独地在沙滩上漫步沉思，与小女儿在午后阳光下相拥，与妻子在林荫下散步，静静地陪伴失忆的母亲。此时此刻，他就是一个普通的儿子、丈夫、父亲。李开复说："当面临癌症的时候，我心中闪过的每一个念头都与我的工作毫无关系，最大的遗憾就是没有和自己的家人有更多的时间在一起。"

向死而生悟唯爱永恒

乔布斯曾说过："记住你即将死去。"向死而生的本义，就是人在世俗中很容易陷入今天的现实世界。而面对死亡，我们反而容易得到顿悟，了解生命的意义，让死亡成为生命旅程中无形的好友，从而温和提醒我们，好好珍惜生命，不只单纯度日，也不只追求一个现实的名利目标。当生命的红灯亮起，曾经的执念顷刻烟消云散。在病榻之上的沉静思索使得李开复获益匪浅。他说："从前我喜欢跟聪明人一起工作，习惯用效率计算一切。如果不是癌症，我可能会循着过去的惯性继续走下去，也许我可以获取更优越的名利地位，创造更多成功的故事。癌症把我硬生生地推倒，这场生死大病开启了我的智慧，让我更真切地知道，生命该怎么过才是最圆满的。"

大病重生后，李开复更新了自己的座右铭："所有的荣耀与骄傲、难堪与恐惧，都会在死亡面前消失，只留下真正重要的东西。如果觉察到自己沉溺于担心会失去某些东西时，'记住你即将死去'

会是最好的解药。""健康、亲情和爱，才是永恒，牺牲健康去换取所谓的成功和梦想，这简直是天大的笑话。"李开复表示，"以前我总是鼓励年轻人要去追求什么，而现在，我认为年轻人需要放下追逐虚名。关注健康、亲情和爱才更重要。"

　　时至今日，李开复对健康的反思、对睡眠的认知，有非常好的教育价值和警示意义，尤其当下人人渴望成功、追求一日暴富，他的反思对于年轻人尤为宝贵。谈到未来，他坦言：与死亡擦肩而过，让我明白那些习以为常的情谊，往往是生命的空气和水，看似平常却无比重要。现在我愿穿越虚无的影响力，做一个谦卑的筑梦者，一针一线地编织梦想，做一个有血、有肉、有真情、有大爱的李开复。希望该书将健康的生活方式传递给更多的人。

人生之旅的目的地　死亡教育的必修课

——《温暖消逝：关于临终、死亡与丧亲关怀》

中国传统教育，一直向人们孜孜不倦地灌输吃得对、保养好、活得长的养生哲学。人们由于羞于或畏惧谈论死亡，因此几乎没有临终教育和死亡的教育。窃认为这是中国传统教育短板。最近有幸读到美国作者迈克尔·R.雷明和乔治·E.迪金森关于死亡的利著《温暖消逝：关于临终、死亡与丧亲关怀》。作者是当今世界对死亡教育造诣颇深的博学鸿儒，此书就是他们潜心研究和长期实践的智慧结晶。有鉴于此，该书中文版的面世恰好是对中国传统教育的必要补充。该书第一版问世距今已逾30年。最新版的此书，详细讲述了常人不愿面对的话题——衰老与死亡，梳理了人们在社会中变老、临终与死亡的方方面面，不仅涉及死亡、医药的局限，也揭示了如何自主、快乐、拥有尊严地活到生

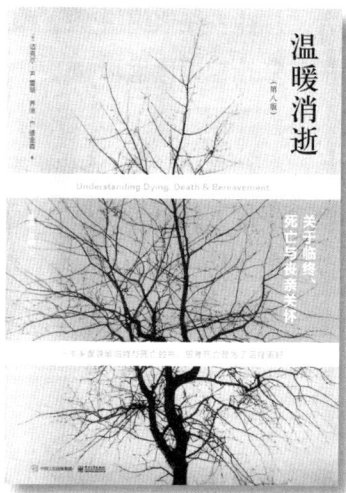

命终点。作者将"善终服务""临终关怀""正视死亡"等一系列自己推崇的理念穿插于引人入胜的故事中，并给出详尽的说明。作品充满人文主义关怀，内容跨越多种文化、多个学科，囊括了社会死亡学跨学科研究的主要焦点。窃以为，这是一本深度讲解临终关怀与死亡的书。因此对于我国的科技工作者而言，这不失为一本开卷有益且引人深思之读物。

正视死亡以珍惜今生

作者认为死亡并没有意义，是人们赋予了它含义。如今全球每年的死亡人数为 5500 万，美国癌症死亡率最高的前几位依次为肺癌、乳腺癌、前列腺癌和结直肠癌。即使有治疗心脏病和癌症的特效药物，身体的自然退化也会让人生停止在 85 岁的平均寿命。尽管我们都知道人必有一死，但接受这一观点是违心的。我们的社会存在代表了一种对死亡的逃避态度。如果要想真实地活着，一定要明白死亡并不是生命的尽头，而是生命的内在可能性。正因为人们越来越意识到死亡是生命的一部分，从而对谈论死亡的兴趣也与日俱增。不管我们多么努力地抑制对死亡的感觉，对死亡的恐惧仍然以抑郁、焦虑、压力和冲突等形式存在。因为死亡不是打乱社会生活秩序的平常经历，人们不常接触死亡，一旦接触就会给人们带来创伤。对死亡最大的担心并非身体所受的折磨，而是临终之人会慢慢淡出人们的视野，被社会遗忘。他们害怕的是被隔绝在医院的高墙之内，被无数的医疗器械包围，在缺乏人情味的医院规定下孤独地逝去。他们恐惧的其实是孤独。尽管大多数老年人更希望在家中、在家人的照顾下辞世，但在美国，老年人通常还是在远离亲友的陌生环境中去世，80%的老人死于医院或养老院。这意味着死亡过程包含了对分离和孤独的恐惧。但正视死亡并非一无是处，正如《相约星期二》中施瓦茨教授所言："应该感谢有这样一段时光，让自己知道死亡是如何发生的。变老不仅是在衰退，更是在成熟。它不仅有走向死亡这样消极的一面，也不乏积极的一面，那就是当你确信自己会死，因而就会抓住机会好好地活着。"

向死而生解丧亲之痛

先哲曾言：我不害怕死亡，我只是不想亲眼目睹它发生。尽管如今慢性疾病的致死率不断攀升，典型的死亡轨迹被延长，但在个人短暂的一生中，人们依然会感觉到人生如白驹过隙，死亡似风暴来袭。比起死亡，人们更害怕死亡的过程：痛苦、孤独、体力和精神活动丧失，不能再进行最喜欢的运动，可能要接受养老机构护理、丧失独立能力、退化到对别人极度依赖。然而，作者认为，最糟糕的生活方式是害怕生活，而最糟糕的死亡方式是害怕死亡，每个人都必须正视死亡的过程与失去亲人的痛苦。作者提倡我们应该直面恐惧、诚实待人，乐于助人，不自私，学会宽容，忘掉仇恨，勇敢去爱。作者认为悲伤是一种非常强大的情绪，时常被死亡触发或激起，要想理性应对伤亲之痛，唯有避开爱，方可避免痛。重点是要从伤痛中有所收获，向爱敞开心扉。承担伤亲角色被认为是暂时的，所有承担这一角色的人都应当竭尽所能，以求在合理的时间内摆脱它。作者对悲伤者给出的指南包括：定期与朋友聊天，每天出去散步，探访墓地，种点植物以资纪念，对独居且喜欢动物的人不妨养只宠物，提前规划特殊的日子，允许自己大笑或哭泣，每天都计划至少完成一件事，写日记，考虑加入互助小组，发泄而非抑制自己的情感，每天感恩。

理解善终的条分缕析

死亡是每个人都必然经历的，每个人都希望有尊严地逝去。临终过程面临的挑战是在临终时坚强地生活，而不是活在恐惧死亡的阴影下，临终关怀存在的意义是帮助家人在熟悉的环境中度过最后的时光。善终就是当事者、家人及护理人员都没有经历不必要的痛苦和折磨，符合当事者和家属的愿望，某种程度上符合临床、文化及伦理标准。善终在大家眼中的共同点包括：不遭受痛苦和折磨，对死亡有清醒意识，接受随时到来的死亡，有自主性，准备好与亲人分离，永远抱有希望，可以决定何时死去。对医者而言，患者的善终包括预期的、平和的、适时的死亡；理智的、正确的、舒适的照顾；与家人、患者、护理人员有效地交流。作者还总结出临终时的 8 个教训：（1）避免过度呵护。医疗技术或许可以用超出常理的方式延长生命，但却无法保证活着的质量。（2）做出必要的选择。应将注意力从医疗手段转向可以接受的、预期的、平静且有意的死亡。（3）要铭记患者害怕的是死亡时的痛苦，而不是死亡。（4）死亡是可以预见的。（5）在临终前做出规划。（6）表达关怀与爱的小举动很重要，不要犹豫与患者进行身体接触。（7）说出真心话永远不晚。（8）陪伴患者走完人生的最后一程是荣幸。

鲜活案例的实录　医者仁心的道白

—— 《阿图医生》

2014 年的国庆长假，对自己而言又是一个独享清闲、闭门读书的美好时节。在涉猎的书刊中，令笔者感触最深的是美国医生阿图·葛文德著、华文出版社出版的《阿图医生》。该书记录的是年轻、出身医学世家、毕业于名门的新手葛文德，满怀抱负成为梦想中的白衣天使，在"成功是常态，失败就是一条人命"的职业生涯中，在每一个温暖或惊悚的故事背后，生死之争的真实体验。该书的英文书名是 *Complications*，中文直译"并发症"。主要讲述的是作者临床所见各种并发症，并由此引发出极具人文与思辨价值的观点。全书以案例为主体，跳出枯燥的科普，摒弃了单纯就事论事，向读者潜移默化了有关医学知识与作者对人生的思考。读后最大的收获是，世间有如此多千奇

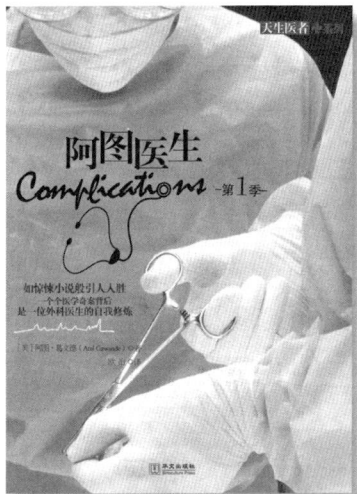

百怪的病，我们能正常地活着，偶染微恙，实则人生之大幸。作为医生读者，掩卷遐思，会更深切地领悟救死扶伤的使命所系：身为医者，生死责任无法逃避，难辞其咎；作为患者，读完此书，会了解到光鲜白大褂背后的辛酸血泪：面对生命的消逝，医生比我们更加无助。书中尤为值得借鉴的是：维权意识极强的美国社会对医疗行业的信任与包容，换取的必是医生对患者无微不至的人文关怀与竭尽全力的医疗关爱。

年轻有为的跨界高手

1987 年出生的葛文德是一位印度裔美籍外科医生和新闻工作者，是美国医学界的人文新星。他是一名外科医生，哈佛医学院临床外科副教授，不仅医术精湛，而且文章妙笔生花。他结合从医经历，撰写了多部畅销的医学人文类书籍。他的作品大多关于医疗，尽管有"内部人"的标签，但视野极为开阔。他的文字有一种魔力，得以让病房的真实故事在读者眼前上演，每一出都是惊心动魄的医学奇案或感人肺腑的外科戏剧。他有着一支犀利如手术刀的笔，一双如 X 线能够透视的眼。他描述的每个病例故事，从枪伤到病态肥胖再到噬肉菌，都不亚于迷你的惊悚小说。他是著名刊物《纽约客》医学专栏的撰稿人、不折不扣的医生作家，2003 年美国最佳短篇奖得主，2002 年及 2009 年美国最佳科学短篇奖得主，曾获得美国文化界最高奖——麦克阿瑟奖。同时，他是闻名于世的优化现代医疗保健体系专家，世界卫生组织全球病患安全挑战项目负责人，也是白宫最年轻的健康政策顾问，影响奥巴马医改政策的关键人物，让投资大师查理·芒格由衷敬佩的妙手仁医。2004 年被美国《新闻周刊》评为"20 位最具影响力的

南亚人物",2010 年美国《时代周刊》全球 100 位最具影响力人物
榜单中唯一的医生。

鲜活案例的真实记录

医生天生就是讲故事的高手。他们成天都在听故事,然后讲故事,而葛文德无疑是其中翘楚。他的过人之处是能将医疗上最复杂的事情,运用富于说理又可读性强的文字解释清楚。作者用浅显易懂的文字记述了医务工作者的无奈及无助。在葛文德眼中,医学并不是完美的科学,有时需要经验,有时还需要运气,然而手段和目标之间总有差距。临床医生总是进退维谷,常常需在极短时间内完成医疗决策。而这样的决策,是否会导致新的伤害呢? 作者坦言:"医疗上的决定是错综复杂的,常常如履薄冰,如临深渊。当你遇到三岔口的时候,很难决定何去何从,但是又不得不择优而行。"就好像他开始第一次做深静脉穿刺、硬着头皮第一次拿起手术刀、第一次做气管切开手术等种种历练,眼看身边满腔热忱的医生沉沦,面对种种无法解析、难以治愈的病症,体验生命从自己手中一丝丝逝去。作者在书中还描绘了医学界曾发生的一场"深蓝大战",心电图诊断中,电脑以 20% 的优势击败了医学专家。葛文德分析原因:人类不善于全面考虑各方面因素;人总是易变的,容易受他人意见影响;其他影响因素包括看事情的角度、最近的经验、注意力的分散,以及信息传播方式。然而,"像机器一样完美"是医学界的目标——医生只有反复练习、不断重复、终生学习才能最大程度降低出错的可能性。同时我们也要正视事实:医生随时要面对变化莫测的情况——信息不充分、科学理论含糊不清,一个人的知识和能力永远不可能完美。

医者仁心的真情道白

作者坦言，医学无比奇妙，在很多方面难以解释。风险很高，病人却信任医生，将性命托付给医生，让医者自由发挥。事实上，学医过程漫长得远超出人们的想象；病人并不知道，在他们身上做练习的时候，医者内心也一直受到道德谴责。当你近距离接触医疗时，你会发现各种混乱现象、充满麻烦和不确定。即使最简单的手术，医生也不能确保万无一失。临床时很少能见到教科书描述的典型症状的病人，何况病情千变万化，本来就难以鉴别诊断，唯有通过不断地练习、积累、总结，谨小慎微才能降低失误率。在一般公众眼中，医生常被认为冷血、缺少人情味，面对鲜活的病人缺乏激情。而作者认为，这正是医生必须具备的专业素质。至少在医疗活动中，这种表面上的冷静是必要的。医生比较冷静，能理性看待难以确定或不能确定的事情，不会因为恐惧或情感而歪曲事实。葛文德提醒我们要正确认识自己：在我们的职业生涯中，毋庸置疑的是，所有医生都可能犯下可怕的错误。医生属于一个孤立的世界，一个不断流血、不断实验、不断切开人体的世界，很容易被孤立，就连自己的家人也很难了解医生的世界。我们无法获得每一位病人的谅解及感激，但最起码应该做到无愧于心。

很多医学伦理专家错误地把病人的自主权当作医学的规范。其实病人最希望从医生那儿获得的并非自主权，而希望看到他们的能力，并感受到医者亲切的态度。有调查显示，64%的受访者表示一旦患癌症，希望自己可以选择治疗方式；但在癌症患者中仅12%的人希望自己决定。医者的亲切感通常包括尊重病人的自主权，保证他们做出重大决定的权利；在病人不想做决定的时候，医者要为他们承担做决定这个沉重的责任，或是引导病人选择正确的方向。作者认为，现代医学不断发展，技术日新月异，真正的考验已不再单纯是祛除病人的病痛，而是医生热情亲切的服务以及将心比心的态度。

面对来者的肺腑之言

作者直认为，医学并不是一门完美的科学，而是一个时刻变幻、难以琢磨的知识系统，即使最优秀的医生也深悟科学和人类的技术是有限的。要求医者做到尽善尽美实在不合情理，然而，医生自己千万不能放弃对完美的追求。他对斯坦福大学医学院毕业生的赠言令人记忆深刻："你们所投身的领域是一个特殊的行业，不管医生还是科学家，考虑的都是事关人类存亡的大事，但殊不知自身已经岌岌可危了。我们的成功受到知识和能力极限的制约，受到疾苦和死亡必然性的限制，这个行业需要科学，需要艺术，需要革新，需要追求，也需要谦卑，但它的奇妙之处在于：最需要你的参与！"平心而论，《阿图医生》产生于良好的社会医疗环境中，记录的是在将近 8 年外科训练中令作者永生难忘的精彩瞬间，讲述了一名成熟的医务工作者艰难的成长之路。作者满怀对患者及社会的感激，以春风化雨滋润万物般之细腻与伟大娓娓阐述对病人大到生命，小至背痛、呕吐及心理方面的人文关怀。潜移默化中增加了患者对医者的信任与尊重、对医学并不完美的理解、提升了患者对医者的包容度。投桃报李，爱与信任愈积愈多，医患均能获益，而最大的受益者必是病人。

熟视无睹的小恙　引人入胜的科普

——《阿嚏！普通感冒的非凡生活》

随着物质生活水平大幅度提高，普罗大众对医学知识和健康的追求与日俱增。在医疗资源不足的当下，出版科学性强、趣味性浓、吸引读者关注的科普力作，无疑有助于建立健康和谐的社会。怎样才能撰写出一部优秀的医学科普作品？詹妮弗·阿克曼的《阿嚏！普通感冒的非凡生活》提供了一个范例。笔者读完此书，才发觉身为医学出版工作者，竟然对感冒的认识十分肤浅。衷心感谢作者通过资料翔实、引人入胜的作品纠正了我们自以为是的认知，也深感在尖端科技日新月异的当下，优秀科普著作对更新人们观念不可或缺。

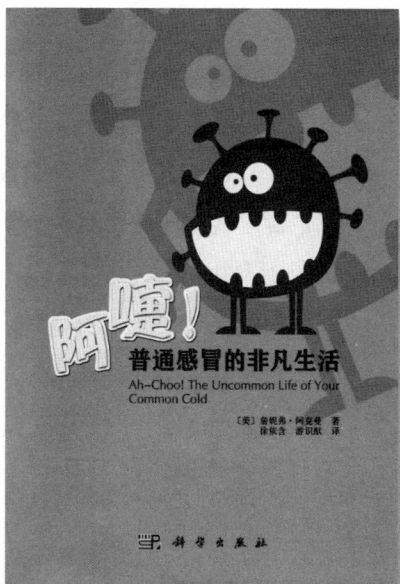

亲身体验的感受分享

阿克曼是美国知名的医学科普大家，她的随笔和科学文章常刊载于《纽约时报》《美国国家地理》等报刊。她从事健康与科学的写作已逾 20 载，乐此不疲地用通俗易懂的语言进行科普创作。在撰写《阿嚏！普通感冒的非凡生活》一书前，为了获得亲身体验，她竟然主动请缨加入感冒研究计划。这种科学精神尤其令人敬佩，最终给出的结论也非常有助于纠正当下流行的种种谬误。她告诉读者，感冒是一种自愈性疾病，感冒病毒无疑是世界上最成功的人类病原体，它们导致的传染令其他病原体望尘莫及。感冒，就像生活中许多关键时刻，如牛奶由甘甜变为酸臭，幼儿愉悦的情绪转成怒气。上一秒你还正常，或许只是喉咙深处隐隐作痒；下一刻你就变得浑身充血，心神不宁。一场感冒可以忽略不计，但假如认真统计一下，你会悚然发现，普通人一生中大约会经历 200 次感冒，那是总计相当于 5 年的鼻塞、咳嗽、头疼、咽喉痛，还有将近 1 年的因病卧床不起。为何感冒如此普遍？对其治疗方法漫长而无果的追寻，使感冒研究中心成了英式幽默嘲讽的对象。一幅漫画显示，在实验室中，一位资深科学家把手搭在一名年轻科学家肩膀上，说："我懂，我懂的！这门科学已毫无魅力可言，但至少它是个铁饭碗！"

引人入胜的经典案例

历史学家坦言，组成世界的是精彩的故事，人们通过难以忘怀的故事了解并认识世界。因此，一部好的科普作品一定包括令人过目不忘且能发人深省的动人故事。作者给出了一个百年一遇的特殊感冒的实例，提醒我们即使无足轻重、无伤大雅的普通感冒，都可能通过加剧其他疾病给人们带来灭顶之灾。1968 年，作为载人的阿波罗 7 号航天飞船的指挥官，施艾拉在到达太空后，经历了美国历史上最令人胆战心惊且闻名遐迩的一场感冒。航天飞机升空后大约 1 小时，他在距离发射前的最后 1 次体检仅仅 6 小时后，感冒来袭。喉咙的轻微不适很快发展成阻塞与充血，外加一个在地球上会肆无忌惮清涕直流的鼻子。然而，在无重力的太空中，黏液只是逗留在他的鼻腔与鼻窦间，唯一的解脱办法就是强制擤鼻涕，而这一动作又会极大地冲击他的鼓膜。由于航天飞机空间的狭小且密闭性极高，很快，与施艾拉同处舱内的同事们均染上了这种病毒，于是 3 个男人因为感冒这一小病变得暴躁乖戾，心烦意乱，几乎难以呼吸或听清别人讲话，驾驶着航天飞机在太空里横冲直撞。尽管宇航员们最后全部有惊无险地返回了地球，但这次感冒却用鲜活的实例提醒人们绝不可对感冒掉以轻心。

防治感冒的独门秘诀

以科学研究的最新成果为基础，通过大众喜闻乐见的方式进行科普创作无疑是作者擅长科普写作的独到之处。她将大量最新的研究成果汇集后萃取其精华，为读者提供了防治感冒的独门秘诀。作者指出：所有感冒的症状都大同小异，这是由于感冒症状不是由病毒的破坏性影响造成的，而是由人体对这些入侵者的反应所致。针对感冒最好的策略是按兵不动，如果你什么也不做，依然有极高的概率在 7 天内痊愈，最好的辅助方式就是充分休息并补充水分。如果非要治疗，首选使用单一成分的药物，以集中精力对付困扰自己的主要症状。出现症状时应对症治疗：在症状最糟糕的时期要尽力缓解症状，同时尽量控制鼻黏液的聚积，其诀窍就是迅速行动，保证气道通畅。咽喉痛可使用含盐水漱口，头痛、全身不适及轻度发热可服用阿司匹林、布若芬等镇痛药。止咳糖浆并不管用，因为咳嗽是机体防御的一部分，完全抑制它并非好事。不要给 2 岁以下的儿童服用任何感冒或止嗽药物，因为它们会导致荨麻疹、嗜睡、呼吸困难甚至死亡等严重不良反应的风险很高。

医学科普的任重道远

阿克曼通过多年追踪举世闻名的感冒研究中心的研究成果，用翔实的数据为我们揭穿了一系列谎言，甄别了关于感冒治疗的流言蜚语，纠正了对感冒的错误认知。令笔者由衷佩服的是，她不愧是科普写作高手，连感冒这样无人幸免的小恙居然都能写出洋洋洒洒的 200 多页。书中的不少观点颠覆了我们固有的认知，如寒冷和疲劳均不会导致感冒，睡眠时间少且质量不高的人更易于患感冒，长期暴露于各种压力氛围下形成的慢性压力更易导致感冒，童年时期家庭的社会经济地位与感冒的易感性强烈相关。感冒后最不该做的就是试图用维生素等来提升自己的免疫力。抗菌皂和洗涤剂对抗感冒毫无用处。由于引起感冒的是病毒而非细菌，所以抗生素对感冒无效。作者指出：人们应对感冒习以为常的习惯，是传统、科学和广告三大力量博弈的结果。耗费巨大人力及物力的科学研究成果对人们防治感冒行为的影响，常常敌不过源远流长的传统和抗感冒产品夸大其词的广告宣传。由此可见，医学科普不仅任务繁重，而且道路漫长。

生如夏花般绚烂　死若秋叶之静美

——《相约星期二》

如今各种新闻中，最吸引大众眼球的公益活动就是"冰桶挑战"。按照游戏规则，被点名者需要在 24 小时内作出回应，或者浇自己冰水，或者向美国肌萎缩性侧索硬化症（ALS）协会捐款 100 美元。ALS 是一种运动神经元疾病，也是当今无法治愈的致命性疾病。火爆于美国的为 ALS 筹款的"冰桶挑战"，如今在中国的筹款总额已突破 700 万。该活动的主旨就是要让公众明白"罕见病"不"罕见"。它不仅是一次公益奇迹，也日益成为一场全民狂欢。它让人们意识到，慈善未必要靠刻板的说教或刻意的煽情，以欢笑贯穿始终有时更具感染力。就在此时，笔者拜读了美国作家米奇·阿尔博姆的纪实作品《相约星期二》。该书记录了一个真实的故事：年逾古稀的社会心理学教授莫里·施瓦茨在 1994 年罹患 ALS，1 年

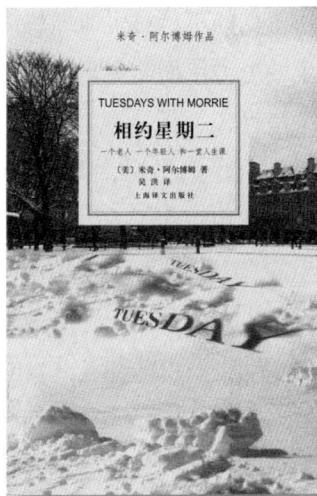

后与世长辞。作为莫里早年的得意门生，米奇在恩师病榻的 14 周里，每周二都上门与他相伴。这本记录难得人生课的小书，语言流畅，寓意深远，不仅震撼着作者，也借作者的妙笔，感动整个世界。该书已被译成 31 种文字，全球累计销量超过 1100 万册。尽管该书面世已久，但今日读来，仍有很强的针对性和现实意义。

生死相约星期二

莫里是作者米奇在大学时曾给予他许多教诲的老师。米奇毕业 16 年后的一天，偶然得知莫里罹患 ALS，来日无多。这时恩师所感受的不是对生命即将离去的恐惧，而是希望把自己多年来对人生的思考传播给更多的人，于是米奇作为老人唯一的学生，相约每个星期二上课。在其后的 14 周里，米奇每星期二都飞越 700 英里来到莫里的书房，老师单独给他上了最后 14 堂课。在这 14 堂课中，他们聊到了人生的多个侧面，为我们留下了一位临终老者对人生的思索。课程涉及如何面对他人、爱、恐惧、家庭，以及感情及婚姻、金钱与文化、衰老与死亡，随着老教授驾鹤西去，最后一堂课竟然是莫里的葬礼。《相约星期二》记载的是整个事情的全过程，是米奇 14 堂课的笔记和聆听恩师最后教诲的感悟。对于米奇来说，与恩师"相约星期二"的经历不啻一个重新审视自己、重读人生必修课的机会。作者将恩师的醒世箴言缀珠成链，便构成了此书。正因为该书的出版，莫里的课程传遍世界。孟子曰：生于忧患，死于安乐。窃以为，对人的一生来说，逆境和忧患不一定是坏事，生命说到底是一种体验。因此，对逆境和忧患的体验往往是人生难得的宝贵财富。阅读中，给笔者印象最深的是莫里笑看人生的健康心态；面对死亡，他依旧谈笑风生，拿自己"开涮"。当昔日的学生为他捶背祛痰时，他喘着气说："我早就知道你想报仇！"他认为：当你躺在床上时，你就是死人。谈及死后遗体的火化，莫里竟说"小心不要把我烧过头了"。我们没有一个人能擦掉生活过的痕迹，同样也不能重新再生活一次。莫里教授身体力行地诠释了生活中没有"来不及"这个词。他直到说再见的那一天还在改变着自己。莫里坦言：目睹自己的躯体慢慢地萎缩的确很可怕，但也有幸运的一面，因为可以有时间跟人说再见。米奇在此书的字里行间总结了莫里传授给他的人生的意义：学会爱，学会表达爱，给予别人你的拥抱、赞美、微笑，让你的爱洒满你的生活。莫里用毕生的精力践行了自撰且名副其实的碑文：一位终生的教师。余秋雨先生在该书中文版的序中指出：人人都在苦恼人生，但谁也不愿意多谈人生。大多数智者躲避这个问题，是因为领悟到自己缺少谈论的资格。如果读者能从中悟出真谛，把这份洒脱、对死亡的幽默及对生活的热爱用在健康活着的每一天，我们无疑将会拥有更精彩的人生。

不离不弃永相伴

笔者认为，该书最精彩的格言就是"一旦你学会了如何去死，你也就学会了怎样去活"。通过阅读可知，尽管莫里身体羸弱、生活无法自理，但这难以掩盖他思考人生的智慧之光。书中作者妙语如珠，醍醐灌顶的格言俯拾皆是："我们在教授一些错误的东西，你需要十分坚强才能说，别去接受无用的文化。"大多数人都无法建立自己的文化，但莫里做到了。他建立了一种人类活动的模式：相互交流，相互影响，相互爱护。这一模式充实了他的生活。谈到爱时，莫里认为爱的感情维系着我们的生命，失去爱就成为折翅难飞的小鸟。人生最重要的是学会如何施爱于人，并去接受爱。爱永远是胜者，所以要在今生今世与爱相约。涉及死亡时，莫里告诫我们，死亡不应该是令人难堪的事，他不愿意为其涂脂抹粉，来日无多和毫无价值并非同义词，死亡与不幸地活着同样令人悲哀。人生苦短，生命无常。生是一种责任，死是一种解脱，生死之间是生命的轮回。我们虽然无法选择生，但是可以选择怎样活着，为了你爱的和爱你的人好好地活着。意识到自己会死，并时刻作好准备，那么你活着的时候就会更珍惜生活。莫里解释了家庭的部分含义，不仅是爱，而且还证明有人守护着你，只有家庭能给予你这种感觉，金钱、名望及工作都办不到。如果你想体验怎样对另一个人承担责任，想学会如何全身心地去爱的话，那么你就应该有孩子。莫里坦言了对衰老的思考：衰老并不是衰败而是成熟，如果你一直不愿意变老，那就永远不会幸福，因为你终究是要变老的。接近死亡并不一定是坏事，当你意识到这个事实后，你会因此而活得更好。谈到金钱时，莫里认为，当人们得不到渴望的爱时，钱就成了替代品，但你无法用物质的东西去替代爱、善良、温柔或朋友间的情谊。莫里认为爱情和婚姻有章可循：如果你不尊重对方、不懂怎样妥协、彼此不能开诚布公地交流、没有共同的价值观，你们就会有麻烦。谈论我们的文化时，莫里认为，人只有在受到威胁时才变坏，人类最大的弱点就是缺乏远见。要有同情心和责任感，只要学会了这两点，这个世界就会美好得多。

生命终结情未了

先哲告诫我们：死亡与生命一样自然，是生活的一部分；死亡不仅是事实，更多的是对活人的启迪。死者固然已长眠无言，但亲人逝去的事实却让生者在哀悼的同时重新审视生的意义。死亡是一种强大的催化剂，令互不相识的人也会彼此报以同情的泪水。死亡终结了生命，但没有终结感情的联系。莫里坦言：在生命的起点，当我们从呱呱坠地到咿呀学语，需要依赖别人活着；在生命的终点，当自己重病缠身、生活无法自理时，也离不开别人的帮助；无需讳言的秘密是，在生命的旅途中，我们同样需要别人活着。我们惧怕死亡，是因为没把自己视作自然的一部分，人并不高于自然，有生就有死，即使死了，也不会真正消亡。只要我们彼此相爱，并把它珍藏在心里，你创造的爱和所有的记忆依然存在，你就仍然活着，活在每一个你触摸和爱抚过的人心中。莫里指出：生活是持续不断的前进和后退。人生的悲哀在于，你想做某件事，可你又注定要去做另一件事。你受到了伤害，可你知道这是无辜的。莫里认为，临死前应先原谅自己，然后原谅别人，这就是我们都在寻求的：平静地面对死亡。如果知道自己可以这样去面对死亡的话，那么我们就能应付最困难的事情，与生活讲和。

　　莫里在生命最后的时光里对人生发出由衷的感慨，或许是每个即将离世的人都会做的一项功课：此时身边需要的不是妙手回春的医生，不是整理遗嘱的律师，而是一位倾听者，一位能够耐心地听完对自己人生的总结、能够接受他对世人忠告的听众。莫里的幸运在于有忠实的学生，能在他生命的尽头与他探讨人生。或许像莫里这种能以淡然之心面对死亡的人凤毛麟角，但他带给读者的却是乐观、豁达、微笑着与生活讲和，提醒我们热爱活着的每一天，微笑面对生活的每一刻。通过米奇的妙笔生花，莫里最终用生命实践了泰戈尔对美好生活的憧憬：使生如夏花般绚烂，死若秋叶之静美。

玩家智慧之结晶　科普佳作之典范

——《贪玩的人类》

作为一名学术期刊的资深编辑，长久以来，读惯了思维缜密、设计严谨、内容翔实、文字八股的专业论文，对其思路的老套、创新的匮乏早已司空见惯。尽管其中不乏启迪思路、造福人类的经典之作，但窃以为，大众对这种仅供少数人自娱自乐的研究报告兴趣索然，发表这类文章对作者而言是一种典型的卡拉OK——使自己快乐，令读者痛苦。然而，当读到老多著、科学出版社出版的《贪玩的人类》一书时，吸引眼球的书名，融科学性、知识性、趣味性于一体的内容令笔者兴趣盎然并回味无穷。我们知道，人类社会的发展离不开科学技术的进步。追溯人类几千年来的科学发展历程，带给我们的不仅仅是智慧的启迪，还有生命的力量。该书以生动独特的语言、跌宕起伏的故事和深度反思的视角讲

述了科学从无到有，进而彻底改变人类生存状态的演变过程，并以时间为线、人物为索，以情景再现的形式还原了数千年来科学大师们探求真理过程中的奇闻逸事。为了增加阅读的趣味性，作者还亲手绘制了数十幅精彩插图，直触心底地传达了作者对科学的乐趣和玩的情趣。认真阅读该书，有益于培养科学思维、开拓教育方法、挖掘内在潜能，对科学和未来充满兴趣的读者，不妨一阅。

玩家的矢志不渝

在人类发展的历史长河里，被作者戏称玩家的科学探索者灿若群星。书中不乏耳熟能详的大家，同样充满前所未闻的智者。先哲亚里士多德认为：科学的产生需要具备惊异、闲暇和自由 3 个条件。玩给人类带来快乐，也是生命本源的所在，是每个人都拥有的力量。好奇心是科学发现之母，哥白尼和牛顿研究日心说和万有引力定律并没有任何实用的目的，纯粹出于好奇和兴趣。贪玩的人类需要这些，而科学更需要这些贪玩的智者。人类与地球上其他动物的区别，除了会说话和用双腿走路以外，那就是好奇心和玩。玩是不需要理由、最自由也最无任何功利目的的一种人类行为。

在茹毛饮血的时代，在游戏中被砸出来的锋利石头成了人类不可缺少的工具。谈到玩家，阿基米德就是一个执迷不悟、至死不渝的大师。他在洗澡时发现浮力原理，以及"给我一个支点，我能撬动地球"的豪言壮语足以证明他不仅爱玩至极，而且童心未泯。当兵败城破、罗马士兵举刀砍头之际，仍在沙盘上研究数学问题的阿基米德最后的遗言是：不要弄坏了我的圆。古希腊人玩的是基础理论，而罗马人追求的是应用技术。按照持久、有用、美观的建筑设计三原则建造千年不朽的恢弘建筑以及被全世界广泛使用的公历都是罗马人的杰作。贪玩的东方人对科学的贡献也功不可没，如今全球通用的阿拉伯数字符号其实是印度人发明的，但是由于印度人不懂得宣传自己，所以被阿拉伯人将其引入数学并传到欧洲。同理，阿拉伯人通过丝绸之路将中国古代的四大发明传遍世界。

玩家是世界上最顽强的人，不达目的绝不善罢甘休，而且从不屈服，真正提出进化论的达尔文就是典型代表。在长达 5 年的环球航行中，他饶有兴趣地观察了光怪陆离、丰富多彩的世界；而学风严谨、力求实证的达尔文在 23 年的时间里通过各种实验来证实自己的想法，导致旷世之作《物种起源》在他环游世界结束 23 年之后才得以出版。正是由于玩家们的前赴后继，我们才知道地球上第一个飞起来的是 3 亿多年前的昆虫，第一个能够飞翔的脊椎动物是 2 亿年前的翼龙，第一个飞行器是中国的孔明灯，1783 年法国人第一次坐热气球成功升天。科学的研究表明：玩的心态就是不受任何束缚，放开想象力，把不可能的事情变成可能。玩家不是否认知识的局限性和有限性，而是更崇拜创造的无限性。进入 20 世纪，伟大的天文学家哈勃发现了令人惊讶的事情：宇宙不是静止且亘古不变的，而是迅速膨胀的。

随着时代的变迁，史蒂夫·乔布斯和比尔·盖茨生逢其时。在当今世界里，乔布斯是最富有创新精神、最富浪漫艺术色彩和海盗般冒险精神的大玩家。他的特点是叛逆、浪漫、野心十足、不按常规出牌。而盖茨表现出的则是聪明绝顶、顽强、极具商业头脑。谈到成功的秘诀，乔布斯一语中的：你必须找到你所爱的东西。只有在感到饥饿的时候，我们才能对食物充满欲望；只有敢于正视无知，人们才能保持着勤于学习、不断思考的科学精神。为了对未知世界永不停息地探索，我们必须牢记乔布斯的教诲：让我们保持饥饿，保留愚蠢！

学富五车的智者

真正的科学家在奴隶社会就出现了，古希腊的泰勒斯是世界上第一个科学家。他是一位旷世奇才，被恩格斯称为古希腊最古老的哲学家、自然科学家、几何学家，是科学之父、希腊数学的鼻祖。他的主要贡献在于：提出万物源于水的观点，他是第一个无神论者；总结出规律性的几何定律；根据物体的影子测量出金字塔的高度；解释了发生日食的原因。亚里士多德是人类历史上第一个探讨思维规律的人，提出的思辨精神就是今日的科学及创新精神。他的分析方法直到今天仍然有效。

《圣经》和古代圣贤的上帝创造世界之说在欧洲传播了千年之久，直到罗吉尔·培根的出现。他提出一个很著名的思想：人之所以犯错误的原因有 4 条，即对权威的过度崇拜、习惯、偏见与对知识的自负。如何避免犯错误，他认为应该把实验当作验证真理的最有效方法，因此他成为现代实验科学的先驱。哥白尼是波兰人也是全世界的骄傲。他不过分崇拜权威，而是用批判的思维看待权威。他提出著名的日心说，然而就在他的传世之作《天体运行论》出版的当日，他溘然长逝。随着时代的发展，近代物理学之父伽利略敏锐地发现自古以来科学家的一个最致命的弱点，我们问这个世界的问题不应该是"为什么会这样？"而应该是"怎么会这样？"正因为如此，他的研究成果颇丰：利用自己的脉搏去测量比萨教堂里吊灯摆动的时间，从而发现了摆的等时性规律；通过不同的实验观测，发现了自由落体定律、抛物线运动规律等。

学者的触类旁通

回顾科学的发展史，伟大的学者们的共性就是博古通今、触类旁通。人类的好奇心比其他动物来得更丰富、更强烈。在该书的第11章，作者向我们讲述了一个经典的案例：从双簧管到望远镜。德国人威廉·赫歇尔的父亲是军乐队的双簧管乐师，赫歇尔14岁就子承父业。由于不甘寂寞的天性，赫歇尔28岁就开始浪迹天涯。当用自己制造的高倍望远镜去观测一望无际的星空时，他意外发现了天王星，这是人类用望远镜发现的第一颗行星。近代地质学的开山鼻祖查理斯·赖尔是一名职业律师，但由于他对地质学研究的挚爱和丰硕的研究成果，使其在地质学界驰名遐迩。

科学史上另一位不务正业的人就是遗传学大师孟德尔。他的职业是修道院的修士，然而却对豌豆情有独钟。在奥地利的一个修道院里，用了长达8年的时间，孟德尔对30多种不同品种的豌豆进行杂交试验，经过精心实验和反复比对、统计，他发现遗传竟然是有规律可循的。他不仅将统计学引入生物遗传学，而且他的遗传学定律为达尔文的进化论提供了强有力的支持。孟德尔的工作被后人称为与细胞的发现和达尔文的《物种起源》比肩的杰作。科学史上另一位名不见经传的普通中学老师康斯坦丁·齐奥尔科夫斯基的成功之路尤为令人瞩目。在几十年的传道授业解惑生涯中，他一直在工作之余研究与自己本行风马牛不相及的事情。通过20多年的不懈努力，凭借着自己的想象并借助前人的知识，研究出了可以让人飞出地球的理论，为后来的航天飞行奠定了基础。他终于得以梦想成真，被誉为俄国航天之父。作者认为，世界上涉猎面最广的玩家非美国发明家爱迪生莫属。他令世界对发明创造刮目相看。独创的留声机、电灯泡、电影等 1300 多项发明，真正使其达到"前无古人、后无来者"之境地。

读者的雅俗共赏

时至今日，很多才高八斗的科学家写出来的所谓科普文章，晦涩难懂，让人心存敬畏，难以接近。概而论之，其错误主要在于将科学看得太神秘、太玄乎、太高不可攀。而此书是一部很有文采、颇具趣味的科普著作。作者的科普水平和技巧非一日之功，令吾辈今生望尘莫及。

在该书中，历史上那些声名显赫的玩家的如雷贯耳之言俯拾皆是，培根的"知识就是力量"，笛卡尔的"我思故我在"，达尔文的"物竞天择，适者生存。"如果你精通科学史，此书能让你换个角度理解它；如果你略知科学史，作者能让你迅速抓住其脉络；如果你基本不懂科学史，那这本书尤为适合你，能告诉你很多科学史上有趣的故事。该书不仅内容丰富，而且在写作的风格上独树一帜，口语化的叙述语言，生动活泼的漫画插图令人得以轻松阅读，通过独具匠心地谋篇布局，融枯燥乏味的科学发展史于引人入胜的故事之中。作者以时间、人物为轴的编排方式，通过跌宕起伏的故事情节，批判性的思维方法，向读者传递科学创新精神，让科学"玩"起来。对普通大众看起来神秘的科学"金字塔"，作者带着我们去找寻其发展的源流：从公元前 7 世纪点燃科学之火的泰勒斯开始，历数提醒人们不要过分依赖权威的罗吉尔·培根，因为被苹果砸到而发现万有引力的牛顿，一直到 20 世纪提出相对论、发现光也会拐弯的爱因斯坦……当你阅读完这些后，你会发现一般人认为阳春白雪的科学一点也不玄乎，科学其实都是被这些睿智的玩家们

"玩"出来的。这里所说的"玩",就是富于科学精神。创新精神的玩,是人类的至宝。科学之火自从被泰勒斯点燃以后,就一直被玩家们高举着、传递着。正如中国科学院院士陈运泰所言,科学的发展推动人类社会不断进步,回顾几千年的科学史对今人有重要的现实意义。可惜很多科学史的书籍常让人有一种艰深、枯燥乏味的感觉。但老多的这本《贪玩的人类》则另辟蹊径,虽然讲的是科学的诞生与发展历程,却用天马行空的调侃之笔,为我们描绘了 个个改变人类历程的科学发现之路,读来别有一番味道。

读完该书才明白,科学的进步、人才的培养不可能寄希望于应试教育,而应源于人类好奇的天性和自由的探索,这才是科学的动力和源泉。然而,即使人们对这个世界和宇宙的认识逐日加深,科学家的探索也将永无止境。正如弗兰西斯·培根所言:"人类的知识之球越大,接触到的未知世界也就越多。"

科技的飞跃　科普的力量

——《3D 打印　打印未来》

　　《3D 打印　打印未来》一书以科学、客观、通俗的视角向大众介绍了 3D 打印技术，以浅显易懂的科普语言向读者介绍了打印技术的由来、技术特点、工艺原理、发展现状、未来发展趋势等内容。同时还系统整理了 100 个典型应用案例，使得该技术全面、生动地展现在读者面前。作为对机械工程一窍不通的医务工作者，通过阅读不仅了解到该领域科技的日新月异，而且从这本图文并茂、印刷精美的小书中也真正发现自己对其他领域知识的匮乏，感受到科普的力量，坚定了开卷有益的信念。

　　对专业人士而言，3D 打印其实已经不算一个新事物，但普通大众对其知之甚少。它的核心思想最早起源于美国。早在 1892 年，美国的一项专利中就提出利用分层制造法构成立体地形图。这一概

念甚至比互联网还早。3D打印早在20世纪80年代就开始逐步发展，直到最近两年，由于互联网的推动，使得3D打印的软件核心——数字模型得以高速发展，再加上劳动生产力进步和技术的革新，使得3D打印机的成本不断下降。3D打印的"硬件基础"也业已成型，从而导致3D打印的黄金时代的到来。在当今科技领域，它被誉为"一项将要改变世界的技术"，从而引发全球关注。

该书开宗明义地给出俗称"3D打印"的学名——增材制造。传统制造方法需要经过开模具、铸造或锻造以及精加工，费时费料。而3D打印不需要刀具和模具，利用三维计算机辅助设计模型在一台设备上可以快速而精确地制造出复杂结构的零件，从而实现"自由制造"，不仅突破了传统工艺难以加工或无法加工的局限，而且大大缩短了加工周期。3D打印过程好比盖楼，通过层层叠加打印材料形成完整立体物品。作为一种"以数字模型文件为基础，运用粉末状金属或塑料等可黏合材料，通过逐层打印的方式来构造物体"的技术，它的制造方式是将材料一次性融聚成型，与传统对原材料进行切削等的"减材制造"方法相反。从理论上讲，塑料、金属、陶瓷、沙子等材料做成粉状物后都可以用作打印的"墨水"。目前已有的设备种类达到20多种。3D打印技术在消费电子产品、汽车、航天航空、医疗、军工、地理信息及艺术设计等领域被大量应用。美国《时代周刊》将其列为"美国十大增长最快的工业"。美国总统奥巴马在2012年提出的发展美国振兴制造业计划，启动的首个项目就是3D打印。

该书除了对3D打印技术理论的介绍和历史的回顾之外，用了大量篇幅向公众介绍了该技术的日常应用。为了增加书籍的趣味性和可读性，使读者进一步了解该技术的广泛应用，作者使用了全书

3/4 的篇幅，向读者介绍了专家们精挑细选出的 3D 打印技术的 100 个应用案例，并对每一个案例配有令人赏心悦目的精美图片。总体来看，当今 3D 打印技术涉猎的领域包括：（1）设计领域：3D 打印可以让设计者在第一时间内实实在在地触摸并使用产品，如新型的手机外壳，用尼龙粉末打印出功能完备的自行车。在与客户交流时，有实物模型会更加方便。而设计样品的数量少，样式多变，也符合 3D 打印的需求。（2）文化创意和工艺美术产品：该技术能节省产品的制作时间，使得模型的精细度更高，真实感更强。（3）建筑模型：该技术能将建筑设计师的理念迅速地转化为真实可见的建筑模型，使得建筑设计的表现更加立体化。（4）个性化食品：使用该技术你可以在蛋糕、巧克力或饼干上打印任何图案，还可以制作带有自己面容的情人巧克力。（5）个性化的服装及制鞋：成品衣物及鞋子总难合身，量身定做非普通人所享，而 3D 打印机打出的衣服和鞋绝对合体，尤其适用于泳装和内衣。（6）创新性教育：该技术有助于创新技术的发展和创新人才的培养，如设计概念车，制作具有立体地球形貌的地球仪模型，3D 照相馆。（7）生物医学领域：它具有该技术目前最鼓舞人心的应用，个体化制造包括体外医疗模型和医疗器械、永久植入物、组织工程支架以及细胞。（8）航空航天：高性能金属零件的 3D 打印前景无限，如建立飞行器风洞模型，金属结构件的激光成形修复，3D 技术打印出的飞机模型已经能翱翔长空。（9）汽车工业：具有非常广泛的应用，如汽车整车车身开发。（10）玩具：使用 3D 打印机可以满足儿童偶像的多变，随时制造出他们喜欢的喜羊羊或米老鼠。（11）家用领域：拆笔记本电脑丢掉一个螺丝，遥控器后盖不见了，只要有 3D 打印机，一切立即迎刃而解。也许有人要问，对普通百姓而言，3D 打印技术究竟离我们有多远？2011 年，全世界已经有 2.4 万人拥有了家用 3D 打印机。一台体积小巧的 3D 打印机已经入选 2012 年美国《时代周刊》的最佳发明。

平心而论，在倡导创新的今日，3D 打印技术是满足创新开发的有力工具。它的应用和普及在一定程度上表征了一个国家的创新能力。就技术而言，3D 打印属于一种多学科交叉的先进制造技术，但目前应用的主要局限性在于材料适用范围比较窄、制件的精度不高、后处理较为烦琐等。应该说，3D 打印难以替代传统的制造工艺，它是传统技术的发展和补充。如何正确看待它，智者曾经说过：我们的社会通常会高估新技术的可能性，同时却又低估它们的长期发展潜力。中国科学院前院长路甬祥在该书的序言中指出：该书旨在科学前瞻、冷静客观并尽量通俗易懂地向公众介绍 3D 打印技术。我们要走的路很长，必须从现在开始行动。掩卷遐思，就笔者的读后感觉，此目的达到了。最后，将该书的结语抄录在此，与大家分享：3D 打印，打印梦想，打印未来！

引人入胜的诺奖体验　幽默敏锐的科普精品

——《通往诺贝尔之路》

对于全球瞩目的诺贝尔奖，从 1901 年设立伊始，在超过一个世纪的历程中，国人不仅极为关注，而且一直翘首以盼其能花落中华大地。莫言在文学领域的历史性突破，中国科技实力的大幅度提升，更增强了我国科学家问鼎诺贝尔奖的信心。时至今日，尽管对诺贝尔奖及其获奖者的介绍可谓汗牛充栋，也不乏揭示获奖者传奇经历的传记问世，但其中是否有规律可循，一直困扰着我们。最近，1996 年诺贝尔生理学或医学奖得主、来自澳大利亚的彼得·杜赫提出版了自己的新书《通往诺贝尔奖之路》。承蒙该书中文版审校者高福院士的馈赠，笔者有

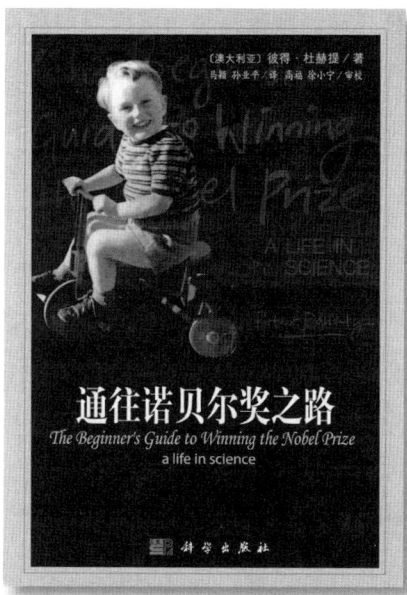

幸先睹为快。杜赫提在书中真实再现了他成为诺贝尔奖得主的传奇经历，讲述了自己所受的不墨守成规的教育、原本置身局外的感触，以及对不同观念的探寻如何塑造了自己的生活与工作。同时他对近百年来，尤其近 20 年来获奖者的情况进行了统计和分析，获得大量有益于总结规律的资料。针对研究人员的现状，作者用幽默、敏锐的笔调指出，科学在改善世界的过程中扮演重要角色。为了提高世人的科学素养，有助于科学知识的传播和普及，科学家任重而道远。最后，他总结了获得诺奖的要素，表现出优秀科学家实事求是、海纳百川、虚怀若谷的广阔胸怀。在该书中文版前言里，杜赫提高度赞扬了中国政府对科学的投入，以及我国科学家对科学孜孜不倦的追求。该书内容通俗易懂，语言风趣幽默，是那些希望取得突出成果的有志之士的重要参考读本。

幽默敏锐的科普精品

对诺贝尔获奖者而言，发表洋洋万言的学术著作易如反掌，而为普通读者撰写一本深入浅出的科普小书，用通俗易懂的语言、引人入胜的文学写作技巧来介绍自己晦涩难懂的学术研究并非易事。窃以为，作为顶尖科学家的杜赫提极具科普天赋，从多个角度对科学领域给予直观讲解。杜赫提认为，撰写该书的目的是吸引那些希望对某一特殊科学故事获得更多信息并且希望深入探索的普通读者。作为一位旁征博引的学术大家，他在书中介绍的史料翔实，信手拈来的各种励志名言俯拾皆是，真实地反映了作者毕生浸淫于科研界及对传记和历史的涉猎而获得的感悟。作者谦虚地表示此书仅为一个在医学界工作的实验师的管见，但出版后好评如潮。《自然》的评论为：杜赫提打开了科学世界的宝库。《洛杉矶时报》盛赞：这是一本充满魅力的关于杜赫提通往科学顶峰的不同寻常道路的传记。《美国医学会杂志》认为：这是一本对积极进取的科学家来说既有趣又有用的读物。

引人入胜的诺奖体验

杜赫提指出，寻求真理和逃避乏味枯燥的教条是人类永恒的特征。作者通过阿基米德洗澡的故事诠释了科学研究的过程：阿基米德做的看上去是个简单的实验（洗澡），进行了一项观察（水面升高了），提出了一个假说（他用身体置换出了等体积的水），然后以一种不但公开而且任何想重复研究的人都能掌握的方式报告了其发现。他只是抓住了很普通的东西进行思考，从而说出了一条物理学的基本原理。对于自己的经历，该书跳出传统的自传体文章框架，截取杜赫提人生旅程里精彩的片段真实展示出诺贝尔奖级水平的"庐山真面目"。作为历史上第一位拥有兽医资格的获奖者，杜赫提从在澳大利亚的出身谈起，与读者分享了他早年的兴趣，以及他与罗夫·辛克纳吉一起在 T 细胞和免疫防御本质方面的研究。对分子结构的相关研究使得其作用机制呈现出更清晰的科学蓝图，这项具有划时代意义的研究成果令他们斩获桂冠。作为基础科学家，杜赫提用敏锐且不失幽默的笔调诠释了科学家对现实的看法。他明确指出了科学希望解决的重大问题，深入浅出地解释了自己的科学工作，同时，也毫无保留地传授了自己在研究项目的选题、经费、组织以及科学论文撰写方面的经验和心得体会，及其科学研究生涯的回报。听完他成功的故事，读者将会对 20 世纪生物学的发展有更深刻的认识。杜赫提强调，科学在改善世界的过程中扮演重要角色，但由于在日常科学报道中存在大量谬误，迫切需要科学家在科普方面做得更好。

诺奖规律的管窥蠡测

作者坦言：科学的根本在于探求真相，诺贝尔的理想就是激励全世界为真理和创新而孜孜追求。科学家是按照墨菲定律（会出错的事，总会出错）生活的。科学工作需要终生承诺，需要从一而终的毅力与勇气。这将意味着踏上终生与安逸舒适无缘的坎坷人生之路。赢得诺贝尔奖之路崎岖艰辛，探寻其获奖规律无异于大海捞针。为了给后人指明前进的方向，明知皓首穷经难免会管窥蠡测，杜赫提仍知难而进，尝试从各种信息的来源中总结其规律所在。在百年诺奖的获奖者中，犹太人超过120位。20世纪前半叶，美国的获奖者低于总数的30%，但在后半叶却飙升为70%以上。过去20年中，最多的获奖者来自美国，而英国的获奖者40%出自牛津和剑桥。获得拉斯科基础科学奖的人中，半数后来获得了诺贝尔奖。除了基础研究，诺贝尔奖也非常重视科学技术的实际应用。1990年的生理学或医学奖获得者就是2位从事临床移植的美国医生。在著名刊物发表言简意赅的研究报告尤为重要。杜赫提获奖的基础是1974年发表在《自然》上的2篇短小的研究报告，它们加起来不足4页。最后，杜赫提逐条总结了他认为获得诺贝尔奖的前提条件：抓住主要矛盾，只争朝夕，做出重要发现；审时度势，扬长避短；挖掘兴趣，注重培养；谨慎选择研究领域，加入优秀团队，从善如流；专心致志，不浅尝辄止；实话实说，言简意赅；心胸宽广，兼容并包；持之以恒，坚韧不拔，败而不馁；淡泊明志，拒入仕途；强身健体，颐性养寿；保持快乐，矢志不渝。

襟怀坦荡的肺腑之言

杜赫提坚信，科学家的工作是在跨越国界的文化背景下展开的，应秉持君子和而不同。科学无国界，但科学家有祖国，尽管长期四海为家且浪迹天涯，但他依然保留着澳大利亚国籍。作为一位功成名就且拥有淡泊之心的科学家，他不仅激励和奖掖后进，还对未来世界进行了宏观预测。他在中文版序言中指出，这是一本有关科学及如何"做"科学的书。"做"能够获得诺贝尔奖级科学的"窍门"，是把研究资源有意导向促进发现与创新。这就意味着要建设一流的科研院所与大学，聘用和支持真正有才华、顶尖的年轻研究人员。科学家用的是归纳推理的方法，即从观察到概括的方法。培根写道："对人类唯一重要的知识在经验上根植于自然世界。"作者认为，自然界不能用"我们认为它会如何运作"这样的陈述来解释。对权威观点的依赖，认为权威重于推理、发现和证据，不但对真理和科学研究精神是致命的，而且对人类和整个世界都有损害。时至今日，世人已经目睹中国的发展和研究实力的大幅提升，已经具备诺贝尔奖水平的基础科学研究和获奖所需的文化基础。杜赫提深信，在不久的将来，世界将见证出自中国科学家的诺贝尔获奖者。他坦言："如果有诺贝尔农学奖的话，恐怕袁隆平先生早就得了，他的杂交水稻工程是超一流的。"笔者愿借其吉言，预祝中国科学家通过自己艰辛的努力和广泛的国际合作，早日实现自己的诺贝尔奖之梦。

寻找见识的集体智慧　有趣有料的逻辑思维

——《罗辑思维》

　　作为一位深受中国传统教育方式熏陶的知识分子，中规中矩地阅读经典著作似乎是获取知识的必由之路。然而，在日新月异的大数据时代，如果只顾躲进小楼度春秋，势必与社会脱节。在机场候机时，偶然翻阅了根据资深媒体人罗振宇的互联网视频知识脱口秀《罗辑思维》结集而成的新书，不仅扩大了管窥蠡测的视野，也给自己带来全新的理念和思维。作为国内资深媒体人和传播专家，罗振宇对置身之中的互联网时代有深刻的洞察。他是互联网知识型社群的试水者。2012 年年底，他与其他人合作打造了知识型视频脱口秀《罗辑思维》。半年内，《罗辑思维》由一款互联网自媒体视频产品，逐渐延伸成长为全新的互联网社群品牌，已经成为互联网上最受人喜爱的知识性脱口秀。《罗辑思维》

的口号是"有种、有趣、有料",倡导独立、理性的思考,做大家"身边的读书人"。柳传志先生阅读后赞赏到:一个现代文明社会,她的公民应该具有独立思考、自我反思以及与主流世界对话的能力。该书传递的正是这种现代公民精神,而这种精神才是孕育"中国梦"的温床。此书幽默风趣、案例丰富、充满激情、通俗易懂,并附有很多令人忍俊不禁的插图。笔者相信广大读者在学习、工作之余抽空翻阅一下此书,定会神清气爽,发出会心一笑。

自媒体时代的先锋

年逾不惑的罗振宇为典型的"70后",中国传媒大学博士生毕业后,曾担任中央电视台《经济与法》《对话》等节目的制片人,以前一直在体制内靠口活吃饭,而《罗辑思维》的出品人是从事传统出版的,每日写字刨食。正由于是置身于互联网大潮中的弄潮儿,他们因对互联网时代有较深刻的洞察,思路的不谋而合与行动上的通力合作,才共同创造出独立的新媒体。罗振宇认为,我们正走在向大国崛起的路上,要完成从一个受尽屈辱的民族向一个中央国家的转变,思维必须跟着转变。自媒体首先应满足独立个体的特征,提供不以媒体机构的意志为转移的内容。这种描述特别强调"人"的属性,即说人话、接地气、有标签,自媒体背后是活生生的人。他总结出自媒体的方便法门为:死磕自己,愉悦大家。他强调:"我个人不喜欢用'粉丝'这个词的描述,我更习惯称之为社群,而我像是坐在街边的'手艺人',只不过我的'手艺'吸引了十几万人来围观。"

作者认为,所谓新、旧媒体的说法其实很模糊。以文字、图片、视频为载体的传统互联网应运而生时,是将传统媒体的根基拆除，而现在出现的自媒体形式则是从互联网根基上生长出来的，是不依附于传媒机构的新物种。作者指出，人类正在从工业化时代进入互联网时代。因为技术的推动，生产的门槛低了，这就意味着好东西的产能提高了。现在新技术可以让更多有价值的想法成为现实，新窗口和新渠道也为更多声音提供了被广泛传播的可能，而智能手机的普及是最关键的原因。在他看来，自媒体不是媒体现象，而是商业现象。他指出，从自媒体的形式到内容，都是为了今后和商业挂钩。当前还在讨论自媒体能否盈利的人，一定还固守着传统媒体的惯有思维。未来将属于基于用户体验的"手艺人"经济。

互联网社群的典范

罗振宇认为，互联网正在成为我们生活中的"基础设施"，必然对传统媒体业带来根本性的冲击。由于传播介质的互联网化，受众人群和信息消费模式都将碎片化，传统大众传播将越来越难以奏效。我们一直提倡"中国创造"。作者认为创造不仅要拥有智慧，首先要付出的就是勇气，同时需要良好的创新环境。互联网将彻底改变人类协作的方式，使组织逐渐瓦解、消融，而个体生命的自由价值得到充分释放。未来的传媒将不再以信息为核心，代之以人格。魅力人格体将是新媒体时代最关键的传播节点。受众在被细分之后，会基于兴趣和对不同自媒体人的喜爱而发生分化与重组，最终形成一个个高黏度、高聚合力的社群组织。与大众传播下的规模经济模式不同，未来社群组织的生存将遵循范围经济的逻辑。

互联网到底怎样改变我们身处的时代？作者为我们提供了一种全新的思维。它是一张通往自由彼岸的人生船票。作者扮演的并非布道者的角色，而是只希望成为知识的"二传手"。作者认为，互联网就是自由人的自由联合。随着其发展，人与人的协作变得更加自由，这时以最公道的价值评价体系为市场。《罗辑思维》的价值在于互联网，在于构架常识的能力：抽离时间的焦虑，击中当下的情绪，综合知识的运用，释放新的信息快感。因为逻辑，在大数据时代，作者这样的重口味简直是最可喜的小清新。作者指出，《罗辑思维》是一个要跨越十年的互联网实验，它不仅仅是一个脱口秀，一个自媒体。通过分析不重要的小知识产生出的巨大影响，让知识激情交互，让思想充分碰撞，其志向就是要形成一个知识交换的大社区。《罗辑思维》寄托着我们对知识、自由、未来及独立的向往，承载着我们对爱智求真、积极上进、自由阳光、人格健全的公民社会的责任。

有趣有料的集合体

该书在封面上就开宗明义地诠释其核心思想：有种、有料、有趣，在知识中寻找见识。作者指出，技能有点像 U 盘，没有特定的用处，但它有一个独特社会节点的价值，插到哪儿它都可以运作。他倡导一种"U 盘化生存"的状态，个人不依附于任何组织，基于兴趣，打磨专能，与其他人进行时时协作，在市场中找到个人定价，即"自带信息，不装系统，随时插拔，自由协作"。作者提醒我们，一个人留给历史的背影往往是一门手艺，而不是组织内的真正身份，所以真正想明白的人，都不会把某个组织内的一级官衔看得太重。该书最大的特点是推荐的书目极为多，而且令人记忆犹新的妙语俯拾皆是。如"向死而生"，忘却是一种状态，而我们活着就是去死，不断地逼近那个忘的状态。作者指出，爱国是一种基本情怀，伟大是一种过奖之词，只有人格极不完善的人，才可能不爱国。爱国不一定要用武力，爱国要有常识，才能理性爱国。认清事实、审时度势、顺应趋势，才是大国的姿态。作者坦言，法律其实一直是在民意和公正的夹缝中生存，民意绝不是公正，民意是需要被驯化的"野兽"，公正则是"驯兽师"。真相的获得有时需要时间，只要时间自由地流淌，信息自由地披露，真相总会水落石出。

罗振宇像个神探，更善于挖掘整合历史的细节碎片，从一般人不注意的蛛丝马迹中找出自己想要的东西，更难能可贵的是在此基础上从令人耳目一新的独特角度和深度思考，一路趣味盎然甚至不乏悬念地讲下来，最后落脚的却是我们日常讨论的身边问题，让读者深受启迪。这一切的前提是他显而易见的社会忧患和责任担当。这种呈现方式不仅睿智而且大气。你未必全部赞同他的观点，但其眼界之开阔、思路之新颖肯定有助于我们。作者指出，恐龙拖着沉重的身躯穿越不出侏罗纪，我们载着笨重的工业时代思维也难以跃入互联网时代壮阔的海洋。在一个信息泛滥的时代，信息零价值，信息渠道也不再值钱，传播的枢纽是魅力人格体，就是有种、有料、有趣，去掉虚伪的客观中立，就是热血、主观、真实。作者强调，人生最难的不只是一辈子做好事，而是要让好事真的产生好的结果。《罗辑思维》寄托了作者团队对知识、自由、未来、独立的向往。他们怀着敬畏、坚韧及必胜之心上路，以"向死而生"的姿态前行，笔者预祝他们成功，并期待聆听沿途的见闻。

通俗易懂的经济原理　简单实用的生活指南

——《经济学了没？》

　　自古以来，经济就与人们的日常
生活息息相关；时至今日，尽管 GDP、
通货膨胀、失业率等耳熟能详的经济
学名词随处可见，但绝大多数人并非
真正了解经济学。最近读到张昱谦《经
济学了没？》一书，窃以为，非常有
助于我们这些外行人对经济学的入门。
作者在坚持学术品质的前提下，言简
意赅地迅速厘清读者头脑中混沌的概
念，不仅用通俗易懂的语言解释了晦
涩难懂的经济学原理，而且使该书成
为一本简单实用的生活指南。

轻松快乐的自学之道

　　该书是一本全面而系统介绍经济学基础知识，并运用经济学知
识解答大众关心的热点问题，以助读者切实将经济学知识学以致用

的佳作。阅读的同时也是一个寓教于乐、引人入胜的高效学习的课程。此书囊括了经济学探究中百变难离的基本问题，让读者逐一认识经济学起源、发展、涉及的重要人物及理论、学科发展的分支，将大众急切想要了解却不得其门而入的经济学知识变得易于消化，进而有助于读者学会用经济学的眼光观察身边的世界，用经济学的思维聪明购房，将理论知识指导实践，切身感受经济学对自己生活的影响，重新发现经济学的实用价值。

该书的内容包括"经济学探讨的五大主题""经济学研究的三大方法"；一览 19 世纪前至 1930 年后经济学的重要发展脉络；汲取 15 位经济学大师的思想理论精华；提纲挈领地介绍了与经济学擦出火花的 10 个学科分支；详尽解读了影响人们生活的 20 个经济学热点问题；教会读者采用经济学原理聪明购房的 4 个基本步骤。作者采用开放式课程的概念，让读者可利用碎片化时间，随时随地学习。作者对内容的编排也独具匠心，涵盖"3 分钟重点回顾""经济学小词典""大师语录""名家轶事"等便于学习且趣味十足的内容，有助于读者轻松掌握经济学知识，找到更有效的资源分配或选择方式，创造更加美好的生活。

经济学理论的鉴往知来

西方经济学的现代定义为：一种研究和思考方式，探索人类所有的社会行为、理性行为及资源分配均衡的结果。维基百科中给出的定义是：经济学是一门研究人类在有限的资源情况下做出选择的科学。经济学的主旨就是研究人类、资源和选择。无论经济学如何发展，其探讨的万变不离其宗的五大主题包括：理性的成因、经济行为的目的、如何将资源进行最有效的运用和配置、效率与效用的基础讨论、理性经济行为的追求。经济学的基本假设是人类行为源自理性，人类是为了满足感性的目标而理性的生活。感性偏重直觉，理性偏重推理。感性是无序的，是变化的；理性是有序的，有序才能发展，因为资源有限，人类必须思考如何分配资源。如果人类失去了理性，经济学也许就不复存在。经济学发展到今天，有各种不同的理论，孰是孰非？作者认为每个时期的经济学运用在当时都是正确的。

我们为何要学习经济学？作者一语中的："我们不可能拥有一个经济状况永远好的社会，反而随时要未雨绸缪，并仔细思考什么是我们要的'好经济'，才不会跟着经济周期而随波逐流。"作者提醒我们，学习经济学理论，不是为了加以遵守或者将其奉为圣旨，然后加以套用，而是要培养一种快速且正确的直觉判断力。人类的经济行为就是为了得到效用，所以理性和效用是经济学的根本核心。但效用时刻都在改变，一般而言，送他人钻石比请别人喝一杯水能让接受者更开心；但当接受恩惠者身处沙漠中饥渴难耐时，相信所有人在二选一时都会毫不犹豫地选择水而放弃钻石。

学以致用的经济原理

在 20 世纪的最后 10 年，全球经济学界普遍认为 21 世纪将是信息时代；然而当 21 世纪进入第二个 10 年后，学者们的共识改为"知识经济时代"。这一称谓的变化，深刻而科学地反映出人们对现代商业逻辑认知的发展，其基础就是认识到信息、知识、技术是不同的 3 个概念。信息是知识的输入端，技术是知识的产出端。在大数据时代，当我们面对海量信息激动不已的同时，往往忽略了消化这些信息的过程。没有这一过程，信息永远不能转化为知识。不少人认为经济学远离生活，高深莫测且晦涩难懂，即便有心想学点基础知识，却又往往不得要领，只能浅尝辄止。经济学究竟是什么？许多人都误以为它只是让教授们混口饭吃的理论空谈。在人们眼中或许它就是一串数学符号，一堆公式和图表。其实不然。作者指出，经济学研究的许多问题，都与我们的生活密切相关。哪怕是一句简单的问候"你吃早餐了吗？"也是经济学的体现。

作者认为，经济学的要义就是把生活过得理性，理性地生活。当然，即使大家都理性，但每个人考虑的方式与后果还是不同，所以就产生了资源分配的问题。由于"资源有限，欲望无穷"，所以就需要经济学来"经世济民"。作者提醒我们，学习经济学不是为了了解，而是要培养一种判断能力、一种逻辑思维、一种理性，将经济学运用到我们看似平淡的生活里，挖掘出经济学切实有用的价值。作者指出，人们许多想当然的观念其实就是经济学基础知识缺乏的表现：GDP 增长快生活就一定会好吗？最低工资越是上调，对你是否越有保障？现代人为什么都不爱生孩子？买房"陷阱多"，我们该如何精明选择？为此书中特别规划了"用经济学看世界"版块，细心挑选与日常生活紧密相关的经济学热点问题，逐一答疑解惑，从而使读者茅塞顿开。

俯拾皆是的智者箴言

通过对该书的学习，我们不仅可以认清一些原本模糊的概念，如经济学并不是高深的数学，数学只是一种学习经济学的工具；目的相同，效率才有比较的意义；目的不同，比较效率毫无意义。还对生活中一些耳熟能详的智者箴言找到了其来龙去脉，例如，德鲁特：效率是把事情做对，效用是做对的事情。凯恩斯：观念可以改变历史的轨迹。边沁：趋乐避苦乃是人类一切行为的动力。帕累托法则：在一个大的系统中，80%的结果由该系统中约20%的变量决定，即广为人知的"二八法则"。凡勃仑：炫耀性消费是有闲阶级沽名钓誉的手段。熊彼得：创新乃经济成长的引擎。哈耶克：哪里没有财产权，哪里就没有正义。弗里德曼：天下没有免费的午餐。布坎南：官僚和所有人一样有利己之心，官僚通常只是为了保住饭碗或增加权力，所以他们还真的不一定会做出对公众福祉有帮助的事。纳什：思维的理性对于人类理解自身与宇宙的关系会造成阻碍。波斯纳：对于公平正义的追求，不能无视其代价。巴菲特：风险来自于你不知道自己在做什么。卡尼曼：人们不介意犯错，但这并不意味着人们知错能改，只是人们认为自己以后一定能避免这个错误。

忍俊不禁的经济学笑话

此书不是枯燥沉闷的教科书，也并非言之无物的虚构故事。它具备专业性、系统性、高效性，能让你真正做到拿来即用。书中令读者忍俊不禁的经济学笑话和嘲讽之语比比皆是，如"经济学家每次都能成功预测5次经济衰退中的9次"等。作者给出讽刺经济学家的具有典型代表性的笑话为：一位经济学家在博物馆参观恐龙化石时，微笑着对别的游客说："这只恐龙的岁数恰好20亿岁零10个月。"惊讶不已的游客问："你是如何这么准确地知道恐龙的年龄的呀？"经济学家自信地回答："10个月前我来参观的时候讲解员告诉我当时恐龙的年龄为20亿年"。尽管这一回答令人笑不可抑，可是经济学家的推理也一点不错。其关键在逻辑，经济学的讨论必须以逻辑为基础。化石年龄都是推算出来的，并非如此精确。

作者指出学习经济学的两大必备心法：逻辑在于推理正确与否，不在于与经验是否一致。有相关，未必有因果；有因果，则必定相关，但因果往往很难确认。作者给出另一个令人捧腹的例子是：鸟类都会飞，企鹅是鸟类，所以企鹅会飞。听到这话，绝大多数人都认为说者荒唐，其实是说者的逻辑对，听者的批评有理，但重点不对。世界上的每个人都有定见及知识的局限，于是不经意间会把自己的经验误认为是逻辑，千万不要因为看到的结论与自己的经验相左就否定一切，如今活在世上的人谁也难以确保五千万年以前企鹅不会飞。因此经济学的讨论必须基于逻辑，同时不忽略假设前提。

史料翔实的科学之旅　引人入胜的科普佳作

——《科学的旅程》

　　作为一位受过高等教育且在学术团体工作 30 年的科技工作者，一直自诩具备较好的科学素养，拥有较全面的科学知识。直到花了近 2 个月的业余时间，浏览了雷·斯潘根贝格和戴安娜·莫泽撰写的《科学的旅程》这本 550 页的科普巨著后，方感自己对科学发展旅程的孤陋寡闻，对科学知识的管窥蠡测。斯潘根贝格和莫泽是美国著名科普作家，专门从事批判性思维、科学、技术和科学史的写作。该书是其代表作，共分为科学诞生、理性兴起、综合时代、现代科学及科学前沿五大部分。作者开宗明义地介绍了科学的诞生，以人物为主线，介绍了从古代到中世纪科学的先驱，然后从物理科学、生命科学及科学与社会等不同方面，按时间顺序介绍了科学史上杰出的人物和重大的事件。窃以为，该

书最大的特点是：通过口语化的叙述风格将艰深晦涩的科学变得通俗易懂，以跌宕起伏的故事情节引人入胜，在人们头脑中倡导批判性的思维方式潜移默化，典雅时尚的精致插图美不胜收，是一本让人"知其然，知其所以然"的书。笔者认为，无论为了丰富自己的知识体系，还是为人父母出于教育子女的需要，该书都是值得仔细品味的佳作。

科学之旅的全面回顾

《科学的旅程》为读者呈现的，不仅是科学成就的耀眼光环。之所以精彩纷呈，因为它是一部由正确与错误、成功与失败、优点与缺点、感性与理性、直觉与逻辑、正向思维与逆向思维编织而成的历史，是真实且立体的历史。它是一部科学思想发展史、科学观念变革史，是欣赏"批判性思维"、启发创造性思考的历史。作者以翔实的史料确证：科学的历史是一部由"正确"与"错误"共同书写的历史，是一部由"成功"与"失败"相辅相成的历史，科学是最具人性化的事物，评判性思维是科学最宝贵的精神财富。尽管如今科学的力量无处不在，但科学发展之旅并非一帆风顺。它是一部不断从错误中学习的历史。科学家们设计出一系列有助于发现自己错误的规则，使得科学有一种可以证明自身有错的内在机制。正是这种独特的纠错机制和自我批评能力，确保科学成为人类理解自然奥秘最为严谨和有效的手段，并有助于科学的发展不断突破旧思想的藩篱，超越权威，永葆青春活力。此书的独到之处在于：用相当的篇幅介绍了科学史中的失败者。作者提醒读者，在科学的探索之旅中，我们熟知的大多是名垂千古的英雄，但也应铭记那些在筚路蓝缕之路上半路牺牲的枭雄。科学的殿堂中不仅存在圣贤，也不乏凡人，其至有小人和骗子。作者在书中总结出科学思维方法的实质：倡导怀疑古训，质疑权威并鼓励自我超越。这一实质不允许大自然和他人欺骗自己，更不允许自欺欺人。作者认为当前科学教育中最缺乏的是"批判性思维"的训练，而如今更需要明晰而又具有评判性的思考能力，以及采用科学方法处理各种复杂问题的技能。

科学知识的重新科普

如今，对科学的冷漠，以及对科学家令人不安的不信任，正日益渗入大众思维。有人认为，科学只是事实和统计数据乏味而又琐碎的堆砌，是诗、魔法和一切与人性有关的美好事物的对立面。这些看法失之偏颇。作者认为，没有比科学更充满生机、充满神奇，或者更人性化的事物。科学实际上是一种思维方法，一种生动的、不断变化的对世界的看法，是发现世界背后机制的一种非常特别的方式。科学的任务就是运用科学的新方法揭示宇宙及其万物运转的机制。1833 年，英国人惠维尔造就了"科学家"一词，用来表示创建于 1831 年的英国科学促进会的会员。法国人丰特内尔是世界上第一位职业科普作家。1869 年，术业有专攻的他成为法国科学院院士。1880 年，马路上的第一盏电灯，照亮了爱迪生家乡新泽西州门罗公园的大街和林荫大道。1900 年，齐柏林飞船使空中旅行成为现实。1903 年，莱特兄弟进行了第一次动力飞行。作为医学工作者，我们熟知科学史上生命科学领域举世瞩目的 3 项伟大成就。它们分别是：1859 年，出自医生世家的达尔文提出进化论，"物竞天择、适者生存"的思想成为生命科学领域的通用理论；1865 年，孤独的奥古斯丁派修士、现代遗传学之父孟德尔，在修道院的花园中通过长达 8 年的豌豆杂交实验发现了遗传规律；1953 年，沃森和克里克发现了 DNA 双螺旋结构，人类由此破译了遗传密码，打开了生命之谜的大门。除此之外，作者也指出了科学史上人们耳熟能详的传讹：老师告诉我们 606 是经过第 606 次实验才获得正确的结果，其实不然，606 是样品的编号。

生动有趣的科学史料

作者在书中记录了许多我们前所未闻的史料：希腊哲学家泰勒斯第一个将解释严格建立在观察及推理的基础上，并率先倡导对话方式。"吾爱吾师，吾更爱真理"这句脍炙人口的名言源于亚里士多德的"我敬爱柏拉图，但我更爱真理"。尽管他曾经讲过"给我一个支点，我就能撬动地球"，但古代最伟大的实干科学家和数学家非阿基米德莫属。盖伦是继希波克拉底之后最著名的希腊医生，被公认为西方医学的奠基人。当今普遍使用的阿拉伯数字系统是由印度人最先提出的，通过阿拉伯学者传入中世纪的欧洲。源于对人体知识和解剖结构的痴迷，英国医生哈维终身在腰部挂着一把镀银的短剑，以至于解剖自己的好友、父亲以及姐姐的遗体。荷兰博物学家斯瓦姆默丹通过显微镜研究昆虫，从而赢得世界上首位真正昆虫学家的美名。1800 年，意大利物理学家伏打发明了第一只可以使用的电池。正是由于瑞典伟大的命名者林奈对物种分类的设想及成就，才使得人们可以明确区分如今全球 35 万种植物和 100 万种以上的动物。哺乳动物的卵子直到 1828 年才被发现，19 世纪末才有人观察卵子与精子的结合。曼哈顿计划是美国 1942 年 11 月开始的加工、装配和实验原子弹计划。居里夫人不仅是历史上第一位获得诺贝尔物理学奖的女性，而且罕见地分别获得物理学奖和化学奖，并且开创了两代同获诺贝尔奖的先河，其女儿和女婿也在 1935 年获得诺贝尔奖。由于将论文发表在名不见经传的期刊上，使得孟德尔在遗传史上最引人注目的研究结果居然蒙尘长达 35 年之久，1900 年，来自 3 个国家的 3 位学者同时独立地"重新发现"了孟德尔遗传定律，从而为其伟大的成就正名。

科学历史的精辟总结

作者指出，科学最早发源于人们对求知的渴望，而求知的理由往往出自实用，是为了自我生存和人类的延续。源于对周围世界的认识和理解，出自减少伤害、改善生活、治病疗伤等需要，科学实际上与巫术同根，其区别在于程序。通过科学的程序就能得到可测的结果，每当程序出错，它就会自行纠错。从观念上说，科学是一种直率而公正的集体努力，其有效运作的关键在于符合准则，有条理的思考，且坚定承认实验必须是可重复的。该书值得称道的是，作者通过独具匠心挑选的精美图片、生动有趣的文字，在科学旅途的美景中，披露了许多鲜为人知的科学家的故事，在群星灿烂的科学银河中，介绍了最杰出的科学家和最令人难以忘怀的故事。通过阅读这部图文并茂的科普佳作，笔者深刻体会到：科学理论的发展都是渐进性的，更应该提倡批判性思维。科学家要想获得成功，无论其离群索居、特立独行，或热情奔放、好争善辩，最终获得成功者必定都冒着巨大的风险，带着强烈的愿望，怀着成功的信念。最后，笔者愿以科学巨匠牛顿的名言与读者共勉：如果我能看得更远，那是因为我站在巨人的肩上。

Ⅳ 管理实践及未来科技篇

十年树木的精品研究　指点迷津的创新宝典

——《创新者的基因》

近年来，创新一词无疑是人们日常生活中耳熟能详的高频词。在2014年9月的夏季达沃斯论坛上，李克强总理最早发出"大众创业、万众创新"的号召。2015年，他在《政府工作报告》中强调"让人们在创造财富的过程中，更好地实现精神追求和自身价值。"尽管我们知道人类的学习或创新是通过观察与模仿，凡是创新型的人才都有共同的行为及基因，然而鲜有书籍或培训课程诠释何为创新者的基因。大多数创新思维培训课程不断在赘述限制人们创新思维的原因，如认知的偏差、保守的思想、画地为牢的思维定式等，但并没有系统地告诉人们如何植入创新基因。最近读到美国作者杰夫·戴尔、赫尔·葛瑞格森、克莱顿·克里斯坦森著的《创新者的基因》一书，使得笔者获益匪浅并脑洞大开，

不仅为读者提供了许多创新方面的知识，也为读者揭示了创新者的奥秘，对指导我们的创新实践具有非常切实可行的意义。

十年树木的精品研究

作者坦言：创新的力量足以带来产业革命，聚集世界财富。历史是最好的见证："苹果"iPod 击败了索尼随身听，星巴克的精选咖啡豆和氛围让其他的咖啡店黯然失色，Skype 利用"免费"策略战胜了 AT&T，eBay 从传统的广告中脱颖而出。创新型企业家迸发的创新型观点为企业带来了巨大的竞争优势和财富，他们成功的奥秘是什么？我们如何借鉴他山之石？笔者以为这正是读者开卷有益之处。作者们用翔实的数据、引人入胜的案例以及自己十年磨一剑的研究成果为立志创新者指点迷津。自古以来，人们相信个人创新的能力与生俱来，但该书作者认为大多数人在创新领域的信念，或者说被告知的信念都是错误的。专家们得出的结论是：人的创造行为只有 25%—40% 由遗传因素决定，其余 2/3 的创新技能是后天习得的。因此创新能力不仅可以学习，而且必须学习。本书作者历时多年，采访和调查了亚马逊的缔造者杰夫·贝佐斯等众多研发出革命性新产品和服务的首创者，提取出创新者的"基因"，即最具创意的创新人才具备的 5 种"发现技能"：联系、发问、观察、交际、实验。与此同时，该书提供了大量案例，详细介绍了"苹果"、亚马逊、迪士尼等世界顶级公司的创新管理经验，笔者以为对我国科技工作者极富启发性。

剖析创新的基因特征

作者通过自己的长期研究揭示出创新者的奥秘之一是思考。

他们不仅仅思想，而且是非同"凡想"。作者总结出创新者的基因特征包括 5 个：(1) 联系：多数人无法创新，是因为看不到事物之间的联系，认为知识之间没有必然的联系，习惯性地将事物割裂开来。而创新者喜欢积累各个方面的知识，并有意识地将各种知识交会融合。联系能帮助创新者将看似风马牛不相及的问题、难题或想法联系起来，从而发现新的方向。(2) 发问：创新者是绝佳的提问者，热衷于求索。经验告诉我们好的问题必然有好的答案。他们提的问题总是在挑战现状，并会激发新的见解、新的联系、新的可能性和新的方向。(3) 观察：创新者眼界开阔，有非常细腻的观察能力，通过观察，能获得对新的行事方式的见解和想法。他们往往能够同时观察到诸多现象，思考多个问题。一位优秀的创新者能够做到"仰观天象，俯察地理，远取诸物，近取诸身"。(4) 交际：创新者交友广泛，积极地通过和观点迥异的人交谈，在思维碰撞中寻找新的想法。现代社会中知识分散、信息分离导致碎片化现象严重，要想把观察到的信息变为新的创新机会就必须具备非常强的组织建设能力。(5) 实践：创新者总是尝试新体验，试行新想法，参观新地方，接触新事物，探索新信息，并且通过实验学习新事物。创新者必须能够"知行合一"，将非常好的主意付诸行动，从而将创新的梦想付诸实践。总而言之，联系是认知技能，发问、观察、交际和实验是行为技能。这些技能汇聚在一起，就形成了创新者的基因。作者坦言：通过学习，每个人都能越来越具有创新精神，只要掌握创新者特有的 5 种发现技能，就能激活深埋在体内的创新基因。而创新者之所以能够将想法化为有力影响，靠的是积极地与现状背道而驰，同时主动而巧妙地冒险。

指点迷津的创新宝典

该书作者的研究目的是试图追踪创新型、尤其具有破坏性商业思想的来源。他们采访和调查了研发出革命性新产品和服务的首创者，以及利用创新型商机创办公司并获得成功者。作者的目标并不在于调查每一个公司的策略，而是深入创新者的思想，探索他们的思考方式。主要挖掘这些创新者在什么时候、何种情况下想出这些研发新产品和创建新产业的点子；研究他们职业生涯中最有价值和最具创新性的商业构想，展示这些想法的产生过程。在此基础上，作者总结出这些创新型企业家共同的思维特点和行为方式，从而提出通过质疑—观察—交流—实践—联想这一模式，可以造就创新者的 DNA。不仅如此，作者还阐释了如何利用以上技能激发思维，如何在实践中与同事合作以实施这些想法，并在策划和组织的过程中建立自己的创新技巧，提高自己的竞争力。该书中还提供了一种自我鉴定的方法，供读者测试自己的创新 DNA。因此该书具有很强的实用性和启发性，对于提高团队的创新能力大有裨益。宝洁公司前总裁雷富礼指出：该书进一步拓展了我们曾一起探索过的创新思想，充满挑战传统、激发创新的洞见。《高效能人士的七个习惯》的作者柯维坦言，《创新者的基因》展示出杰出的创新者具有的普遍行为习惯，这些习惯可以提升任何人的创造力。从这个角度来看，创新不再是神秘的艺术，而是人人可以学会的工作必备技能。

跨学科研究的先驱　学科间融合的结晶

——《跨学科研究:科学学与系统论及全球问题探索》

作为一名医学院校毕业、长期从事期刊编辑的科技工作者,很少涉足社会科学领域。蓦然回首,已知天命,社会科学知识贫乏是自己无法弥补的人生缺憾。最近阅读了中国社会科学院研究员王兴成的新作《跨学科研究:科学学与系统论及全球问题探索》。该书不仅全面回溯了我国跨学科研究的发展历程,而且重点介绍了作者亲历的科学学和社会科学的管

理、知识经济与知识管理以及系统论和全球问题研究等。掩卷遐思,通过作者的学术研究经历,不仅见微知著地了解到我国跨学科研究的历史演变,也洞见了社会科学与自然科学相互融合的成果。

筚路蓝缕启山林

王兴成先生 1957 年毕业于上海华东师范大学外文系，1963 年金秋，奉调从上海来到北京，进入中国科学院哲学社会科学部。在这所专家云集、名流荟萃的学术殿堂，他历经光阴荏苒，斗转星移，整整度过了 50 年。昔日指点江山、激扬文字的热血青年转瞬即将跨入耄耋之年。半个世纪以来，他始终奋斗在社会科学情报研究第一线，从事跨学科的情报研究开发活动，其主攻方向为科学学、系统论以及全球问题研究等，同时通过编辑刊物《学术资料》为人文社会科学界以及相关组织管理部门提供学术信息服务。

20 世纪 70 年代末期，该书作者为"科学学"这一崭新的跨学科研究方向吸引，作为国内这一研究领域的拓荒者，开始对这门新兴学科的相关信息及时和大量地进行搜索、优选、翻译和报道。与此同时，在多种相关因素的作用下，系统论和全球问题研究也成了他学术情报研究的主攻方向。在长达半世纪的学术生涯中，他矢志不渝地奋战在这些朝气蓬勃的跨学科研究领域。在作者的成长过程中，有幸得到钱学森和钱三强先生的亲自指导。钱学森先生不仅亲自作科学学的报告，还主动与作者亲切面谈自然科学与社会科学亲密合作和强化联盟问题，真诚而着力倡导"两科"跨界合作研究和开发活动。

跨界研究半世纪

长期以来，作者及其团队在学术情报研究领域不负众望，取得了丰硕成果。该书涉及的主要成就如下：（1）将单学科研究与跨学科研究相结合，更多地关注跨学科研究。他们从事的科学学与科技管理、系统论与全球问题研究，均属于跨学科研究。它广泛跨越自然科学工程技术与人文社会科学辽阔的知识界线，为我们展现出宏大的信息空间和广袤的学术范畴。（2）将宏观与中观及微观学术情报研究相结合，更多地侧重中观与微观的相关研究。作者认为，在管理研究领域，中观管理——区域管理、城市管理、农村管理等，尤其是微观管理——企业管理、学校管理、社区管理等，始终是最为急需探讨的领域，他们也投入了尽可能多的力量，实施应用研究开发活动，并取得了丰硕的成果。（3）将学术理论情报研究与应用情报开发相结合，对后者倾注更多精力。作者提示：在科学学研究领域，既要重视科学体系学、科学社会学、科学心理学等理论科学学的研究，更要倾注最大的力量于应用分支——科技管理学、科技政策学、科技人才学等应用科学学的探讨与开发。应用学科领域的情报开发活动始终应当成为人们热衷和效力之所在。令人可喜的是，横跨上述两大领域的科学计量学近年得以蓬勃发展。（4）促进学术情报研究与相关学科专业研究相结合，各展所长，取长补短。社会科学院各学科专业研究所的专家学者，在从事各自专题研究的过程中，几乎都要从事相关学术情报的搜索、筛选、加工和整理，去粗取精，去伪存真，由此及彼，由表及里，这乃是专题研究必由之路。如要寻觅情报研究与专业研究之差异，一定各有千秋，前者也许广度较大，后者可能深度更深。（5）将国外学术情报研究与国内学术情报开发相结合，个人与团队及相关社会组织相联系，尽量加强联系的力度，提高产出的强度。他们在做好该院国外有关学术情报研究工作的同时，尽量合理运用院外的相关机构和组织，如中国管理科学研究院和中国科学学与科技政策研究会等的机遇和条件，积极参与有关国内科学学与科技管理以及系统论与全球问题研究等领域的相关活动。使院内外研究活动密切结合，互动互利，相互促进，相得益彰。

珍贵启迪留后人

回首人生，王先生总结出自己半个世纪以来从事学术情报研究的实践经验为：学术情报资料选稿和编辑的要求就是要"新、精、尖"。新就是新颖、新鲜，与陈旧和过时相对；精就是精华、精髓，与糟粕、糟糠相对；尖就是尖端、尖锐，与末梢和迟钝相对。如今的大数据时代，我们身处浩如烟海而又瞬息万变的学术信息海洋，要及时准确识别并牢牢捕捉宝贵的学术情报，这就要求研究人员拥有相关的知识储备和才能技巧，至少不能比一般专业研究人员逊色。

作者 50 年的学术情报研究活动充分说明：坚持新、精、尖的要求，加上勤奋与艰苦的劳动和磨炼，乃是做好这项工作的不竭动力和有效路径。学术情报科研人员中还流传一句业务要诀："你无我有，你有我优。"就是说学术情报研究活动一定要避免重复劳动，人家没有做过的事情我们去做；人家已经做过的事情，我们应该做得更好。他山之石，可以攻玉，笔者认为这并非仅为学术情报研究活动需要遵循的要诀，各学科专业研究活动也概莫能外。综观全书，业精于勤、天道酬勤乃作者长期学术生涯的真实写照。窃以为，在学术研究风气浮躁的当下，王先生穷其一生而获得的珍贵启迪，尤其值得我们深入思考和认真践行。

人类行为的连接影响　社会网络的最新力作

——《大连接：社会网络是如何形成的以及
　　对人类现实行为的影响》

　　当人们谈到社会网络如何形成以及其对人类现实行为的影响时，或许会联想到"六度分隔"甚至"弱连接"理论，但对"三度影响力"和"强连接"这种最新的研究成果却颇感陌生。如果你浏览过《大连接：社会网络是如何形成的以及对人类现实行为的影响》一书，就会在轻松的"悦读"中理解这些新的理论。该书是美国作者尼古拉斯·克里斯塔基斯和詹姆斯·富勒携手为我们奉献的最新力作。克里斯塔基斯是哈佛大学的社会学教授，也是社会网络研究的权威专家，因研究社会网络如何形成与运转而享誉世界，2009 年入选《时代周刊》"全球最具影响力 100 人"。富勒专注于社会网络、行为经济学、政治参

与和基因政治学研究。该书分社会网络的形成、社会网络对人类现实行为的影响、人类的现实行为对社会网络发展的强化 3 个部分。作者提出："三度影响力——社会网络的强连接原则"。这一观点开启了社会网络研究的新篇章，成为继"六度分隔"理论后，社会网络研究领域最具影响力的发现。作者讲述了社会网络是如何形成的以及对人类现实行为的影响，通过各种事例显示它如何对人类的情绪、亲密关系、健康、经济的运行和政治等产生影响。作者发现：相距三度之内是强连接，强连接可以引发行为；相聚超过三度是弱连接，弱连接只能传递信息。作者特别指出，三度影响力是社会网络的强连接原则，决定着社会网络的功能。该书提出大量看似不可思议却又得到实践检验的观点：肥胖是可以传染的，婚姻可以延长人们的寿命，人们会仅因为别人自杀就决定自杀，大多数人的坚果过敏症是心理因素所致，你所以为的自由恋爱其实是包办婚姻……相比而言，该书深入浅出，独具匠心，包含大量的故事和案例，非但没有晦涩难懂的理论，更像一本故事情节引人入胜的小说，是认识人类天性的必读之作，使读者在愉悦中获取知识并得到滋养。

社会知识的重新科普

1967 年，哈佛大学心理学教授米尔格拉姆发起了一个有趣的"传递信件"实验。一封信件在参与者手中传递，直到它被送达目标人，参与者包括大学生的妻子、股票经纪人等。结果表明，在成功完成任务的人际链条中，平均中转人数是 5 个，从而提出通过 6 个中间人就可以联系到世界上任何一个人的"六度分隔"理论。直到 2002 年，有人通过电子邮件实验重新检验了这一理论，"六度分隔"的概念才逐渐在公众中流行起来。该理论在构建人脉和商业模式方面有广泛的应用，但它并非万能。"六度分隔"描述的是"弱连接"。"弱连接"是我们与那些认识但谈不上是朋友的人之间的连接。通过"弱连接"，我们可以传递消息，创造合作机会。

影响力在社会网络上的传播遵循一定的规律，该书作者将其称为"三度影响力"原则。我们所说或所做的任何事情，都会在网络上泛起涟漪，影响我们的朋友、朋友的朋友甚至朋友的朋友的朋友。如果你关注人们是如何互相产生影响的，就必须关注"强连接"。"强连接"包括我们相伴日久的家人、同事和朋友。与他们的关系，深刻地影响我们的幸福。如果超出三度分隔，我们的影响就逐渐消失。同样，我们也深受三度以内朋友的影响。但一般来说，超出三度的朋友就影响不到我们了。因此，社会网络不仅是网络，更是社会。网络科学之所以重要，并不仅仅因为表面上它是一门新科学，其实它一点也不新，更像对人类亘古不变规律的重新注解。或许真相一直都在那里，只不过我们有了更多的科学研究方法去诠释它。作者相信，三大力量将改变 21 世纪的社会科学，即生物学的突破、社会化计算科学的发展及实验工具在社会科学中的重新应用。

科学名词的集中解读

对于医务人员，该书中许多名词都是我们第一次遇见。感谢作者的悉心体察，为增强全书的可读性，对俯拾皆是的社会学名词给予了通俗易懂的诠释。三度影响力是指影响力在社会网络上的传播遵循一定的规律。人类超个体：是指一个由许多个体组成的有机体，拥有个体身上并不具有的特性，而这种特性源于多个个体的互动与合作。社会网络连接的 3 种简单模式，水桶队列：呈直线形，没有分支，除了第一个与最后一个，每个人都与另外两个人连接；电话树：能够同时向许多人传播信息，形成瀑布流，且有助于信息的增强和保护；军队组织：在由 100 名士兵组成的连队中，每 10 名组成一个班，同班的士兵互相很熟悉，班与班之间不存在连接。网络社区是指由连接关系组成的群体之间的连接关系，群体内成员之间的连接关系更为密切。涌现特性是指整体会因为各组成部分的相互连接和互动呈现出新的特性。同理心是指站在对方立场设身处地思考的一种方式，采用这种方式人们能够在人际交往的过程中体会他人的情绪和想法、理解他人的立场和感受，并从他人的角度思考和处理问题。弱连接：是指在你的社会关系网中，与你沟通机会较少的人。集中化网络：群体内存在大量连接的网络，有利于强化群体行为。集成化网络：群体间存在大量连接的网络，有利于群体接受新行为和改变现有行为。经济人假设是指人是自私的，总是试图以尽可能低的代价获得更大的个人好处。网络人假设：人的本性中既有利他和惩罚，也有欲望和反感，所以人不会完全自私，也会考虑他人的幸福。邓巴数：即著名的"150 定律"，它指出人类智力允许拥有稳定社会网络的人数大约是 150 人，其定义为分手之后再见面时一眼就能认出来的人数。超连接：是指人们在生活中与手机、电脑等设备须臾不离，频繁使用电子邮件和社交网站的状态。

社会网络的身临其境

社会网络的两大基本要素为连接关系和传染物。前者是指谁与谁相连接，后者表明任何东西都可以沿着连接关系流动，传染物就附属在流动体上。社会网络中存在 5 大连接规则：（1）我们决定着网络的状态，可谓"物以类聚，人以群分"。正是选择的多样性，使得每个人在自己的社会网络中都居于独特的位置。(2)我们因网络而改变，网络中所处的位置也会影响到自己。(3)我们的朋友影响着我们，人们彼此影响与模仿的倾向是导致流动的根本决定因素。(4)我们朋友的朋友也影响我们。(5)网络不受网络中人的控制。大量的研究成果表明，当看见别人如何做的时候，我们会模仿别人。我们的连接关系，并不局限于我们认识的人。朋友的朋友的朋友，也可以启动链式反应，并最终连接到我们，就像遥远的波浪最终冲到我们的海岸一样。社会网络传播快乐、宽容和爱，也影响着我们的选择、行为、思想、情绪，甚至是我们的希望。

如果我们可以跟"六度分隔"的任何一个人相连接，并且最远能影响到"三度分隔"的人，那就意味着：对地球上的任何一个人而言，我们每个人对他的影响都能达到半程。导致影响力受限的原因为固有衰减性、网络不稳定以及进化生物学的作用。影响虽然有大小之分，但社会网络毫无疑问会对人们产生影响，而且社会网络对于接收到的东西有一种放大作用。每个群体都有自己的集体特性，它使得群体中的人在行为上不可思议地保持一致。道义存在于群体之中，责任感和复仇心理非常容易沿着社会连接传播。圣雄甘地说过，如果要改变世界，先要改变自己。因此，我们真正应该从身边开始，密切关注我们的社会生活。平心而论，每一位朋友都会让我们更健康、更快乐。社会网络就像我们共同拥有的一片森林：我们都准备分享其带来的好处，同时，必须齐心协力确保它的健康成长。

情绪传播的科学证据

人类有将情绪表现出来的根深蒂固的倾向。情绪的传染源于人类模仿的天性。如果人们可以自由选择自己喜欢做的事情，他们通常会互相模仿，而所有的情绪都能在不同人之间传播。因此，情绪具有群体性。人类情绪的产生、情绪的表现及读懂别人情绪的能力有助于协调群体的活动，其主要体现在便于人际关系的建立、使行为同步及沟通信息三个方面。与其他的沟通方式相比，情绪可能是传递环境信息最快捷的一种方式。社会学研究证明，2009 年额外获得 1 万美元仅能使一个人快乐的概率增加 2%。因此，与口袋里大把的钞票相比，一个素未谋面的"三度分隔"的人会对你的快乐产生更大的影响。每一个快乐的朋友，让你也快乐的概率大约增加9%。每一个不快乐的朋友，让你快乐的概率减少 7%。为此，仅有很多朋友是不够的，拥有更多快乐的朋友才是最重要的。此外，你在社会网络上接触到的快乐对你情绪的影响，取决于他们与你之间的距离，这就验证了我们说的"远亲不如近邻"。在传播快乐方面，频繁地面对面交流毫不逊色于人与人的深度沟通。因此，快乐不仅是个人的体验或选择，也是群体的共同财富。行为遗传学家估计：在理想情况下，长期快乐有 50%取决于个人的基因设定点，10%取决于各自所处的环境，40%取决于人们思考和行动所做的选择。尽管朋友的快乐确实对我们有影响，但其只能持续 1 年左右。

如果亲密、爱等核心需求没有得到满足，人们往往会体验到孤独。孤独作为一种情绪，跟后天选择的社会交往密切相关，而跟与家人天然形成的交往关系不大。孤独能够改变社会网络的结构，平均来说，总是自觉孤独者，在 2—4 年的时间里将会失去 8%的朋友。自身的焦虑能让我们生病，别人的焦虑也同样能使我们得病。恐惧与怀疑也会传染，这会让权威性大打折扣，而对于暴发性的群体性心因性疾病，权威性对结束这种流行病必不可少。总之，你若微笑，世界将回报以微笑，我们应坚持那些产生快乐的行动，让更大的群体快速实现快乐的同步化。

深奥理论的通俗解释

爱与社会网络的形成密切相关。在社会网络中，爱不是动词或名词，而是一个连词。社会中真正对人们产生影响的，是那些活生生、彼此已经建立连接关系的人。你与他人连接的路径越多，你就越容易被网络上传播的东西传染。研究显示：与配偶相识的人，68%都是经由某个认识的人介绍的，而自由恋爱的比例仅为32%。事实证明，尽管我们坚持认为命运掌握在自己手中，但社会网络是最有效率的媒人。社会网络的紧密程度最终决定亲密关系的选择。由此证明，"人们都是偶然遇见和选择自己的伴侣"这一观点是错误的。互为好友的人，彼此的影响力最强。对2500万法国人的分析表明，婚姻对健康是一种财富，婚姻能帮男人延长7年寿命，对女人仅2年。与结婚的人相比，单身者的健康更有可能受到伤害。在配偶去世后6个月内，鳏夫的死亡率高出预期死亡率40%，1年内死亡的可能性为30%—100%。对8000个美国家庭的调查表明，如果某个人的兄弟姐妹有了孩子，那么两年以后这个人也有孩子的可能性明显增加，从而验证了生孩子也传染。

不仅细菌可以传染，行为也可以，肥胖就是典型的例证。有关研究显示：互为朋友的两个人，如果其中一个人发胖了，那么另一个人也将发胖的风险几乎是原来的3倍。你可能不认识你朋友丈夫的同事，但是，他会让你变胖。同样，你姐姐朋友的男朋友，也可能让你变瘦。究其原因，既包括行为习惯上的影响，也不除外观念上的影响。但一切都是表象，真正流行的是态度。在肥胖流行的过程中，朋友之间的影响大于夫妻之间的作用。

团队合作的增值效应

社会网络是一个非常有价值的共享资源，技术进步会改变人们在社会网络上的生活方式，并会对人们的自我控制方式与社会的进步产生深远影响。在现实世界中，人们通常更关心自己的相对地位，而不是绝对地位。在社会网络中，众口铄金胜过一言九鼎。2012 年 9 月，《自然》杂志发表了 2010 年美国大选期间推送给 6100 万 Facebook 用户的政治动员信息的随机对照试验结果。研究显示，该信息直接影响了数百万人的现实投票行为：如果你从 Facebook 上知道你的朋友已经投票，那么你也更有可能去投票，而且对投票的影响符合"三度影响力"原则。奥巴马在两次总统竞选中获胜的秘籍均是充分利用了社会网络，并把投票动员作为一个重要的策略。社会网络的神奇之处在于：对人们的影响是全方位的，在线生活扩张了现实生活中的人类互动，虚拟世界中的化身让现实行为更自信，人类通过更强的流动能力产生更大范围的连接。网络让人们更亲密。然而，为了真正认清自己，人们必须探究我们是如何连接在一起的，其目的何在。

意见领袖的媒体导向

网络时代，大连接促进大合作，大合作迎接大挑战。在我们需要更多地依赖群体智慧和力量的同时，个体作用可以通过网络放大进而影响更多的人。一个人的文化程度越高，对他人的影响力就越大。正可谓：更大的网络，更小的世界。特定环境容易让有影响力的人发挥作用，但仅靠有影响力的人是不够的，人群中还必须有可以被影响的人，而新想法的扩散速度主要取决于后者的性质与数量。人们已知强连接引发行为，弱连接传递信息。我们可能很难信任社会网络上相隔很远的人，但是由于我们无法靠自己知晓这一切，从而显得他们掌握的信息最有价值。社会网络研究的重要发现是媒体并不直接影响大众，往往是一群被称为"意见领袖"的人充当媒介中间站的角色。他们在社会网络上居于最靠近中心的位置，故可以发挥更大作用。尽管传染性影响效果在逐步减弱，但其影响的人数却呈指数增加。研究表明，个别人的理性行为可以导致整个社会的非理性行为，在社会网络的作用下，群体智慧能迅速引发愚蠢行为。

社会网络的互动功效

社会网络难以理解的重要原因在于它难以控制。人们镶嵌在巨大的社会网络上，我们的相互连接不仅是生命中与生俱来的、必不可少的组成部分，更是残酷无情自然选择的结果，是一种永恒的力量。正像大脑能够做单个神经元不能做的事情一样，社会网络能够做的事情，仅靠个人是无法胜任的。我们必须与他人合作，判断他们的意图，影响他们或者被他们影响。自利并不总是有利可图的，与那些自私自利者相比，乐于助人者更能适者生存。借助网络，人类可以获得"总体大于部分之和"的功效。新的连接方式出现，一定会增强我们的能量，让我们得到上天原本赋予我们的一切。文明社会的核心在于，人们彼此要建立连接关系。它们将有助于抑制暴力，并成为舒适、和平与秩序的源泉。人们不再做孤独者，而变成超级合作者。我们付出的利他和善意是维护网络必需的，慷慨地将网络紧紧地结合在一起，而网络反过来又孕育了慷慨。

社会精英的一致赞誉

与一般的书籍不同，该书的中文版在编排上别具一格，在目录之前的 12 页中，分别以"各方赞誉""推荐序"和"中文版序"3 个版块，借相关领域的社会精英之力向读者隆重推荐该书。他们的话语中好评如潮，其中不乏源自内心的溢美之词。例如：该书告诉读者，人与人充满了广泛的连接关系，这些关系决定了在现实生活中我们是谁。社会传染就是在生成信息，因为我们都离不开信息。社会网络不神秘但有学问。社会网络不仅是"网络"，更是"社会"。即使在真实的物理世界中，我们也不清楚自己到底影响了谁以及正在被谁影响。该书的作者基于网络行为交互，研究用户之间的影响力，发现人与人之间影响力的大小取决于他们之间的距离。同时，该书能够帮助读者理解扁平化与金字塔组织在结构上的不同：灵活与机械，自组织与他组织。不仅如此，三度影响力将成为未来社会化计算的重要理论基石，并发挥不可或缺的作用。

该书是对复杂现象的剖析，全面而又通俗易懂，妙趣横生。作者分享了社会网络方面令人兴奋的创造性发现，以清晰而又有趣的方式道出了社会关系的实质以及它如何对人们产生影响。掩卷沉思，正如作者所言：人们彼此连接在一起的关键是网络思维。我们本以为自己是命运的主人，可作者告诉我们，自己不过是一个更大生物体神经系统上的单个细胞而已。

高效直接的人脉法则 人际沟通的葵花宝典

——《六度人脉》

有关研究显示，医患矛盾产生的原因，90％都是沟通不畅，窃以为，这与国内医生的培养体系和知识结构不无关系。一味强化纯医学知识的灌输，忽略人文知识的学习和人文精神的培养已经成为难以医治的痼疾。在倡导人文精神的当下，学习有关的人际关系技巧，不仅有利于丰富医者的人生，而且定会有助于医患的相互了解，从而为构建和谐的医患关系添砖加瓦。医科出身的人，要想了解基本的人脉法则，自认为李维文的《六度人脉》一书是不可多得的敲门砖。该书作者为资深的公共关系培训专家，致力于六度人脉的研究和运用，并运用其获得事业巨大成功。作者在介绍如何运用六度人脉的同时，也阐述了如下事实：如何根据自己的个性和特点，构建一个开放的、属于自己并主动伸展于无限空

间的六度人脉网，通过提升我们的社交范围，实现自己的职业发展并完善自己的情感圈。

在该书中，作者就许多问题给出了切实可行的建议。比如在会议上、聚餐时或偶然联系中如何突破人脉瓶颈，以六维度的方法建立双方联结。除了作者的经历和体验，该书也介绍了众多中外商界与政界名流的社交案例。这是一部功能强大且实用的全球最高效的人脉法则，不仅教会我们扩展、储蓄、管理并经营人脉，而且通过作者的成功经历，传授改变命运的秘籍。如何能够从纷杂的人际关系中准确地辨别出真正有用的黄金人脉，将此类人脉关系为己所用，付出极少成本并达到价值最大化，才是该书要展示的重点。六度人脉理论的最大价值，不仅在于它可以让你在人际场上呼风唤雨，更重要的是它可以帮助你全面提升自我营销能力，展示并成功地实现自我价值。该书以通俗易懂和深入浅出的方式，将各种事例和理论方法贯穿其中，从而适合不同职业和年龄的读者。

六度人脉的追根溯源

所谓六度人脉理论是指：地球上每个人都可以通过 6 层以内的熟人链和任何其他的人相联。通俗地讲："你和任何一个陌生人之间所间隔的人不会超过 6 个，即最多通过 6 个人你就能够认识世界上的任何一个陌生人。"这个理论是 1929 年匈牙利作家 Frigyes Karinthy 在短篇故事 "Chains" 中首次提出的。1967 年，美国社会学家 Stanley Milgram 设计了一种新的方法检验这一理论，将其称为 "小世界现象"。他随机从美国中西部挑选出一批志愿者，要求他们将包裹邮寄给马萨诸塞州一个素不相识的人。发件人知道收件人的姓名、职业和大致位置。按照指令，他们先将包裹寄给自己朋友圈中根据名字最有可能认识目标的一个人，那个人再以此类推，下一个人再如法炮制，直到包裹最终到达目标收件人手中。尽管参与者预计这一锁链至少会包含上百个中间人，但最终成功送达包裹的锁链中平均只有 5 到 7 个中间人，使得六度人脉理论应运而生。

2006 年，微软公司也通过现代技术证实了"六度分隔"理论的存在。他们进行的一项 MSN 网上消息传递试验表明：任何两个人平均需要 6.6 个人搭桥，就能建立联系，中间值是 7 个人，最多的为 29 个人。有鉴于此，六度人脉理论是以认识朋友的朋友为基础，通过网络扩展自己的人脉；通过无限拓展自己的人脉，在彼此需要的时候，可以随时得到该人脉的帮助。在现实社会实践中，通过六度人脉理论扩展的人脉，在社会的各个领域、各个角落中进行彼此的需求供应。简而言之，每一个擦肩而过的陌生人都有可能是你的第六度人脉。最初，六度人脉是政治圈与财经圈里高端人士必用的成功法则。政客用它获得竞选资本，商人用它获取资源。到了后来，它以强大的趋势流行到世界 160 多个国家，并开始进入我们每个人的生活。它小到改变自身的命运，大到改变整个世界。全球 500 强企业里有 80%企业的管理层都接受过六度人脉基础课训练，以便于他们用最短的时间丰富有效资源，找到想合作者。西方越来越多的父母在孩子 16 岁后送他们学习这一课程，以便于孩子在进入社会前就有意识地筛选与丰富自己的人脉库。

如今，许多人利用六度人脉获得了成功，从世界首富比尔·盖茨到美国总统奥巴马，从传媒巨头默多克到国际巨星麦当娜。洛克菲勒曾说过："我愿意付出比天底下得到其他本领更大的代价来获取这种与人相识及相处的本领。"而在好莱坞则流行一句话："成功，不在于你知道什么或做什么，而在于你认识谁。"总而言之，六度人脉理论不仅是一种人际关系的开拓工具，而且还是基于我们人生成长和完善需求的一种关系哲学。

人际关系的条分缕析

根据普遍的社交规律，现代人类社会成员之间，都有可能通过六度空间而联系起来，绝对没有联系的 A 与 B 是不存在的。宛如一张纸被折叠之后，处在最远端的 2 个点，它们的距离此时就几乎化为零。为了避免晦涩枯燥的概念，有助于理解六度人脉的内涵，作者开宗明义地为读者洞察了"人脉"：（1）根据形成的过程来划分：①血缘关系：由血缘关系构成的人脉，在固定或特定的情境中，与我们形成牢不可破的利益共同体。②地缘关系：因居住在同一地域内形成的人脉关系。③同学关系：因曾经共同在一起学习而产生的人脉关系。它在六度人脉中经常扮演极其重要的中间环节，在资源的共享方面，它的价值远远超过了血缘和地缘关系。④同事关系：一起共事和同在一家公司工作而产生的关系。⑤客户关系：客户是极为常见的人脉渠道，因为每个人在工作中都会与各类客户打交道。⑥随机关系：属于随机和不确定的人脉，是相对于陌生人而言的。（2）根据所起作用的不同来划分：一般来说，我们可以统一划分为政府人脉、金融人脉、行业人脉、技术人脉、思想人脉、媒体人脉、客户人脉等。（3）根据重要程度的不同来划分：①核心关系：最重要的人脉莫过于他们对你的事业和生活能起到核心、关键、重要和决定性的作用。②紧密关系：在核心关系的基础上扩展开来的，就是紧密关系的范围。③松散和备用关系：一般是指那些现在还未对自己造成重大影响，但将来可能会派上用场的人脉资源。（4）根据动态变化的状态来划分：①现在进行时关系：现在迫切需要及利用的人脉，与我们有密不可分的关联。②将来时关系：计划公关的人脉，或是那些将来有可能用到的关系。有了一定的基础知识后，人们必须确定自己的事业规划，同时必须明确自己真正的人脉需求。在制定自己六度人脉经营的行动计划时，作者给出以下建议：人脉结构要合理，不能混乱；人脉储备必须兼顾事业和生活两方面的需要；人脉储备必须平衡财富和心灵两方面的共同要求；人脉储备还要注意一些高层次的关系，应尽可能多地结交那些有助于我们心智提升的人脉。

总而言之，六度人脉讲的不是一种社交工具，而是一种关系哲学。在这门重要的人生哲学中，我们大体要做到3件事，才能顺利地展开自己的社交平台，并以此为依托，得到人生应得的回报：要有一个属于自己的"圈子"；真正高贵的品质是慷慨；了解你的使命，并形成自己的人生信仰和价值观。

构建平台将事半功倍

卡耐基说过：一个人的成功，最重要的是他拥有的人脉网络和人际关系平台。我们这些出身于20世纪60年代的人，从小受到的教育就是"干一行、爱一行"，窃以为就是这种理念压抑了许多人的天性，埋没了大批优秀的人才。依笔者愚见，正确的人才培养方式应该鼓励年轻人"爱一行、干一行"。每个人迈出第一步的勇气，往往来自内心强烈的交际欲望和对才华的展示。一般而言，有多少朋友和可以联接到的关系并无太大的实际意义，重要的是应该关注自己有多少关键的朋友。关键朋友的基本特征为：与自己的关系亲密，联系频繁且紧密；有强大的经济实力或智慧；理解你的内心和事业，相互拥有共同或相似的价值观，对你有深度信任。

　　该书作者认为：工作成败的关键取决于你是否建立了品质优良的人脉网并为你提供信息、传递和增强价值。而人脉联系的效率取决于关系的方向和传递：方向是你应该认识什么样的人，方向错误意味着你结交了不该认识的人，你的生活很可能从此一团糟；传递是指你应该展示和发送的信息。信息是决定胜负的关键，一旦拥有了无限发达的信息，你就拥有无限发展的可能。作者认为：成功的关键在于重点发挥自己的优势，而不是克服缺点，扬长避短才能获得更大的成功。

六度人脉的首因法则

　　作者建议，在双方作为陌生人处理随机关系时，需要你能够抢抓机遇，善于表现自己，懂得换位思考，注意给对方留下好的第一印象。或许只是一次不经意的表现，你的人生或事业从此就会与众不同。要打动别人，第一次接触自然是万分关键，这就是所谓的首因法则。它包括以下 10 个方面：(1) 自信：只有能够展示自信的人，才能得到对方的信任。(2) 气场定律：必需尽可能地展示自己的最佳状态，体现出某种出色和具有辐射力的健康气场。(3) 等待：当进入对方办公室时，不管对方在做什么，都应该耐心等待他做完自己的事情。(4) 握手：笔直伸出自己的手，力度最好与对方保持一致，并将结束的主动权交给对方。(5) 侧身：在谈判场合见面时，不要直面对方，尽量侧身。(6) 环境效应：尽可能选择在休闲的环境中见面，因为人际交往中 95% 的拒绝都发生在办公环境中。(7) 决定权：真正有决定权的人在初次见面时往往很少开口。(8) 距离：处理好与对方身体之间的距离分寸。(9) 道别：告别时应该握手和寒暄，然后以最好的状态离开。(10) 沟通：用简洁的语言表达自己的观点，并且了解对方的底线。除此之外，作者同时提醒人们应该避免以下十大人脉困局：（1）人脉资源虽然丰富，但却杂乱无章。（2）本末倒置，忽视最重要的少数关系。（3）只和固定的人交往，难以突破人脉之墙。（4）掌握不好关系的距离，招致他人反感或疏离。（5）爱管闲事，给他人留下"突出自己"的坏印象。（6）自命清高或羞于表达，与人相处缺乏主动。（7）公私不分，将私人关系与工作关系混为一谈。（8）缺乏互动和对人脉的深入发展，以为关系只要确立就可以永远保鲜。（9）以利为先，怀着功利心态交友，只想索取不愿付出。（10）识人不善，人脉越多反遭其害。因此，剖析与提升自己，让自己拥有成功的思想，然后再去展示自己的成功，这就是六度人脉理论的核心价值观。

惠人助己与利他惠己

有关研究显示：最大化利用熟人的力量是化繁为简的主要原则，95%的人力资源主管或求职者是通过人脉关系找到合适的人才或工作，61%的人力资源主管和78%的求职者认为这是最有效的方式。成功的本质不是英雄主义，而是团体协作。双方都有需要才能相互利用，这就是人脉的价值，在这个基础上，才能建立稳固的联系。作者总结出一呼百应者的共性：为人坦诚，多给予，少索取；多感恩，少指责。这样才有可能济人之困，解人之危。而步履蹒跚、鲜有人助的失败者的共性为很少反思自己，多数是抱怨或羡慕他人。在社会交往中，当涉及利益的来往时，更能快速和真实地考验每一个人的能力和品行，让你无所遁形，优点和缺点都在对方眼中暴露无遗。作者认为，人脉拓展的最终目标就是实现做事的双赢。对于关系的建立而言，沟通方式永远都是最重要的，而不是沟通的目的。我们与他人互信的建立，通常取决于以下 3 个因素：你付出了多少真心，与价值的交换发生关系，具有统一的价值观。这是最为重要的，也是最高级别的互信。

人生挚友的全面剖析

智者告诉我们：你能走多远，取决于你与谁同行。作者建议我们要抓住能带你飞翔的人的翅膀，并尽力去帮助他人。如果我们能够帮助他人梦想成真，自己也会心想事成。作者提醒我们：独木难支，一个人永远无法解决所有的问题，他需要助手，甚至需要强大的敌人，否则它不但是孤独的，也是无力的，最终将人脉枯竭。六度人脉传授的是人脉的动态经营，而不仅仅是一种静态的资源。

古人云：友谊之光就像烛火，在四周黑暗的时候最为耀眼，在日光下却黯然失色。好朋友标准中最重要的一条就是当你需要帮助的时候能够随时出现。这是一条非常苛刻的标准。其定位包括以下方面：事业上的好帮手，信念的支柱，兴趣相近、不可分离的伙伴，最无私的中介，带来好心情的使者，生活和事业上的引路人，人生的导师。此外，作者坦言：无论多么努力，上司都很难将下属视为朋友，哪怕是一般的朋友也不太可能。

面带微笑的巨大魅力

在全球化的今天，这个星球的经济总量和人口总量每天都在以惊人的速度暴涨，但人们却日益倍感孤独。因此作者认为：人脉的本质并不仅是获得事业上的成功，还需要解决我们内心的情感释放。成功除了才华和天赋带来的物质收获，还源于我们与他人内心世界丰富的情感联系。人脉从来都不是单向联系的，它是

一张大网，连接着我们每个人的内心深处。在这张大网中，我们
是其中的一个结，既是受益者，同时也应该承担助益的角色。富
兰克林曾经说过人与人之间的关系中，对人生的幸福最重要的莫
过于真实、诚意与热情。一切美的基础，都在于你拥有一颗和善
和乐于助人的心。我们感激他人，并不是因为对方强大，而是对
方在帮助自己强大，在与自己惺惺相惜、敞开心扉接纳你的进入。
作为展示魅力和涵养的工具，微笑的表情是人们用来交际的最犀
利武器。它不仅具有亲和作用，而且能迅速地缩短距离。研究显
示，50%以上的第一印象与个人内在的气质无关，而与外表和穿
着的关系更大，第一印象中大约40%与我们说话的声音有关，余
下的10%与言谈举止相关。精心修饰的外貌和第一印象会给你带
来成功和财富，同时也是你保护成功和财富最好的钥匙。

好评如潮的葵花宝典

斯坦福大学的调查显示：一个人赚的钱，12.5%来自知识，
87.5%来自人脉。掌握一度人脉的大多只是学生和普通职员，掌握
三度人脉的大多都能成为企业高管或公司老总，而掌握六度人脉
的不是总统就是娱乐巨星。作者认为不要让自己孤独地奋斗，这
是一本改变全世界孤独奋斗者人生命运的书。六度人脉是价值的
传递，你要向他人传递你的价值。别人给你提供了人脉，你也要
把自己的人脉分享出来，这样就可以形成一个人脉共享的好习惯
和氛围，也能形成一定的人脉圈子。人脉如同金钱，也需要管理、
储蓄和增值。李维文提醒我们，每个人的背后都隐藏着250个客
户——千万不要忽视任何一个不起眼的人脉关系。只要你愿意，
你可以和任何你想要认识的陌生人成为朋友，并让他帮助你成事

和成功。作者总结出最有效的人脉法则就是：找出正确的人→用最快的方法认识他→让他帮你做成事。作者倡导从今天起，你应该做一件你人生中最重要的事情——掌握六度人脉！你的努力将得到 500% 的回报，你的世界将发生神奇的改变，你想办一件事，全世界都会来帮你！就一本书而言，该书获得的好评如潮，在很短的时间内，获得《纽约时报》《人物》《时代》《环球时报》《华尔街日报》《芝加哥时报》等全球超过 180 家媒体的推荐和报道，其中美誉之词俯拾皆是：全球最高效直接的人脉法则！改变 1.6 亿人命运的神奇力量！

翻开该书，你将掌握通往财富、成功的终极秘密！大众舆论认为六度人脉是乔布斯、比尔·盖茨、巴菲特、奥巴马、李嘉诚等全球政治圈、财经圈高端人士成功的根本力量！不仅如此，在随书附赠中还有一本印刷精美的口袋书：精美超值的六度人脉黄金手册——100 条黄金法则有助于读者完善自我，改变命运。一位读者对该书的评价给笔者留下深刻印象：阅读此书就好比我们通过卫星得知还有其他的星星，还有银河，那是因为我们站在一个宏观的角度看宇宙。如果我们一直在地球上，又没有望远镜这样的辅助工具，我们怎么知道地球长什么样，如何知道还有其他星球和星系？

博学多才的专家　科普育人的典范

——《从合格到优秀》

同为20余年前医学院校毕业的挚友，笔者与许岸高教授相识已久。久未联系，突然收到作者从千里之外寄来的《从合格到优秀》一书。作为医学专业人才，能够在普通人才培养中独树一帜，教育有志者如何将自己从一名普通员工培养成高素质的人才，这的确在国内并不多见。当一口气读完这本貌似浅显的科普读物之后，笔者深为作者医学专业以外的学识而折服。真可谓：博学多才的专家，科普育人的典范。

不仅如此，该书从头到尾洗尽铅华、朴实动人，从每一章节的题目及书写风格就可见一斑。该书以"男儿当自强"作为自序开篇，向读者介绍了自己在医学专业和行政管理两方面成长的历程。在医疗上，作者从住院医师、主治医师、副主任医师到主任医师；行政管理上，历任病区主任、大科主任、医院副院长、院长、卫生局局长。短短 20 余年，作者通过自己的不懈努力实践了从合格到优秀的全过程，已经成为众人羡慕的拔尖人才。

细细品味该书，篇章和布局也与众不同。全书共分 4 章 17 节，在第一章中，主要讨论的是合格员工，内容涉及员工的基本品质，基本职责，如何能成为一名胜任的员工。在第二章中，作者详述了自己认为优秀员所应该具备的品质：良好的态度，娴熟的技能，有效的沟通能力，如何在日常工作中促进健康，制造并享受幸福。该书的第三章，教育读者如何向更高的目标迈进，就是如何走向卓越，这些修养包括培养高薪素质，建立个人品牌，培训团队精神，消灭工作缺陷，亲密顾客关系等。

在该书的最后一章，作者尤其针对初入职场者进行了非常具体的指导，包括确定自己的目标，学会做人和做事，必须养成的 10 个好习惯和一定要力戒的 10 个坏习惯。这不仅是作者多年实践的总结，也是本书的精华所在。必须养成的 10 个好习惯包括：(1) 服从指令。要服从指挥系统和上司的指令，如果对指令有意见，要勇敢地面呈上司，在没有得到同意前必须坚决服从。(2) 遵规守纪。遵规守纪的首要一步是准时。时间是一种不可再生资源，因此守时的个性尤为重要。同时，对工作上的机密和他人的隐私一定得守口如瓶。(3) 主动积极。主动积极又称"个人负责原则"。它要求对工作和自己负责，对他人热情，对恶意冷静。(4) 三思而行。做事不能鲁莽，要仔细考虑。所有的行为都从确定目标入手，以终为始。(5) 善待他人。首先要求自己了解对方，理解对方的要求，再争取对方了解自己，理解自己。(6) 要事第一。集中精力完成第一要务，避免受感觉、情绪或冲动干扰，对次要的事情勇于说"不"。

（7）双赢思维。凡事寻求利人利己方案。解决争端，尽可能寻求双方有利的方案。处理问题对事不对人，着重双方的利益而非立场。（8）多聆听。倾听是一种姿态，是与人为善、海纳百川、虚怀若谷的姿态。要能耳听八方，广纳群言，要学会倾听不同意见和逆耳之言。（9）爱好运动。想成为优秀者应该寻找一条保证自己有良好体力和精力的方法。运动是保持强健体魄和充沛精力的基础。（10）存点小钱。每月按比例把小钱存下来，养成支出比收入少的习惯。作者在书中告诉我们，一定要力戒的 10 个坏习惯包括：（1）推诿工作，（2）推卸责任，（3）贪小便宜，（4）不信守诺言，（5）业余时间放纵自己，（6）少阅读，（7）偏激好胜，（8）说话带刺，（9）过分奉承上司，（10）奢侈浪费。

该书作者通过有趣的故事和轻松的话语阐述了现代最新的人文理念和管理思想，以通俗易懂的语言表述有利于员工成长的法则和职业技巧。尽管与专业人员所著宏大的管理学著作相比，该书在管理学理论方面略显稚嫩，但有作者 20 余年的学习和管理实践作为补充，窃以为作为普通员工的培训教材并不逊色。

自古以来，国人就尊重专家，推崇个人毕其一生而专攻一术，总以为这样的人才称得上名副其实的专家，才是值得大众学习的楷模。但时至今日，即使非常勤奋好学者，穷其一生也难以完全掌握一术。笔者不才，但对"专家"一词有独到的见解。窃以为，专家就是在某一个领域有所造诣的人，也就是在自己钻研的领域才高八斗，而对其他行业知之甚少者。专家就像一位掘井人，随着掘井深度与日俱增，抬头仰望天空的范围就越小，能与其进行交流者就越少。因此，博学多才者成为今日社会之所需，众人尊重之所在。

独特的能力体系　诱人的成功之道

——《情商》

一般而言，自己喜欢做一个
新书的收藏者。每逢周末，由于
工作的性质，在各地的机场或飞
机上阅读多种书评文章时，常常
关注自己感兴趣而又获得好评的
书籍，但经常买来后便将其束之
高阁，等有闲暇的时光再认真阅
读。获悉中信出版社最新出版的
《情商》（实践版）一书，完全来
自极为意外的途径。胡大一，这
位著名的心血管专家竟然在我的
办公室中隆重推荐这本由美国人丹尼尔·戈尔曼著、杨春晓译的
非医学专业书籍，从他津津乐道的读后体验中，笔者对该书产生了
一睹为快的冲动。正值端午假期，在家认真阅读了《情商》，掩卷
之余，对胡教授医学专业以外学识的佩服之情油然而生。

丹尼尔·戈尔曼为哈佛大学心理学博士，现为美国科学促进会

研究员，曾四度获得美国心理协会最高荣誉奖项，并荣获美国心理协会终生成就奖。其经典著作《情商》畅销逾800万册，高踞《纽约时报》畅销书排行榜18个月。他曾在《纽约时报》任职12年，负责大脑与行为科学方面的报道；他还是《今日心理学》的资深编辑，文章频见于全球各重要报章。其畅销著作除了《情商：为什么情商比智商更重要》之外，还有《情商2：影响你一生的社交商》和《绿色情商》等。当《情商》一书风靡世界之后，社交与情感学习已成为一种行之有效的教育模式，情商不仅被公认为卓越领导力的基础要素，而且还是美满人生的催化剂。该书是"情商"之父丹尼尔·戈尔曼积淀数十年的最新研究成果，是该系列作品的升华与延伸。通过研读后发现，该书是对最新理论的萃取和作者务实经验的总结，已经从讲概念普及到教方法，确实能给职场中、家庭里及社会上的人们提供最新的情商指导。

实用的理论研究

"情绪智力"俗称"情商"，是1990年首次面世的一个较新的概念。《哈佛商业评论》认为情商"开创了全新的研究范式"，是近年来最具影响力的商业思想。丹尼尔·戈尔曼不仅指出自我意识、自我调节、同理心和社交技巧为情商的4大要素，还对其进行了深入分析：（1）自我意识指的是对自身的情绪、优势、劣势、需求和动机有着深切的理解。自我意识很强的人既不会过分地吹毛求疵，也不会抱有不切实际的幻想。相反，他们忠于自己，忠于他人。意识强烈的人其决定与价值观保持一致，在工作中充满激情。坦率以及准确评估自我的能力、幽默地自嘲是自我意识的标志之一。（2）自我管理对领导者非常重要。首先，能够控制情绪和抑制冲动的人是理性的人，他们可以营造信任和公正的环境，提高生产效率。其次，自我管理还有助于塑造正直无私的品格。正直不仅反映一个人的品质，还是组织的优势所在。动机是几乎所有高效能领导者必备的特质，是自我管理能力的一种变异。成就是动机的关键词，有成就动机的人寻求有创造性的挑战，热爱学习，圆满完成工作后充满自豪感。（3）同理心就是有效地理解他人，指的是在明智决策时体恤员工的感受，周全考虑其他因素。当今，同理心已经成为领导力特别重要的因素，至少有3个原因：第一是团队的应用越来越频繁，团队是情绪发酵的熔炉，团队的领导者必须觉察和理解团队中每个人的观点。第二是全球化快速发展，跨文化沟通很容易造成失误和误解，但同理心可以化解这些矛盾。第三是越来越需要留住人才。同理心对留住人才具有关键作用，领导者通常需要同理心，方可吸引和留住人才。（4）社交技巧是情商的重要组成部分，是一种带有目的的友好表示，说服人们按照你希望的方向行动。擅长社交的人往往交际面很广，而且善于发现自己与各种人的相似之处，也就是善于建立融洽的人际关系。社交技巧代表了情商各种要素的最高峰。

总而言之，从能力表现来说，情商是领导者"必不可少"的特质。幸运的是，情商是一种可以学习的能力，学习的过程并不容易，它需要时间，最重要的是需要投入。相对于其他晦涩难懂的脑科学研究成果而言，该书介绍的理论不仅通俗易懂，而且对我们的日常生活和工作有积极的指导意义。

坚实的解剖基础

自古以来，人们一直认为大脑的沟回结构高深莫测，而对智商及情商的研究缺乏精确可信的解剖学基础，因此笛卡尔"我思故我在"的名言广为流传。然而，与以往大多数心理学著作不同，本书的研究具有坚实的解剖学基础。作者发现，大脑有独特的神经中枢支配情绪智力，右杏仁核是位于中脑的情绪神经枢纽，右体感皮层是另一个对情绪智力起关键作用的区域。人们对各种想法的好恶感受，是中脑区情绪中枢与前额皮层特定区域交互的结果。与左脑相比，右脑的神经分支更长，与大脑其他区域的联系更多。情绪感染与镜神经团及岛叶等区域有关，情绪与冲动的自我调节很大程度取决于大脑执行中枢前额皮层与中脑情绪中枢的相互作用。人际联系对网络沟通产生重要影响的原因在于，社交脑和电脑分属不同的沟通界面。社交脑的接受渠道越多，人们相互协调的能力就越强。然而情商男女有别，研究发现：女性的镜神经团系统往往更发达，因此依赖镜神经团获得同理心信号的程度比男性更高。男性刚好相反，往往在激发镜神经团系统之后，进入解决问题的模式。拥有良好的迷走神经张力，不仅能够帮助我们从压力中复原，还有助于睡眠，并防止生活中的慢性压力对健康造成不良影响。

情绪智力有别于学业智力也不同于人格特征，情绪智力属于人类一种独特的能力体系。良性压力使人倾情投入，热情洋溢，备受鼓舞，促进皮质醇等应激荷尔蒙以及有益的大脑化学物质多巴胺分泌，从而高效完成工作。科学家曾断言：自然想让我们做什么，就把什么变成乐趣。动机是乐趣之所在，它包括权力需要、亲和需要及成就需要，成就动机强的人总是精益求精，是永远不会倦怠的学习者。然而，成就动机也存在负面影响，有些人因此变成了工作狂，只想着工作目标，生活因此逊色不少。这一点在只会死读书的书呆子身上特别明显，他们为了应试的高分牺牲了人生其他乐趣。

消极情绪的主要负面影响是让我们以及周围的人感到不快，使我们更悲观，更有可能遇到困难知难而退、不战而降。发挥大脑创造力的最佳途径为：首先是辨认和界定问题，其次是全神贯注、深入思考，再次是放手不管、保持放松，最后是实施。创意的想法如娇嫩的花蕾，必须小心呵护才能绽放。空闲、疲惫以及涌流 3 种大脑运行的状态重新定义了领导者的根本任务：帮助人们进入并保持最佳表现的大脑状态。涌流意味着为了工作或学习最大限度地控制情绪，是自我调节的巅峰状态。自我控制意味着自我意识以及自我调节，这些是情商的关键要素。作者认为高效的领导者能够与下属产生共鸣，双方神经系统的和谐有助于催生涌流。

翔实的研究数据

已有研究显示 80% 的飞机失事是因为飞行员犯了本来可以避免的错误，如果机组人员工作更加协调，这些错误根本不会发生。因此，团队合作、开明沟通、协调配合、注意倾听以及表达真实想法，这些社会智力的基本要素和驾驶技术一样需要在飞行员训练中得到加强。

对管理者而言，尽管在日常工作中批评是第一要务，但从情绪智力的角度看，恶意批评显示了领导者的无知，会触发被批评者的负面情绪，并影响被批评者工作的动机、能量及信心。一项面对 108 名经理人和白领员工的调查显示，不当批评的影响超过了猜疑、性格不合以及权力斗争，成为工作冲突的一个主要成因。刻薄的批评使被批评者士气低落，不再努力工作，最严重的后果是，他们自认为不能胜任这项工作。有技巧的批评传递了改进的希望，并提出了相关建议，它关注的是个人的行为以及日后改善的可能性，而不是把工作质量差归结为人格方面的原因。激发乐观主义的基本信念是：挫折或失败是由客观条件引起的，而我们可以改变这些条件，把工作做得更好。作者对批评的方法提出了如下建议：(1) 具体，提供解决方案，批评应当指明改正问题的方法。(2) 当面表达，批评和赞扬一样，在面对面和私下场合效果最明显。(3) 保持敏感，首先，把批评看作改进工作的有用信息，而不是人身攻击。其次，警惕自我辩护而不是承担责任的冲动。最后，他建议人们把批评看作与批评者进行合作、共同解决问题的机会，而不是采取敌对立场。

已有的研究显示，团队成果最优化的一个重要因素是团队成员保持内部和谐的程度，这种和谐有助于成员充分发挥才能。在表现最佳的组织，对工作完全投入的人超过不投入人的 10 倍；在表现一般的组织，其仅为 2 倍。组织气候是指影响组织工作环境的 6 种关键因素：(1) 组织的灵活性，即员工毫无障碍、自由创新的水平。(2) 员工对组织的责任感。(3) 大家设定的水平标准。(4) 业绩评价的准确性以及奖励的合理性。(5) 大家对任务和价值的理解清晰程度。(6) 对共同目标的投入程度。针对不同的组织气候，目前的研究发现了 6 种独特的领导风格，每种来源于不同的情商要素。权威型领导发动员工向目标努力，亲和型领导擅长创造感情联系与和谐关系，民主型领导通过参与建立共识，领头型领导期待员工出色的表现以及自我管理，教练型领导为了将来训练员工，高压型领导要求毫无疑义地顺从。很多研究表明，每种领导风格对组织环境各个方面的影响都是可以测量的，管理者的领导风格越多样越好。掌握 4 种以上领导风格的管理者，特别是权威型、民主型、亲和型、教练型领导风格兼备的管理者，所在公司的组织气候以及业绩表现都会很好。作者尤为推崇的办法是管理者不断拓展领导风格，最优秀的管理者能够根据需要，灵活转换不同的领导风格。

更高的社会价值

在一个工作团队中，有人无法控制自己的怒火，或者情绪低落，人们就无法聚精会神、思路清晰地记忆、学习或决策。按照一位管理咨询师的说法，"压力之下必有愚夫"。情绪智力有 3 种不同应用：一是把发牢骚转化为有用的批评；二是营造推崇多样性的氛围，而不是将其视为摩擦的根源；三是建立有效的关系网。管理人际关系意味着人际互动时我们参与塑造了对方的感受，当然效果有正负之分。从这个意义上说，人际交往的技巧包含了管理他人的大脑状态。作者给出提高情商的秘籍：首先要投入，激发大脑左前额叶区的积极力量；其次是讲求可行性，不要贪多，要从实际操作层面制定切实可行的目标。领导力不是支配和控制，而是说服人们向共同目标努力的艺术。此外，在对自己职业的管理中，最关键的是识别自己对工作最深刻的感受，了解什么样的改变能使我们对工作更为满意。

作者发现，虽然智商和技能很重要，但它们主要是一种"门槛能力"，如果缺乏情商，一个人即使受到全世界最好的训练、思维敏锐、分析力强、创意层出不穷，也无法成为伟大的领导者。智力是卓越表现的一种驱动因素，全局思维以及长远眼光等认知技能尤为重要，但情商的重要性是其他因素的 2 倍。即优秀表现者的职位越高，情商对其效能的影响因素就越大，优秀者有将近 90% 的竞争力要素可以归结为情商因素。一家全球执行力研究公司的结果显示：首席执行官被聘请是由于智商和经营才能，被解雇是由于缺乏情商。作者指出，与智商或技能不同的是，情商是一种鉴别性的竞争力，最能反映谁在一群很聪明的人当中最有号令群雄的本领。综观全球各大组织机构认为优秀领导者应有的诸多竞争力要素，领导者职位越高，其智商和技能的重要性就越低。最高效的领导者在关键方面是一致的：他们都是情商卓尔不群者。

造烛求明，读书求理。通过该书的学习，笔者不仅对情商有更为深刻的认识，而且真正意识到：一个人的成功智商诚可贵，情商价更高。古人云：处世不求无难，世无难则骄奢必起；立行不求无魔，行无魔则誓愿不坚。对于广大的医务工作者，在目前医患关系空前紧张、医疗纠纷高居不下、全力付出不被理解的社会环境中，理当志存高远而不好高骛远，提高情商的修养势在必行。为了使我们的人生更加完美，让我们时刻铭记著名成功学家卡内基的箴言：成功是由 15% 的专业技能与 85% 的为人处世构成的。

慕课项目的前世今生　别无选择的光明未来

——《慕课：人人可以上大学》

近年来，慕课引起了国际社会广泛关注，但由于盲人摸象般的认知，人们对慕课的认识千差万别。最近有幸读完美国人乔纳森·哈伯的新书《慕课：人人可以上大学》，不仅对慕课项目有了全面了解，而且为自己打开未知领域的一扇窗。该书共分6章：慕课元年，慕课的前世今生，慕课的构成要素，引发的问题与争论，实验性文化的拓展，慕课发展之前景。哈伯在书中深入探究了慕课中的决定性因素，从而寻找推动慕课发展的方式和方法。他用深入浅出的语言介绍了慕课的来龙去脉，字里行间还处处渗透着一位哲学爱好者的辩证思考。他以严谨负责的态度，对慕课进化过程中的各种争议及其本身的缺陷做出客观回应。哈伯是一个作家和研究人员，一直潜心致力于在线教育技术领域的广泛研

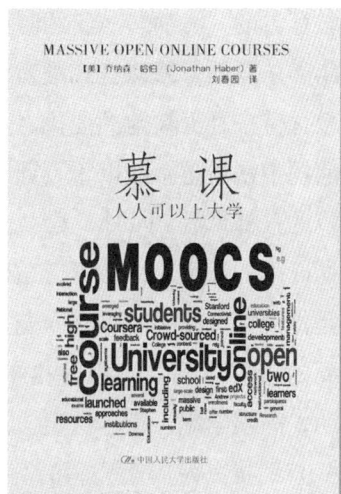

究。他不仅开发了自己的免费学习资源，而且身体力行地完成了他的自由度项目，通过慕课和其他免费的教育资源，仅在1年之内就学完了为期4年的人文学科课程。窃以为，该书是对慕课知识的全面科普，能使读者获得必要的背景知识与资料，并学会在涉及慕课的话题中基于客观事实做出积极的思考、探讨与评价。

揭开面纱一睹其真容

慕课，即"大规模开放式在线课程"（Massive Open Online Courses，MOOC），近年来在科技界声名鹊起，甚至被拥趸者喻为教育界的"海啸"。《纽约时报》宣布2012年为"慕课元年"。2013年春末夏初，慕课正式进入我国。主流媒体普遍认为，慕课为高等教育带来翻天覆地的变化，为缓解教育资源匮乏和教育水平不均衡问题带来希望。数以千万计的学生在世界各地学习来自全球顶尖名校的慕课课程；同时，数以亿计的投资流向了慕课开发公司。从慕课诞生的那天起，就不乏质疑者和反对者。愤世嫉俗者们认为它只是借助某些噱头来哗众取宠，不过是之前很多教育技术经过改头换面的包装再现，终将昙花一现，难成气候。而近年来的实践也表明，高辍学率、学分认定、评测标准、学术诚信、知识产权等问题一直困扰其发展。慕课的高辍学率无疑是批判者眼中的最佳例证，调查显示只有不到10%的慕课注册者能够善始善终。哈伯通过调研得知：很多坐而论道的评论者，无论慕课的赞美者还是批评者，实际从来没有真正参加过某项课程的完整运作过程。

哈伯认为一门货真价实的慕课必须具备：课程主体面向公众开放，学习者全免费进行学习，授课与交流通过网络进行。它不需要任何费用，也不设任何门槛，所有的人都可以顺利登陆系统端口进行学习，其唯一条件就是学习者对某项知识感兴趣并有学习的欲望。哈伯不仅亲历了很多慕课的学习和运作过程，也参与了慕课项目建设的具体设计，全程体验了在慕课平台上学习的过程，掌握了大量第一手材料，具有丰富的操作经验。作者的感悟是：鉴于一门慕课能够同时满足数十万名学习者的教育需求，其真正受益者应当是那些致力于倚借这种学习模式缩小全球教育资源差距的理想主义者与实践者。哈伯相信，只要慕课项目能够继续深入发展下去，就必然会给教育领域带来源源不断的惊喜与启示，继而为改善当今教育领域存在的诸多问题创造绝佳机会，提供多样化可选择的路径。我国具有独特的教育环境，两千余所高等教育机构已经陆续为两千万高中生提供了进入大学深造的机会。不仅如此，这些院校中的佼佼者已经或者正在成为全球性大规模教育的主要参与者与积极推动者。当前，我国的慕课项目已端倪渐显，北京大学、清华大学等名校已经推出若干课程。该书作为难得一见的他山之石，定会为我们提供更好的镜鉴。

新颖独特的教育方式

对已远离校园三十载的笔者，慕课无疑是一个新鲜事物。平心而论，在日新月异的网络时代，窃以为"新鲜"是最不新鲜的一个词。我们大脑每天要接受的新信息成千上万，人类习惯性遗忘的"本能"促使我们难以轻易地将真心付诸昙花一现的事物中。作者认为，作为一股新鲜血液，慕课拥有其他事物没有的强大"背景"和顽强的生命力，那是教育史赋予它天然的祭奠，是人类对知识亘古不变的渴求，是依靠科技的车轮一往无前驶向未来的气魄。我们探究的不仅是事物的构造，而且要了解它的来龙去脉，以及它在面对人类这个欲望无限的物种时表现出来的包容。一般人认为，只有专业人士才会关心新兴教学技术如何运用于教育领域，但慕课的横空出世令社会各界大吃一惊。对慕课现象关注的群体彻底打破了专业的藩篱，慕课采用的新颖而颇具挑战性的教学方式，在全球引起极大的兴趣与共鸣。

当今世界，有很多人都在积极关注慕课，默默地看风起于青萍之末，聆听它由弱而变强的足音。但哈伯并非置身度外的观察者，而是勇于实践的探险家。他正是经历了这种包括学习、写作、讨论环节在内的高强度、高负荷的完整体验，才有机会揭开慕课的面纱，一睹其真容。哈伯通过自己亲身实践得出结论：传统大学以课程数量、作业负荷、测试难度来评价学习效果的思维定式是非常荒谬的。慕课的特征优势在于资源的优质性与免费性，其学习过程免费、课程资源高端优质、观点权威、编排严谨。不可否认，仅从技术角度来看，慕课与在线学习模式并无本质区别；但其最独特之处，在于慕课生逢其时，因而具备了前所未有的优势：（1）鲜明的互联网基因；（2）适合广域，可实现跨地域学习；（3）基于社会关系和知识关系网络；（4）有可资商业运营的想象空间；（5）具有新时代的基因，天然地契合未来移动学习的需要。

继续教育的新型平台

从其诞生之日起，有人就预言慕课将重塑现代高等教育模式。但事实远非如此。相关统计数据表明，慕课学习者的年龄与学历水平普遍高于高等院校的在读生，只有极少数人是大学的适龄学生：麻省理工学院的学习者中 65% 的人已经获得大学本科甚至研究生学位；哈佛大学与麻省理工学院的联合调查显示 70%—75% 的人年龄超过大学在校生；爱丁堡大学约 76% 的学习者年龄超过 25 周岁，80% 的人已经获得大学本科或研究生学位。虽然慕课倡导与开发者的初衷是向学龄期青少年提供免费而优质的教育平台，使其能够不分国界、阶级、贫富等享有平等接受高等教育的权利；但从慕课的实际运行结果看，最保守的估计显示已经接受过良好高等教育的群体超过总数的 50%，且绝大多数人只非常关注课程要求，对于获取大学学分并不感兴趣。他们参加慕课的目的纯粹是为了满足学习兴趣、增加知识储备与提高修养，其显而易见的好处是学习者拥有完全私人化、弹性化的时间定制权，可以充分利用碎片时间达到目的。由于慕课吸引的学习者更倾向于参加成人教育与继续教育项目，窃以为作为一种继续教育的新型平台，慕课的前景将更为广阔。

别无选择的光明未来

哈伯指出：慕课的出现，促使高等教育机构一夜之间解禁了其全部知识储备库，改变了高等教育资源上百年来被特定机构垄断的局面，使得这些宝贵的资源得以在全球被平等分享。这将刺激并激发数目庞大的被压抑已久的教育需求，无异于一曲教育的"欢乐颂"。但慕课既非化解传统教育危机的灵丹妙药，也非投向传统教育领域的潘多拉魔盒。事实上，它仅是某种非常规现象的典型代表，并遵循亘古不变的新鲜事物萌芽与发展的轨迹——最初遭受质疑与抵制或者遭遇夸大其词的鼓动与吹捧，然后促进自身内部的变革与完善，最终寻找到某种可供其持续发展的平台；借助这种平台，它们缓慢而坚定地完成变革过程，继而演变为颠覆传统价值的工具。一言以蔽之，新技术的研发与巩固始终是慕课项目发展与进化的最为可靠的基石和最强大的推动力。

作者坚信,"别无选择"是慕课项目能够向纵深发展的根基所在,也是慕课能够持续吸引全球数千万学习者的根本原因。它为全球所有希望以知识改变命运的群体打开了一扇通往平等与进步的大门,而在此之前,这扇门从来没有为他们敞开过。至于目前的应用效果仍不尽如人意也极为正常,因为"果实的成熟需要光明与光阴的双重培育",一切皆需依赖时间的积累。如果慕课项目始终将自己定位为某种创新性与实验性文化,继续面向全球所有渴求知识却"别无选择"的群体免费提供高端优质的在线教育服务,并且情愿作为教育创新与繁荣的实验者屹立于源源不断的质疑与批判声中。那么,无论其现状如何,也无论其将走向何方,它都必将在人类高等教育的进化史上留下浓墨重彩的一笔。

独具魅力的杂志书籍 人与机器的共同进化

——《1024 人与机器共同进化》

在网络技术日新月异的当下，碎片化阅读已经取代传统的读书成为人们获取知识和信息的主流，就连我们这些酷爱读书的"前朝遗老"，也不得不承认：书籍由于太厚，或许并不是最好的阅读载体；由于出版周期太长，原本新鲜出炉的思想或许读到时已经成为故事。为此，美国《连线》杂志创始主编凯文·凯利指出，阅读你想要获得观点的长文，在全球已经成为趋势。最近读到《1024 人与机器共同进化》一书，不仅眼界大开，而且颠覆了自己多年的固有思维。窃以为，该书并不是一本专注于讨论人和工具的书，其笔墨着重于未来，也许未来才是一种更为深邃的存在，作者们站在未来主义的制高点上解读了高科技正在形成的趋势及其远景，是对常见科幻元素的一次大规模深度科普。

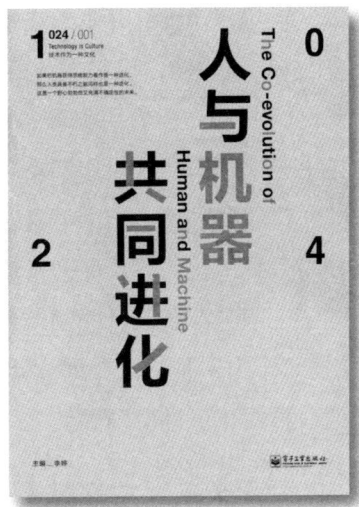

独具魅力的杂志书

对一位多年从事科技期刊的出版者而言，"Mook"无疑是一个前所未见的新生事物。"Mook"是一个英日混血的组合单词，即将杂志（Magazine）和书籍（Book）合在一起，成为独具魅力的"杂志书"。该书是笔者接触到的第一本杂志书。从形式上看，它通过长文集合来传递信息，以更快速的聚合来提高时效性，更丰富的观点来增加多元性。从内容上讲，以"技术作为一种文化"为核心导向，深入广博地探讨了技术是如何变革社会生活，并重塑文化土壤。当然，作者们并不总在谈论"技术"，那些与"极客"有关的"热爱"和"癖好"，也都在此开放分享。换言之，出版者试图以一种新的阅读形式，为一类有共同兴趣的人，量身定做一种阅读体验。该书为《1024》这一定期出版物的处女作，是国内第一本专注于科技文化的杂志书。书中汇集了十几位重量级科技精英的论点，就科技与人类进化的关系展开了激烈的争论。它将目光聚焦于人与机器的未来这个万众瞩目的领域，通过探讨两者共同进化的关系，探索"技术作为一种文化"对人类未来的影响，致力于将全世界最优秀的科技文化引进中国并使之本土化。

学术大家联袂奉献

该书的作者高手云集，包括在互联网、生物技术、人工智能、技术哲学等领域的顶尖思考者和实践者。帕拉格·卡纳是政治经济学家，被《君子》杂志评为"21世纪最具影响力的75人"之一。雷·库兹韦尔是发明家、企业家、未来学家，2012年底加盟Google担任工程总监。比尔·乔伊是计算机科学家，被《财富》

杂志誉为"网络时代的爱迪生"。尼克·博斯特罗姆为瑞典哲学家，牛津大学人类未来研究院主任，被《外交政策》评为"全球 100 位思想家"之一。迈克尔·德图佐斯是麻省理工学院计算机科学实验室主任，他领导的实验室产生了许多令世人震惊的创新，例如电子表格、加密技术以及关键的互联网技术等。大卫·西格尔为《纽约时报》资深记者，他的团队凭借对"苹果"等公司的数十篇系列报道获得 2013 年普利策深度报道奖。弗诺·文奇是圣地亚哥州立大学数学教授、计算机科学家、科幻小说大师，五捧雨果奖。斯图尔特·布兰德是《全球概览》创始人、出版人，同时创立和联合发起了一系列组织，包括全球商业网络和恒今基金会。尼尔·格申菲尔德为麻省理工学院教授，在 2004 年被《科学美国人》评为"美国 50 位最优秀的科学家"。大卫·布林是美国科学家、科幻大师，其多部小说揽获科幻小说最高荣誉——星云、雨果、轨迹三奖。

人与机器共同进化

窃以为，该书向读者传递的主要信息包括：人类创造机器的初衷无疑是为了弥补自身的不足，如果把机器获得思维能力看作一种进化，那么人类具备不朽之躯同样也是一种进化。在人们一厢情愿地猜测机器将在不远的将来赶超自己而惶惶不可终日时，人类其实还有一个机会——变得更像机器。这并非科幻小说，而是正在发生的现实。这是一个野心勃勃但又充满不确定性的未来。书中收录的 8 篇专题文章解析了在共同进化的漫长道路上，人与机器如何成为对方的投射，以及由此衍生出的永恒话题——伦理与道德的困境。在书中结集的其他 12 篇专栏文章中，"工具"独具匠心。它包括 3 个小部分，分别阐述了人与工具的联系、具体工具的展示，以及使用工具制作，旨在凸显科技时代人和工具的新关系。记得先哲说过："一件工具可以有效地拓展一个人的精神世界"。该书很好地诠释了工具里包含的认知、对效率的提升及对人力的拓展。以往工具在人类面前是脆弱的，我们可以随意地毁灭任何工具；而现在人们越来越依赖网络与计算机，这两者已经深度融入了每个人的生活。"未来"则是由布兰德创建的恒今基金会独家授权的演讲，来自历史学家与未来学家的一次交锋。"遗产"为我们讲述了《全球概览》近半个世纪前不可思议的出版故事，重现了一次反主流文化之旅。该书的收尾之作献给不久前辞世的恩格尔巴特，感谢他为人类留下的不朽遗产。顾名思义，机器本质上是工具的复杂形式，而之所以成为工具是由于在其中固化了人类的认知。自从人类的认知能够以某种形式得到积累和沉淀以后，人类及其认知便组成了自强化系统，所以人与机器必将会共同进化。

混合现实恰逢破晓

在动荡的 20 世纪 70 年代中期，托夫勒夫妇透过未来的重重迷雾，以难以置信的精确在《未来的冲击》一书中描绘出我们今天所处的境地。作者最基本的观点是：变化的速度已与变化的内容同等重要，而且二者的联系也愈加紧密。该书的作者提醒人们：技术不仅影响了物质和经济，同时也对社会和人们的心理造成了冲击。技术（如手机）在让我们感到自身强大的同时，也使我们更加脆弱，容易患上"无手机焦虑症"之类的新病。调查显示：58%的千禧一代宁愿选择放弃自己的嗅觉，也不愿放弃手机。手机早已变成我们连通世界的命脉，不仅能优化人们的日程，其内嵌的 APP 还能慰藉我们的心灵。作者指出，如今我们已经站在信息时代的最前沿——混合时代。这个新的社会技术时代，正随着技术与技术的融合以及人与技术的融合逐渐降临。未来既不是"生物时代"，也不是"纳米时代"或"神经元时代"，而是所有这些时代的混合体。不同学科的合并，使它们能够从根本上改变创新的指标：不只是要求更轻更小，还要求隐性与整合。电脑作为一个物件，将在本世纪内从我们的视野中完全消失，并悄无声息地融入人造环境里。人们将从如今通过增加路由器来扩大无限网的范围，进步到通过改进LED灯泡，使用光线来传播数据。在信息时代，现实世界中的物体，得到了在数字世界中的"影子"。而当信息时代日落西山、混合时代随之来临之际，这些影子将拥有自己的生命形式。

医学从治病到强体

作者认为，只要不违背物理定律，一切皆有可能。人类所有的自然生物过程，正日益受到技术干涉，作者在书中为我们描绘出极为鼓舞人心的远景。数字化健康公司将传感器嵌入药物，当药物被摄入后，传感器会发送信号激活皮肤上的诊断贴片，来测量身体反应及生命体征。一些更为先进的复杂技术，也被用于推动人类医疗水平从治疗到强体的跨越，即改善人们的机体和认知能力，使其超越由基因决定的范围。医疗领域的协同合作、私人实验室的顶尖研究以及互动健康社区的数据收集与共享，正使我们的医疗体系变得越来越具有生成性，并微妙地支持从治病到强体的转变。如今，我们距离"不只治病还能强体"这一可能性的广泛应用越来越近。以生物机电为例，它集合了生物学、电气工程和机械物理，创造出了几乎同人的天然四肢一样好用的逼真假肢。生物工程、光遗传学和神经义肢技术的结合，最终将会把人变成一种拥有再生组成部分的半机械人，从而对衰老和疾病产生有效免疫。病毒学领域的公司正在开发能够增强人体细胞能力的合成酶，以此来对抗所有的病毒，而抛弃目前针对新出现的病毒株进行的没完没了的护卫战。通过可穿戴设备提供的数据，加上知识共享社区和人工智能的健康应用程序，人们不再完全依靠医生，而越来越相信他们具备对自己的健康作最终决定的能力。通过智能手机和医疗保健应用程序来监测生命体征，再加上便携式的医疗设备，医生们完全可以在拥有基本技能的护工或机器人的协助下，远程接诊成千上万的患者。

因此，从治病到强体的转变，其应用范围早已超越救死扶伤。人类对于自身完美的追求，就如同对于科学真理的追求一样永无止境。

海量数据的中国之路　针砭时弊地预见未来

——《大数据在中国》

8月初的北京骄阳似火，天气的炎热正如社会各界对大数据的热捧。放眼主流媒体：大数据助奥巴马当选美国总统，让马云、马化腾、李彦宏成就其帝国，使《纸牌屋》在全世界热播，令华尔街预测股票涨跌，凭大数据百度成功预测今年世界杯德国夺冠，大数据也必将改变每个中国人的命运。然而，对整日忙碌于治病救人的医务人员而言，似乎对扑面而来的海量数据无暇以顾，始终置身事外。最近有幸阅读了赵伟著的《大数据在中国》。这本刚刚面世的新作，用最精简的文字、最翔实的案例分析了大数据的特点、原理以及在当下中国各个领域的运用。同时指出了我们的优势和劣势，如何将"大数据思维"转化运用到管理、营销以及生活的方方面面，作为个人又该如何搭上"大数据"的快车实现自己的理想。

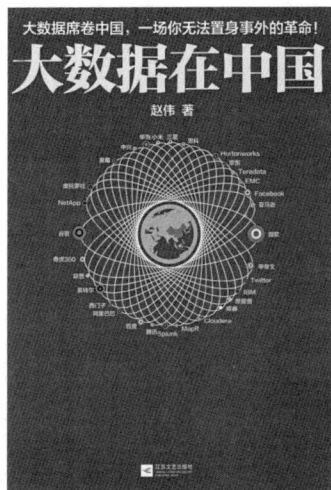

该书不仅介绍了微软、亚马逊、谷歌等大数据先锋公司最具代表意义的应用案例，也展示了阿里巴巴、腾讯、百度等百亿公司在大数据上的中国式突围。置身一日千里的大数据时代中，有兴趣者不妨翻阅一下该书，或许会开卷有益。

海量资料的目不暇接

尽管大数据一词在世界范围内从 2011 年就声名鹊起，但作者认为公众对这一新概念的认识难免失之偏颇。大数据，或称巨量资料，指的是资料的数量规模巨大到无法透过目前主流软件工具，在合理时间内达到撷取、管理、处理并整理成为帮助企业经营决策更积极目的的资讯。举例来说，数据如同人体的血液，大数据则是整个人体系统与血液有关的部分。大数据带来的影响包括预测未来，变革商业，变革思维。大数据时代具有 3 个显著特点：第一是大，海量的数据；第二是快，可以通过公共数据库快速获取；第三是不再热衷寻找因果关系，而更加关注相关关系。长期以来，统计学家总是将兴趣放在提高样本的随机性而不是数量上；大数据的非标准性，迫使我们要讲究效率而可以不追求极致精确。对任何数据而言，实时性尤为重要。时至今日，有关大数据的书籍可谓汗牛充栋，但窃以为此书是迄今为止最深入浅出、最实用的大数据类图书，是最接地气的介绍大数据时代的现在与未来之作。

作者不仅介绍了大数据在中国的现状，而且坦言大数据正在改变中国。全书共分 11 章，对有关问题进行了全面而系统的介绍：什么是大数据，大数据时代给世界的巨大转型机会，中国如何搭上大数据快车，中国首批重视大数据的千亿公司，大数据与技术、思维、生活、社交、管理变革，如何抓住大数据机遇，通过掌握大数据成为未来世界的主人。通过阅读我们获悉：全球知名咨询公司麦肯锡第一次提出"大数据"概念，大数据最核心的作用是可以"预见未来"，与我们的工作、生活、社交都将息息相关。

相关分析的日新月异

如今，人类每天创造的数据相当于 2000 年全年的数据量。仅 1 分钟内，网上新发的微博数超过 10 万，社交网站 Facebook 的浏览量超过 600 万次。我们有理由相信，随着互联网、各种移动平台越来越广的拥有率和使用频率，这个数字将日创新高。在海量的信息中，凭借日益增强的数据分析能力，人类得以有效实现对未来的预测。大数据最重要的功能，是能把未来一些不确定的东西准确地预测出来。人们熟知的"啤酒和尿布"的经典案例，即超市里啤酒要摆在尿布旁边才能卖得好。这是因为买纸尿布的爸爸大多"迫于无奈"进超市，所以看到旁边的啤酒，许多人就会慰劳自己而顺手买走。这其实就是在深入分析大数据的基础上得出的结论。2008 年，谷歌的一支研发团队利用在网上收集到的海量个人搜索词汇数据，对 2003 年到 2008 年间最频繁搜索词条进行了非常全面的分析，赶在流行病学家之前 2 周成功地预测了甲型 H1N1 流感爆发，引起医学界轰动。以前认为异想天开的事情，谷歌通过掌握大数据就做到了。

最近，美国有人针对独居老人实施了"魔力地毯"计划。在普通地毯上安装可以记录老人脚步信息的传感器，通过与自己健康时的脚步信息相比较，如果需要就医，就会自动触发警报，将信息实时发送给附近的医院。为此，作者认为大数据技术就像细致入微的显微镜，不但能够收集和分析最不起眼的信息，而且能够基于其间的逻辑关系做出科学决策。如果你正确使用了大数据，收集、整理、分析和进行预测，它将为你提供梦寐以求的情报和洞察力。

利弊并存的数据时代

毋庸讳言，大数据是一把双刃剑。人类现有的数据90%是互联网出现以后产生的，目前世界范围内超过98%的信息都被以数字化的方式存储。尽管中国人口总量居世界首位，但数据量仅为日本的60%和北美的7%，其中一半的数据没有获得保护。2013年是中国大数据的元年，截至2013年年底，中国的网民规模达到6.18亿。2014年是中国接入互联网20年。在全球已经进入信息爆炸的时代，其弊端突出表现为信息过量：新闻资讯飞速增加且逐渐具有实时性，娱乐信息铺天盖地且真假难辨，广告信息充斥生活且更新迅速，科技信息飞速递增且超出人们理解的速度，个人的接受能力严重超载。针对这一现状，当务之急是如何从浩如烟海的信息中迅速而准确地获取自己最需要的信息。在大数据时代，个人的隐私无处遁形，在不经意间就会泄露，日新月异的科技在更加严重地搜刮我们的隐私。海量的数据，正让监控变得成本低廉且轻而易举。识别一个人只需要几十个字节的信息；只需要4个时间点和位置就可以确定一个人的身份，其准确率高达95%。"棱镜门"事件使人们意识到：数据没有做不到的，只有你想不到的。

作者对网民的忠告是：牢牢掌握私人信息的绝对控制权，尽量避免它们落入别有用心人之手。我们既要利用数据，又要忘掉数据。无论发展到什么阶段，大数据只是一种工具而已，不应该被视为放之四海而皆准的问题解决方案。它只能服务于人，而不是驾驭人。

置身其中的睿智之举

我国的文化传统，一般是重观点、轻数据。从大数据的本质来看，其开放与分享精神在中国碰上了数据割据的壁垒。在国人传统的思维中，每个人都躲在自己的房子里闭门造车，收集和增加数据，捂紧口袋，待价而沽。诚然，只有分享才能充分发挥大数据的巨大价值，但理想和现实之间的鸿沟几乎无法跨越。当前我们必须解决的问题是：消除数据割据与数据孤岛，提高数据质量。作者认为，在大数据时代，首先，要催发数据性思维，因为思维是最大的生产力，也是社会文明进步的决定性力量。思维产生需求，需求推动技术。数据性思维表现在：将使用全部数据而非抽样数据；不能一味地追求数据的精确性，而要重视数据的复杂性；更多挖掘数据的相关性，胜于对因果关系的探索。其次，要产出数据资产。数据在互联网领域意味着流量，而流量就代表着财富。第三，数据资产可以变现。其中的核心环节是预测，这也是大数据分析的目的。通过预测事态发展的可能性，未雨绸缪地制订计划并采取合理措施。

在大数据时代，机遇与挑战并存，人们既要享受它带来的福利，也不可忽视潜在的弊病。在大数据时代，数据就是直接的财富，数据分析和挖掘能力就是国家及企业的核心竞争力。在此书的结尾，作者一针见血地指出：中国应该摘下千百年来差不多先生的标签，尽快赶上西方国家大数据的步伐。我们在技术层面上已经万事俱备，尚缺更新观念和意识之东风。只有从现有数据入手，以拥抱客户为核心任务，以解决内部问题为基本出发点，才能成功开启破冰之旅，切实推动中国大数据的发展。

互联发展的趋势报告　跨界融合的势不可挡

——《跨界：开启互联网与传统行业
　　融合新趋势》

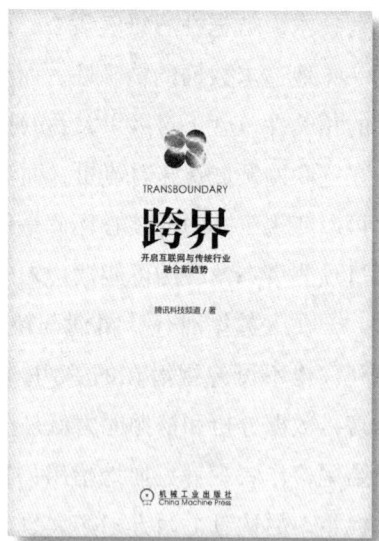

最近读到腾讯科技频道著的《跨界：开启互联网与传统行业融合新趋势》一书，使笔者眼界大开，并对我们须臾难以离开但却知其然不知其所以然的互联发展趋势有所了解，清醒地认识到跨界融合势不可挡。作者指出，互联网时代的黎明已经到来，世界将告别信息时代。工业革命、第四次科技革命带来的世界产业格局的剧烈变化遍布全球。互联网对传统企业的改造在碰撞和融合中悄然发生，移动互联网正席卷传统行业，物联网更是未来 10 年的产业趋势。在融合与碰撞之间，行业的横向整合和纵向重塑正在进行，企业间、产业间跨界合作将会无远弗届。这种变化让我们身临其境，同时也身处迷雾之中。在新的形势下，作为一个传统行业的从业者，如何才能不辱使命，勇立潮头，是我们必须深思和直面的问题。该书其实就是腾讯科技新闻的聚合，专门为我们这些对科技类资讯不敏感的人而准备，有助于读者了解当下中国移动互联网产业格局和变化趋势，助你拨云见日，把握发展机会。

跨界融合的势不可挡

1990 年，当伯勒出版《门口的野蛮人》一书时，估计他做梦也没有想到这个短语在 20 多年后会如此风靡，并且其外延在日趋扩大。"门口的野蛮人"是用来形容不怀好意的收购者的，现在人们常将行业壁垒以外的人称为门口的野蛮人。作者认为当代最勇猛的野蛮人正举着互联网的大旗杀来，行业壁垒已经被打得粉碎。站在门口的那帮野蛮人貌似并不懂得门内的所谓专业规则，却对门内的市场垂涎三尺。但当他们冲进门内时，门内并非毫无触动，门内的人也在提高自己，彼此渗透诞生了融合，这就是跨界。实现跨界的途径就是互联网。1994 年 4 月 20 日，中国正式接入互联网，成为国际互联网大家庭中的第 77 个成员。著名的创新扩散理论有一个阈值是 10%，一个新事物被 10% 的大众接受时，就会迅速扩散开来。这项理论在互联网渗透率上得到印证；经过 20 年的碰撞和融合，互联网已经融入了我们的生活；在下一个 10 年里，互联网将会进行更多的渗透。有可能就在这期间，互联网作为一个行业将会慢慢消失，因为所有的行业都将完全互联网化。在"羊毛出在猪身上"的互联网惯性思维中，我们遭遇到的新名词俯拾皆是：C2C（Copy to China），即把美国的某种模式复制到中国来。全球本土化，即概念是全球化的，操作是本土化的。

基础理论的真实再现

作者指出，企业互联网化的前提是人必须互联网化。30 年前，全球互联网的接入设备只有 1000 台，到 2014 年年底，已经达到 68 亿台，全球互联网用户的普及率已达到 40%。与工业化相比，实现互联网化仅用了一代人的时间，其飞速发展的基础理论主要是拜 6 个规律所赐：(1) 摩尔定律：设备性能与速度的提升。半导体芯片上集成的晶体管和电阻数量每 18 个月就会增加 1 倍。该定律解决了电脑设备的普及问题。对消费者而言，廉价总归是普及的重要驱动力。(2) 吉尔德定律：网速的提高。该定律预测主干网的带宽每 6 个月增长 1 倍，它解决了网速的问题，而且未来上网终将免费。(3) 梅特卡夫原则：互联网价值是节点的乘方。在新媒体领域，每一个发出声音的地方都可以被看成一个节点，整个互联网的价值就是这些节点的平方。(4) 病毒扩散原则：一项服务或一个事件的扩散每天将以几何级数拓展。(5) 六度分隔理论：你与全球任何一位陌生人之间所间隔的人不会超过 6 位，它是社交网络的基石。该理论可被视为信息流的范畴，极端的例子是假设每人拥有 30 位互不重复的朋友，经过六度传播后，就可以覆盖到 7.29 亿人。(6) 马太效应：是指好的越好、坏的越坏，多的越多、少的越少的一种现象。去中心化演绎得越深入，另外一种中心化根基就越深。因此，人类社会天生需要规律和系统，越是有广泛深入的参与，就越需要强有力的信息渠道，如今我们看到的跨界现象无疑是这些基础理论的真实再现。

传统媒体的生死攸关

该书首先探讨了跨界爆发的条件。作者认为可以分为三点：一是人和设备的互联网化，也就是互联网化的全部普及和深化；二是互联网的商业发展提供了爆发动力，全球本土化的新思维使中国互联网商业化程度被大大提升；三是移动互联网是导致跨界的导火索，硬件技术的发展和移动互联网用户的普及，将会产生更多商业机会，也会导致互联网向物联网方向转化。传统媒体的致命弱点是不知道自家的消费者是谁，这是互联网时代商业组织最大的危险。曾几何时，大牌的纸媒拥有百万甚至千万的发行量。遗憾的是，看似规模庞大，但纸媒对自己的消费者却知之甚少。纸媒天然很难进行用户行为分析，不知道自己的读者如何读自己的文章，偶尔有些读者来信也无异于管中窥豹。谈到自身与读者、读者之间的关系更是一笔糊涂账，想了解都无从下手。尽管传统媒体业是被物联网最先击溃的行业，我们也不能坐以待毙。但总体看来，互联网对传统媒体的冲击，主要是在文字图片这类轻内容领域，重内容领域鹿死谁手事实上还很难说。互联网在消灭大量中介的同时，又培养出一个大型中介。一个很简单的例子就是搜索引擎作为中介几乎成为信息世界中的王者。因此，窃以为我们应当借鉴创造小米奇迹的雷军的七字箴言：专注、极致、口碑、快。

数码设备的层出不穷

人为万物之灵，是依靠大脑而非四肢生活的，人类自诞生以来，其实一直在做"外部化"工作：即让外部某个物件来承担人的功能，人类发明工具的结果就是人越来越外部化的过程。我们对身体结构的某项功能了解得越透彻，就越能将其外部化，并会努力将其外部化，因为这样会得到更强大的功能。迄今为止，人类最重要的外部化就是记忆的外部化，其核心就是数字化。数字化的核心是可存储、搜索及调用。数字存储是更大规模上的记忆外部化，搜索引擎是体现这种记忆外部化的最好工具。有足够的理由相信未来接触的数码设备数量将远远超过电脑、手机和平板电脑的数量，国内外互联网巨头均已进军智能硬件市场，可穿戴设备的市场规模2014 年为 42 亿美元，2018 年将达到 120 亿美元。当下最炙手可热的产品为谷歌眼镜和腕带设备。戴上谷歌眼镜只需看对方一眼，就立即知道他是谁。健康这个概念被数字化了，它被精确地划分为几个维度，并配以一定数量的指标。腕带设备就是通过这些数字来告诉人们如何健康地活着。未来百年，从穿戴式设备，到植入式设备，再到可替换设备，人类和机器将不得不密不可分地融为一体。

控制中心的智能手机

移动互联网是当前的时代趋势，它的兴起正是风起云涌的跨界浪潮得以兴起的导火索和引爆点。微信被视为移动互联网的第一张船票，已经成为某种意义上的超级应用。移动设备会改变人的信息处理习惯，其移动性使得它可以最大化地填充人们的碎片时间，无聊这个词会成为非常重要的商业原动力。移动设备上的输入主要通过屏幕和摄像头。前者的表现为触屏，现在大行其道；后者则可以做到动作捕捉，可能成为未来的重要方向。最终移动设备会成为人们最重要的一个指令终端，借助自己的移动设备，向其数码设备发出指令，这就是物联网。毫无疑问，智能手机是未来数码设备的中心点，有可能成为人们各种数码设备的控制中心。Facebook 创始人扎克伯格说：历史的经验表明，未来会有更多平台出现。他坚信虚拟现实将成为继智能手机和平板电脑等移动设备之后，计算平台的又一大事件。

勿忘初心助美梦成真

作者指出，在改革开放的 30 余年里，商业组织最重要的任务就是跑马圈地，其另一说法就是占有资源。成本和效率都不是最重要的，最重要的是占有资源。创新，尤其是颠覆式、破坏性创新都不可能通过需求调研得出。互联网思维就是三个方向的混合体：使用技术和金融的力量，提升管理效率，从而压低成本，在与竞争者的肉搏战中获得先机。互联网思维和基因，的确与是否收费无关，关键是控制住成本升高的速度，快速铺货和建立壁垒。对创业者而言，融资能力是核心要素。

世界是平的，互联网让世界更平。但是科技在给人们便利的同时，烦恼也必然会尾随而至。人说到底是一种欲壑难填的动物，其需求无边无际。满足人们需求的商业行为，并不能随心所欲。跨界时代的来临意味着更多的变化和机会，创业者心中不抛弃的应该是一项理念，而非某件具体的事情。创业是一条不归路，一旦启程就很难回头，勿忘初心地持之以恒，才有可能美梦成真。

增长极限的重新诠释　集思广益的科学预测

——《2052：未来四十年的中国与世界》

在有关世界未来的预测中，40年前，专注未来学研究的国际性民间学术团体罗马俱乐部，以一本《增长的极限》给人类社会的传统发展模式敲响第一声警钟，从而掀起世界性环境保护热潮。其主旨为："如果人类不能减少破坏生态的行为，地球的极限将在未来的100年之内到来。"这本书不仅掀起了观念上的革命，而且对笔者产生了深远的影响。40年后，罗马俱乐部发布了新的报告即《2052：未来四十年的中国与世界》。书中汇集了全球顶尖的科学家、经济学家与未来学研究者的最新成果，就经济、能源、自然资源、气候、食品、城市化、养老金等问题，对未来40年进行了趋势预测。涉及的主要问题包括：在未来40年中，人口数量将会达到多少？地球是否能承受得了这么多人的生存需

求？下一代人是否愿意为我们的养老与债务付费？气候与环境会不会一直恶化下去？西方式的民主能否解决人类面对的巨大问题？世界经济的主导地位将如何过渡给中国？它试图揭示未来 40 年世界最可能的样子，描绘了一个与我们如今的设想完全迥异的未来，并指导人们在可能的世界中使自己的福利最大化。笔者阅读后体会到：好消息是，在能源效率方面，我们将看到稳步的进步，人们会更多地关注人类福祉而不是人均收入的增长；但变化也许并不会如人们期望的那样：最贫穷的 20 亿人口仍然生活在穷困当中，失去控制的全球变暖依旧难以避免。悲观者喜欢回首过去，乐观的人则倾向于展望未来。不论该书对未来的预测结果如何，立足当下去思考未来，是一件很有意义的事。作者并不想告诉读者未来 40 年将会有哪些具体的变化，而只是一个基于现实情况的合理畅想。鉴于此，我们该如何为未来做好准备？该书通过科学的预测将我们导向一条通往未来的现实之路，指导我们身体力行地为自己以及子孙们更加美好的未来添砖加瓦。

老骥伏枥再度出山

该书作者挪威人乔根·兰德斯是世界顶尖的环境战略研究学者，罗马俱乐部元老级成员，《增长的极限》作者之一。早在美国麻省理工学院斯隆商学院攻读博士学位时，25 岁的他就作为该项目最年轻的负责人，参与经典著作《增长的极限》的研究与写作，从而成为全球极富争议的可持续发展研究学者。他参与创作的《增长的极限》一书已在全球畅销 40 年，各语种的版本销量超过 3000万册，仅中国已有 4 个不同的翻译版本问世。他的新作《2052：未来四十年的中国与世界》中的信息容量比《增长的极限》扩大了数倍，气候问题不再是讨论的核心，而只是其中的议题之一。兰德斯用他的毕生精力提醒全世界注意无约束膨胀的危险，并为现有的和潜在的问题寻求解决方案。在这项全球性的研究中，兰德斯描绘了对未来40年的预测，该书巨大的信息量和计算量为及时的对话提供了完美的可能性。统观全书，作者是以全球视野来思考人类命运和未来发展的。他们主要警告了气候变化的后果与金融资本主义的破坏性影响。作者投向未来的目光，主要是对改变世界秩序的呼吁。为了更好地帮助人们理解罗马俱乐部的"将全球看作一个整体"的系统理念，他们敲响了警钟：地球资源将被耗尽，人类社会站在崩溃的边缘，但希望仍旧没有破灭。如果将该书作为未来的"卦象"，显然有违作者意愿。作者表示："我们并没有做出任何预测。我们并没有试图告诉大家，在今后一个世纪的时间跨度中，真正能够发生些什么事情。"兰德斯和他团队预测了一个与今天完全不同的未来，但并非全然黯淡；他虽然相信自己最坏的预言都有可能出现，但仍谦虚地求教于读者：请帮助证明我的预测是错误的。

洞若观火的趋势预测

作者认为，希望像生命一样重要，没有希望就绝对不会进步。然而，令人可悲的是，过去的40年中，作者朝气蓬勃的乐观主义态度并没有得到太明显的支持，他的深切担忧始终徒劳无功。面对翳翳不明的将来，作者实在无法参透。为了减轻自己的苦楚，作者尝试尽可能准确地描述未来的40年。他想要的未来图景，是人类将要为自己而创造的。这幅图景出自诸众多决策，集各家聪明才智之大成。这幅未来图景将最有可能变成现实，并被载入史册。作为全球顶尖智库、跨学科全球未来学研究组织的最新研究报告，作者为了避免短视、管窥蠡测的狭窄视野等问题，邀请到 40 多位经济、政治、环境、气候等领域的顶尖专家。他们都是独立的思想家和作家，对人类社会到 2052 年为止的人口与消费、能源与二氧化碳、粮食与生态足迹以及时代精神与非物质未来进行了预测。总的看来，未来各国的目标不会是"化石燃料推动的经济增长"，而是"可持续的福祉水平"。作者坦言：预测是一项雄心勃勃的实践，就一项预测而言，理想的情况下其最终正确的概率应该远远高于错误的概率。作者用大量的、最具指标意义的数据来充实自己的案例，并认为自己的预测中最可靠的方面应当是它的总体趋势或倾向。对未来 40 年进行预测是一项艰苦的工作，不可能以高准确度来完成，但通过去粗取精且有理有据的判断，做出一项有据的猜测是完全可能的。在该书中，作者展示给我们的是一幅最有可能实现的、通往 2052 年的全球预测线路图。

未来蓝图的喜忧参半

作者在书中回答了未来 40 年中，人类迫切关心且不可避免的 8 个问题：（1）我会变穷吗？作者认为我们中的一些人会变得贫穷，另一些人则不会。在其预测中，人均消费在未来 40 年的某个时刻将达到峰值，并于 2052 年开始出现下降，具体情况则取决于你生活的地区。只要你不是美国人，到 2052 年你就会比现在更富裕。作者强调生活满意度比生活条件的高低更重要。（2）未来就业机会充足吗？作者认为未来的工作数量和过去一样多。在未来，确保充分就业的任务会越发艰难，因为未来 GDP 的增长将会放缓，但不会出现更高的失业率。（3）气候问题会对我们造成伤害吗？是的，但在 2040 年之前，伤害不会很严重。作者的预测以量化细节展示了全球平均气温在未来的上升情况。2012 年，全球平均气温与工业革命前相比，高出 0.8℃；而 2052 年，这一数字将上升到 2.0℃。世界领导人曾一致同意，2.0℃ 是气候变化开始失控的警戒线。(4)能源会变得更昂贵吗？是的。作者认为，未来能源价格可能比现在的化石能源高出 30%。人均能源使用量会增加，在 2040 年将达到峰值。2052 年，所有使用的能源中 60% 来自化石燃料。(5)年轻一代会心平气和地接受上一代带来的（债务和养老金）负担吗？不会。作者认为，目前这一代人正在给未来的人们造成过于沉重的负担，这些负担恐怕永远也没有人会承担。(6)美国将和平地向中国递交世界领导权吗？是的。作者预测，中国在 2052 年将成为世界领导者。届时中国的人口将是美国的 4.5 倍，经济总量是美国的近3.5 倍，人均生产与消费量比美国高出 70%。中国将是世界上最重要的驱动力。(7)政府的作用会更大吗？越来越多的政府会扮演更重要的角色，但并非全世界都是如此。在未来几十年里，世界将面临一些无法简单地通过市场来解决的新问题，最典型的例子就是气候变化。国家也很可能通过干预来解决收入与财富分配日趋不公的问题。由于历史机遇的垂青，社会将逐渐从自由化转向"强有力的政府"。政府将做出必需的决定，而不是等待市场来承担领导作用。(8)2052 年的世界会比现在更美好吗？答案取决于你的年龄、职业、国籍，或许还包括家庭状况。作者强调，这个答案并不完全等于可支配收入是否增加，而是依据你是否对生活感到更满意。

从物质上来说，2052 年的世界可能会更美好；但从精神角度来看，答案则可能相反，因为 2052 年的世界前景黯淡。罗曼·罗兰说过，思想悲观并不代表意志悲观。作者写作此书的初衷，就是鼓励人们摒弃坐而论道，身体力行地积极应对，共同创造更加美好的世界。

视角独特的客观评价

作者认为，5 个关键问题解决与否在很大程度上影响未来 40 年全球的走势。它们都是影响日常生活的无形体制和观念：资本主义、经济发展、民主、代际公平和人类与气候的关系。目前人类向大气中排放二氧化碳的量大大超过海洋和森林能够吸收的量，如果认为这不会造成问题，不过是把头埋进沙子里的鸵鸟思维罢了。作者确信：人类面临巨大的挑战，尽管并非死路一条，但要想应对自如却难如登天。他当下的担忧是，在人类下定决心痛改前非之前，情况将发展到何等糟糕的地步？现存的已然微不足道的矫正人类做事方式的努力，是否会减少到零？为了避免灾难性的后果，最重要的是必须敦促亚洲人根除无限制消费的狭义观念。现有的研究显示：地球上生物多样性的改变已经令人触目惊心，人为造成物种灭绝的速度是自然灭绝的 1000 倍，每年我们都在失去 100 种动植物。到 2052 年，我们可能已经使地球上 25% 的生物灭绝。作者提醒人们要去适应呼啸而来的未来世界：迫在眉睫的热浪带来海平面的上升、人口的迁徙流动、更加集权的中央政府，以及那些魅力无限的风景名胜惨遭破坏。作者认为，现在人类的努力遇到的瓶颈无关知识，全球未来面临的主要挑战是人们就行动达成一致意见。人类的创新性得益于网络的发展，在维基百科爆发式的增长中，人们已经见证了这种创新的潜力。但真正能够改变地球的创新，绝非源于网络，只能源自人类。2052 年互联网无处不在，将会带来美妙的或者说令人恐惧的透明感。然而，令人可喜的是：2052 年，地球上所有人生存所需的能源、粮食、禽类以及鱼类都会供应充足，全球能源中有 37% 将是可再生资源，其中很大一部分来自太阳能提供的热力和电力。

医药领域的管窥蠡测

仅 100 年前，医疗实践还缺乏有效的治疗手段。回顾历史，难以预料的种种发现曾经改变了整个医学界，不断涌现的新技术使医生的地位大大提高。如今，医生的临床自主性受到抨击，患者的权利开始制约医生的能力，而医学伦理也开始从家长式的不容置疑转向消费者至上的观点。在未来 40 年中，医药将面临巨大的技术进步：一是干细胞使用的增长，可以形成不同的组织，还可用于修复人体损伤；二是基因定制药品，可以改变或弥补基因缺陷；三是许多传染病会得到根除，或许艾滋病会被根治。2052 年，医疗技术的能力将超过人们的支付能力。未来人类健康面临的主要挑战是由于生活方式不健康导致的慢性疾病，医院中大部分人将是肥胖、糖尿病以及阿尔茨海默病患者。医疗服务的提供者会鼓励人们检测并处理自己的健康问题。随着医疗技术手段愈发有效，加上营养更充足、受教育程度更高、生活条件更好、生活环境更安全，使人均寿命大幅度延长，几乎所有国家人均寿命都超过 60 岁，许多国家可以达到 90 岁。

中国梦想的宏伟蓝图

在过去的 40 年中，中国的发展速度举世瞩目。全球劳动生产力平均提高了 90%，而中国达到了令人瞠目结舌的 1200%，其中投资占了近 40%。在该书中，作者对未来中国的预测十分令人振奋。中国执政党和全国人民的利益高度一致，双方都需要人均消费水平实现快速增长。如果这一目标达成，双方都会倍感高兴；如果失败，双方都会倍感失望，并继续努力。"利用更少的资源，实现更多的成果"将是中国迅速发展的秘诀。中国秉持的目标是将自己打造成独立自主的王国，免受外夷的侵扰。中国将热衷于提高能源和资源的使用效率，因为二者在理论上都是可以实现的，只要通过人力、物力的有效调配，就可以实现效率的增长。作者认为，中国有足够的煤炭与页岩气资源，能够在转型期保持经济平稳发展；中国有充足的太阳能资源，能够长期驱动经济增长；中国充分地意识到了气候变化带来的危害，可以采取行动减轻灾害；中国还有自力更生的伟大传统，愿意在国家内部解决某些资源缺乏的问题。但最重要的一点是，中国有意愿并有能力让投资流向必要的部门。从长远发展来看，中国不再需要目前被用于生产出口商品的能源，会理性地使用可再生能源，从而完全可以实现能源和资源的自给自足。2052 年的中国，不仅是一个国家，还是一个全球化的民族统一体，将成为一个独立自主的文明国家，在全世界都展现出强大的经济技术实力和文化软实力，将成为系统性抗击气候变化的国家中最有效并最有组织的国家。在未来，中国人口不会持续膨胀。全球的研究显示：随着国家工业化进程深入，每位母亲生育子女的数量将呈下降趋势。当人们变得富有时，他们会少生孩子；随着 GDP 的提高，人口增长将会缓慢。到 2020年左右，中国人口将达到 14 亿的峰值，并于 2052 年减少至 12 亿。未来 40 年中，全球人均 GDP 会增长 80%，但中国生产力的提高无疑将名列前茅。到 2052 年，中国经济总量将位列世界第一，达到 2012 年的 5 倍，人均消费同样为现在的 5 倍。中国的劳动生产力会相当接近富裕国家的水平，人均年 GDP 将达到 56000 美元，而美国同期为 73000 美元。

惬意人生的坦言忠告

综观全书，从作者对世界到 2052 年的发展预测来看，全球未来的前景远远不如某些人提出的雄心壮志和值得期待，的确可以用"黯淡"来形容，但未来并非灾难性的。届时仍有约 30 亿人的物质生活条件不尽如人意；对目前大约 10 亿生活在富裕国家的人而言，生活水平有可能下降。过去 50 年的经验告诉我们，夸夸其谈比脚踏实地容易得多。作者建议人们应该努力改变未来，同时也要开始找到那些你可以加入改变的事情。作为一名想要生活舒适的个人，为了更好地享受惬意人生，作者坦诚地提出 20 条建议：（1）关注满意度而不是收入。所谓满意度就是为你信仰的东西工作，并取得一些成就。（2）不要喜欢某些最终会消失的东西。作者认为人们最终喜欢做的事，就是他们经常做的事。因此建议从现在开始，选择那些能够适应未来变化的喜好。（3）投资奇妙的电子娱乐设备，并学会喜欢上它们。因为待在家里的人会越来越多，而大多数情况下，数字体验几乎可以替代实体感受。（4）不要教自己的孩子去热爱野生生活，应该教会他们在大城市的喧嚣中找到平和、平静和享受。（5）如果你喜欢丰富的生物多样性，那么现在就去欣赏，因为亲身感受散落的美丽以及未经打扰的生物多样性的内在和谐，是截然不同的经历。（6）在世界奇观被人群毁坏之前去参观一下。人类文化多样性消失的速度，似乎比生物多样性消失的速度更快。文化面临的威胁不仅来自拥挤的游客，还源于社会动荡的加剧。（7）生活在受气候变化影响较小的地方，因为气候变化造成的整体影响已经尽人皆知。（8）搬到一个有决策力的国家。你居住的国家，应该有能力发现正在出现的问题，并能在未来采取积极的行动解决问题。（9）了解会威胁生活质量的不可持续因素。（10）如果你无法忍受服务或护理工作，那么就选择能源效率或可再生能源工作。首要的建议是应该接受教育，你学习的科目不重要，只要你能选择自己喜欢的学科。（11）鼓励你的孩子学习汉语。在中国经济蓬勃发展之时，他们将依靠语言优势分得一杯羹。（12）不再相信"所有的增长都是好事"。在有限的地球上，人口的不断增长就不是好事。（13）请切记，那些基于化石燃料的资产，突然在某一天将会失去价值。（14）不要鼠目寸光地攫取利润，而应该投资那些对社会动荡不敏感的事物。（15）为未来的精神福祉尽力，以避免受到良心谴责。（16）生意上在当前的不可持续做法中，寻找潜在的商业机会。（17）生意上不要混淆了销售增长与利润增长。要切记销售的快速增长，绝对不是高利润的保障。（18）政治上如果你希望再次当选，应该只支持能带来短期利益的行动，因为选民是目光短浅的，而且永远不要低估短浅目光的强大作用。（19）政治上切记，实体限制因素将主导未来发展。石油消耗到顶和气候变化问题都反映了这一点。（20）政治上同意人人都能公平地获得有限资源比言论自由更重要。在一个日益拥挤的世界中，集体福祉的重要性将会逐渐超越个人权利。

在该书的最后，作者鼓励我们：不要让未来可能发生灾难的消息摧毁了你的精神意志，不要让颇为黯淡的未来扼杀了你的希望，即便我们没有成功地将世界变得更为美好，未来依然存在。

未来科技的美好憧憬　网络发展的必由之路

—— 《必然》

日前，美国《连线》杂志创始人及前主编、有"数字文化代言人"之称的美国作者凯文·凯利的新书《必然》中文版先于英文版在大陆出版。该书是作者"观察·反思·展望"三部曲的收官之作。前两部《失控》和《科技想要什么》曾在世界范围内引起很大反响，给我们带来许多令人脑洞大开的新知。是他第一次在《失控》中提示我们要用生物学而不是机械学的角度看待这个世界；首次在《科技想要什么》中告诫人们科技就是一个生命体。在新书《必然》里，作者全面介绍了互联网科技这个新物种的基因特征、所思所想、行为规则和未来走向，预言了未来30年哪些领域将会出现重大的财富机会。他指出，就像蚂蚁不理解蚁巢，我们身体中的细胞不理解大脑一样，我们很难理解互联

网科技。但是无论我们是否愿意，每个人都将在这个新物种的身体里展开自己的生命历程。在该书中，作者通过对 12 种必然的科技力量加以描述，揭示了这个物种在未来不断变迁的必然趋势。作者认为，只有 40％的网络内容是以商业形式创造出来的，支撑人们创造其余部分的是责任或激情。纵观历史，如今社会最适合发明创造，这也为当前举国上下如火如荼的"大众创业、万众创新"提供了理论基础。该书不是一本科技书籍，也不单纯是一本思想著作，而是作者多年来通过自己的思考和实践总结出对未来的憧憬。作者不仅倾尽心力描述出未来 30 年人类命运和社会发展的必由之路，而且向读者展示出明日场景中必将得以实现的真实构想。

科技发展的必由之路

凯文·凯利认为，世间万物无一例外都需要额外的能力和秩序来维持。科技的动力推动我们追求转瞬即逝的新，而在永无止境的变化中它必将被更新的事物取代，满足感因此不断从我们的指尖溜走。未来科技生命将是一系列无尽的升级，而迭代的速率正在加速。所有人们都会一次又一次地成为全力避免掉队的菜鸟，永无休止。他回溯了近年来计算机科技发展的轨迹：在计算机与电话线连接之前，计算机时代并没有真正到来，互相孤立的计算机是远远不够的。直到 20 世纪 80 年代初，当计算机接入电话线并与之融合成强壮的混合系统，计算的深远影响才真正展开。作者指出，"必然"是一个强硬的措辞，是我们对自由意志的放弃，而当必然的观点与科技结合在一起时，对宿命的反对就会变得更加强烈和激昂。强必然性是指，无论我们重复多少次，最终的结果都会一致。时至今日，科技是人类的催化剂，我们生活中每一项显著变化的核心都是某种科技。一项科技问世以后，大约需要 10 年才能对其意义和用途建立起社会共识。作者在该书中谈及的数字领域中的必然是一种动能，是正在进行中的科技变迁的动能。当我们面对数字领域中极力向前的新科技时，任何螳臂当车的做法最多只能暂时奏效，从长远来看则违背了生产力发展的规律。睁大眼睛，以警醒的态度拥抱新科技则是明智之举。

言简意赅的词汇提纲

作者认为，永无休止的变化是一切人造之物的命运。在该书中，作者用 12 个动词，为读者指明了互联网科技这个新物种不断变迁的 12 条必由之路：(1) 形成：机器将会更新自己，随着时间慢慢改变自己的功能。(2) 知化：把人工智能植入普通事物，赋予对象认知的能力，从而带来真正的颠覆；网络将会知化为一种完善速度惊人的事物。(3) 流动：如今页面和浏览器远不如从前重要，今日最基本的单位是信息流；数据不会静止，万物都要流动成为数据流。(4) 屏读：屏幕无处不在，持续扩展人类的阅读量和写作量。(5) 使用：对事物的使用变得比占有更为重要。(6) 共享：将从未被共享过的东西进行共享或者以一种新的方式进行共享，是事物增值最可靠的方式。(7) 过滤：内容扩张得越多，就越需要过滤，以便使得注意力聚焦；注意力流到哪里，金钱就跟随而至。(8) 重混：对已有的事物重新排列以及再利用。(9) 互动：未来所有的设备都需要互动。(10) 追踪：自我追踪的范畴将涵盖人类的整个生活。(11) 提问：未来答案将变得廉价，提出好的问题远胜于给出满意的回答。(12) 开始：潜移默化已经开始了，当然，也仅仅是个开始。虽然作者对每个动词的论述都独立成章，但这些动词并非独自运作。相反，它们是高度叠加的力量，彼此依存、相互促进。

屏幕观众的日新月异

作者认为，从书籍的地位中可鲜明地体现出从一成不变到流动的巨大变动。最初，书籍是具有权威性的固定著作，在作者和编辑的精雕细琢下，它们可以代代相传。书籍 4 种一成不变的体征包括：书页、版本、介质及完成度。它们都是非常吸引人的特性，使得书籍历久弥新，成为需要严肃对待的东西。如今的电子书也具有 4 种流动性：书页、版本、介质及改进。因此，在当今主流科技的驱动下，我们看到一成不变和流动不息两种完全相反的特性：纸张倾向于一成不变，电子显示出流动不息。2015 年，万维网上的页面已经超过 60 万亿个，而这个数字还在以每天几十亿个的速度增长。屏幕数量增长继续扩展人们的阅读及写作量。如今，普通民众每天能发布 8000 万条博客，书写工具也从笔改为手机，全世界的人每天能用手机写下 5 亿条段子。屏幕文化是一个不断变动的世界，充满其中的是无穷无尽的新闻素材、剪辑资料和未成熟的理念。它是一条由微博、摘要、随手拍照片、简短文字及漂浮的第一印象构成的河流。在这里，真相并非来自权威，而是由受众通过对碎片的实时拼接而成。屏幕不用关闭，人们的视线永不离开。屏幕鼓励更加功利地思考，人们通过碎片组合出自己的迷思。屏幕观众倾向于忽略书籍中的经典逻辑和对书本的敬意，更喜欢像素间的动态流动，将技术看作解决一切问题的灵丹妙药。屏幕用激发行动取代劝阻行动，装有摄像机的屏幕能够揭示事物的内在本质，而且还能观察我们自己。

书籍读者的情有独钟

时至今日，大多数人都已经从书籍读者变成屏幕观众。屏幕永远面向新事物，屏幕"祭坛"越大，人们花在阅读上的时间就越少。屏读不仅包括阅读文字，还包括欣赏文字，阅读图像。屏读鼓励我们快速建立模式，将不同的理念结合在一起，从而将自己武装起来以面对每天数以千计的新想法。维基百科是屏读的原始文本，是第一本网络化的书籍，包括 3400 万个页面，并具有可替代性。网络化书籍的惊奇之处是它们没有中心，并且到处都是边缘，永远不会写完，不再是纪念碑，变成文字的信息流。我们深知，一本书就是一种注意力单位，事实固然有趣，理念自然重要，但只有精彩的故事、精妙的论述、精心打造的叙述才会让人赞叹、永生难忘。正如先哲所言：组成宇宙的是故事，而非原子。书籍擅长培养出深思的头脑，阅读书籍会增强我们的分析能力，鼓励我们一路探求到脚注，然后得出观察结论。在书中，能找到被揭示的真理。书籍读者喜欢法律提供的解决方案，理解书籍的本质：书是书页装订在一起的集合，它们会有一条书脊，好让你握在手中。印刷书籍是迄今为止最长久、最可靠的长期存储技术。印刷而成的书籍并不需要通过中间设备阅读，因此完全可以避免技术更迭带来的淘汰。尽管读屏的文化使文字重新回到我们的视野，但书籍读者认为上网是代价高昂的时间浪费，担心在于书籍和由此产生的经典阅读和写作，作为一种文化形式会很快消亡。

占有事物与使用事物

如今出现一些我们难以相信的事实：优步作为世界上最大的出

租车公司，却不拥有任何出租车辆；脸谱网作为世界上最流行的媒体平台，却不创造任何内容；阿里巴巴作为世界上最有价值的零售公司，却没有任何库存；亚马逊的电子阅读服务能使我们无需拥有就可以阅读 60 万本电子书中的任何一本。因此，今日对事物的占有不再像以前那么重要，而对事物的使用则比以往更加重要。这种"拥有你所购买的"到"使用你所订阅的"转变推翻了一些传统。所有权是随意而不确定的，更有助于人们喜新厌旧，而订阅则提供了一个有关更新、发布和版本的永不停歇的服务流程，促使生产者和消费者保持永久的联系。租赁业之所以繁荣，是因为在很多情况下，使用比拥有是更好的选择。我们现在生活的长远发展趋势就是大多数物品和服务只做短期使用，它们都在准备着被用来租赁和共享。

人工智能的美好明天

作者认为，目前人们依据人类和机器人的关系将工作分为 4 大类：(1) 人类能从事但机器人表现更佳的工作，如织布、生产汽车及驾驶飞机。(2) 人类不能从事但机器人可以从事的工作，如制造计算机芯片，这种工作需要人类身体不具备的精准、控制力和坚定不移的注意力。(3) 人类想要从事却还不知道是什么的工作，在机器人和计算机智能的协助下，我们得以完成 150 年前无法想象的事情，如让登陆车在火星上行驶。(4) 刚开始只有人类能从事的工作，人类发明的东西唤起了自己的欲望，因此人类的需求和机器人互为因果。当外科手术机器人成为常规以后，让复杂的机器保持无菌状态将成为必要的医疗新技术。未来的世界中，成功将青睐那些以最优化的方式与机器人以及机器一同工作的人。作者指出，人种智能时代到来最大的益处在于，各种人工智能将帮助我们定义人性，人类和机器之间将形成一种共生关系。

人工智慧的梦寐以求

作者指出，互联网是世界上最大且最快的复印机。在这个全新的网络世界中，任何可以被复制的东西都会被复制，而且一律免费。在最根本的层面上，它将我们使用它时产生的一切行为、特征及想法拷贝成复制品。经济学中有一条颠扑不破的定理：一旦某样事物变得免费和无所不在，那么它的经济地位就会突然反转。回眸历史，当夜间电力照明罕见时，只有穷人才会使用蜡烛；当电力变得唾手可得时，烛光晚餐反而成为奢侈的标志。如今，我们想要的不是智能，而是人工智慧。与一般的智能不同，智慧是专注的、能衡量的、专门化的，还能够用完全不同于人类认知的方式思考。会思考的机器最重要的特征就是它们思考的方式与人类有差别。

作者预计，任何较为机械的资讯密集型工作都能被自动化，机器人取代人工是必然的，一切只是时间问题。随着科技日新月异，近期的 3 大突破将开启人们期待已久的人工智能时代：（1）廉价的并行计算：思考是人类固有的一种并行过程，当图形处理芯片让神经网络节点之间能拥有上亿的连接时，就开启了并行运行神经网络的可能性。（2）大数据：每种智能都需要接受训练，人工心智更是如此。人工智能之所以获得突破，部分是因为对全世界令人难以置信的海量数据的收集为其提供了训练条件。（3）更好的算法：驾驭数字神经网络的关键在于将神经网络组织成叠层，并对各个层的数据结果进行数学优化。正是以上技术进步组成这场完美的风暴，让 60 年的努力仿佛一夜成功。如今，脸谱网通过加强人工智能，能让它在看过一个人的照片后就能从网上约 30 亿人的照片中识别出此人；谷歌最先进的计算机能够为任意一张给定的照片写下准确说明。2050 年，大多数货车将实现无人驾驶。在本世纪结束前，如今人们从事的职业中将有 70%会被自动化设备取代。

使用云端的利大于弊

长期以来，组织人们进行工作不外乎企业和市场两种基本方式，如今，平台即第三种形式。平台是由一个企业创建的基地，使得其他企业可以在其基础上创建产品和服务。今日最富有和最具有破坏性的组织机构几乎都是多边平台，如"苹果"、微软、谷歌及"脸谱"等。链接和标签或许是过去 50 年里最重要的发明。当世界上所有书籍都由互联网的词语和理念构成为一张流动的织物后，会发生 4 件事情：（1）处在流行边缘的作品将会找到受众，数字化的相互链接会提升作品的读者量，无论它多么晦涩难懂。（2）随着文明进程中的每一份原始文档都将被扫描并交互链接，万能图书馆将增强我们对历史的理解。（3）收录所有书籍的万能图书馆将会培育出新形式的权威。（4）全面、完整收录所有著作的万能图书馆会比只是改进搜索技术者变得更好。

作者认为，网页是众多超链接的文件，云端则是超链接的数据。从根本上讲，将东西放置在云端的首要目的是深度共享数据。任何一位拥有电脑的人都知道这种麻烦：它们占用空间，需要持续的专业照料，而且很快就会过时淘汰。相比独自发挥作用，交织在一起的比特会变得更聪明和强大。云端的一个核心优势在于，它变得越大，我们的设备就变得越小巧和轻薄。我们不断地连接云端，是因为它们比我们更可靠，并且确实比其他设备更让人信赖。云端是我们生活的备份，提供了令人惊异的可靠性计算、极快的速度以及不断拓展的深度，而使用者却无需承担任何维护的负担。如今，基础设施即服务。云端公司极力鼓励云使用的增长和对云的依赖，因为人们越多地使用云端，愈多地共享服务，他们的服务就会变得更加智能和强大。

借助共享，天涯若比邻

曾几何时，专家们认定很多话题当代人绝不会共享，但事实证明，分享是数字社会主义中最温和的表现形式，也是整个网络世界的基本构成成分，共享技术不言而喻的目标是同时最大化个体自主性和群体协同力量。在线公众有令人难以置信的共享愿望，目前在共享网站上每天贴出的个人照片超过 18 亿张。通过尝试，我们发现共享的力量比想象的要强大得多，通过共享我们能走得更远，而且那几乎总是最好的起点。借助共享技术，最冷僻的兴趣将不再孤独，离人们只有一键之遥。作者坦言：未来 30 年最大的财富和最有意思的文化创新都会出现于此，任何可以被共享的东西——思想、情绪、金钱、健康及时间，都将在适当的条件和回报下被共享。人们共享的不仅是最终的成品，还包括整个过程，所有不成熟的想法、尝试过的失败以及跌倒和爬起来都有价值。在协同工作中越早开始共享，就会越早获得收获与成功。在网络时代，共享几乎从不间断，即便沉默也将被共享。只要借助恰当的技术和条件，辅以恰当的收益，我们就会共享一切。

提问题远优于回答佳

作者认为，一个问题越容易回答，答案越有价值，生成的问题则越多。科学包含一个悖论，每个答案都会孕育至少两个新问题，科学作为一种手段，主要增长了我们的无知而不是我们的知识。因此，使用的工具越多，答案就越多，相应的问题也会更多。人类永远都会心存疑问，所以世上增长最快的是人类生产的信息量。过去一个世纪，新的信息正以每年 66% 的速率增长。我们可以肯定地说，世界的知化是必然的，是一件已经近在咫尺且正在发生的重要事件。我们对人性和知识本质的诸多认识都被维基百科颠覆了，它属于理论上不可能做到而实践中却能完成的事情。根据 2015 年的最新统计，它拥有 3500 万篇文章，涵盖了 288 种语言，所有终身学习的人借助它迅速了解新知识。人性中的种种缺陷没有阻挡它的持续进步。因为最少的规则限制，人们的弱点和美德都转化成为公共财富。

作者对好问题给出的定义如下：不能被立即回答，挑战现存的答案，与能否获得正确答案无关，提出问题之前不知道自己对它很关心，创造了新的思维领域，重新构造自己的答案，是科技、艺术、政治、商业领域中创新的种子，是能带来差异性分歧的探索、设想或猜想，处于已知与未知的边缘，既不愚蠢也不显而易见，不能被预测，能生成许多其他的好问题。先哲毕加索 1964 年就聪明地预测到这个结果。他说"计算机是无用的，他们只能给你答案"。IBM 的"沃森"证明，大多数与事实相关的问题，人工智能都能迅速准确地给出答案。今后答案将变得廉价，而问题会变得更有价值。因此，一个到处都是超级智能答案的世界将鼓励人们对完美问题的追求。

网络知识的入门科普 互联网化的美好愿景

——《互联网＋战略版：传统企业，互联网在踢门》

当前，由于国家宏观政策的调整，中国经济处于常态通道，部分传统行业陷入困境，而互联网公司却在加速发展、一片繁荣。尤为引人注目的是，互联网开始颠覆传统行业，教育和医疗首当其冲。互联网公司高度竞争、快速创新、猛烈颠覆、前赴后继，使传统行业猝不及防、难以应对。最近读到前微软战略合作总监、传统企业互联网化转型研究者刘润的新书《互联网＋战略版：传统企业，互联网在踢门》，不仅获得大量前所未闻的网络知识，同时也使自己的观念发生转变。窃以为，该书尤其适合我们这些对网络世界一知半解的读者。作为传统行业的典型代表，医生们在面对互联网大潮的冲击时，不仅出于本能抵制，而且感到迷茫、失落甚至恐惧。刘润从互联网领域的热门话题切入，言简意赅

地分析了当前的形势，重在强调思维的转变。他从战略的高度透彻和深入地剖析了互联网带给传统企业的机会与挑战，初步总结和探索了传统企业拥抱互联网、实现转型的方法和策略，通过解析人们耳熟能详的案例和事件背景，帮助大家看懂互联网思维，指导我们如何做互联网的加减法，最终有助于我们理解并在实践中驾驭互联网。

传统理念与互联思维

当前的主流思想认为，任何行业如果拒绝互联网，都将被无情淘汰。马云认为，没有传统的企业，只有传统的思维。对于新兴事物很多人看不见，看不起，看不懂，到最后来不及。在传统的理念中，不少利益来自于"你不知道！"而该书作者认为，传统的思维只有一条：捍卫信息不对称带来的既得利益。现在很多传统企业的麻烦是：对互联网一头雾水，或被各种讲座洗脑，以为互联网上遍地黄金，搭上互联网便车就可以成为阿里巴巴。后一种思路比前者更可怕，因为有可能盲目地转型而跌进深渊。窃以为，对于传统行业来说，其生死之忧的问题是如何拥抱互联网。如果说第一阶段是传统行业守住家门，不断被互联网颠覆者们"踢门"的话，那么接下来将会迎来第二阶段，打开城门，向互联网进军。为此，传统企业首先要做的就是如何把过去"强大的思维"转变成今天大家都能接受的互联网思维，即把用户的价值放在首位，将产品的价格、特性与功能做到极致。作者坦言：一切互联网的优势，都是效率的优势；一切传统企业转型的问题，最后都是组织的问题。当前的互联网一直是吵吵闹闹的世界，如果某一天它能安静得像大学的考研自习室，互联网就真正成熟了。

消除距离的互联本质

彼得·德鲁克说:"互联网最大的影响是消除了距离。"作者指出,传统企业互联网化首当其冲的就是愿意坦承:原来那些让我们获得成功的优势,包括引以为豪的企业文化、无懈可击的商业模式、浴血奋战的兄弟团队,正是导致自身无法转型的阻碍。作者认为,技术创新的本质是发现一种新形态的价值。商业模式创新是在现有的生态系统中,为这种价值找到一种新的交换规则,从而为其赋予合理的商业价格。所谓互联网化,就是再造三大价值。商业发展争夺的资源在不断发生变化:地段(线下时代)、流量(个人计算机互联网时代)、时间(移动互联网时代以后),其中稀缺的要素也不断发生变化:产品短缺(生产为王)、渠道短缺(渠道为王)、客户需求短缺(消费者为王),但商业的本质一直亘古不变。作者还提出一个非常实用的商业价值模型——用户价值=创造价值+传递价值。无论在任何时代,价值最终都是要被创造出来的,然后经过一些"环节"传递给用户。互联网的本质是消除距离,我们通常认为消除的是生产者到消费者的距离,没有意识到反之亦然。这种消除带来的是用户与产品设计师一起参与产品的设计和改良,是互联网的本质让商业回归了它的本质——更好地满足客户需求。所以,在商业领域,信息文明要做的事情就是用日益提高的沟通效率,逐步消灭或者边缘化一切基于信息不对称的商业模式。

深入剖析互联网加减

2015年"两会"期间,李克强总理在《政府工作报告》中首次提出"互联网+"行动计划。作者在书中深入剖析了互联网加减的游戏规则。他指出，互联网的接入，改变了商业价值链，历史的发展就是在不断提升沟通效率，一切基于信息不对称的行业都将被互联网无情打击，比如传媒业、零售业、医药业、教育业。互联网的一切优势都是效率优势。这个世界是效率的世界，越来越多的人通过提高效率完成了创意和原始积累；在你还来不及思考的时候，已经把一只脚踏进了你的家门，如果你还没有觉醒，必定要被扫地出门；如果你还反应不过来，无疑将被淘汰。作者提出互联网化的发展方向：从互联网减法到互联网加法。在传递价值环节，互联网因为"消除距离"导致传递价值环节极大缩短的过程，我们称为互联网减法，就是将信息、资金、物流中的低效环节取消、替代或者提升，使传递价值环节效率提升，其核心是消灭信息的不对称性。而在创造价值环节，由于传递价值环节被互联网逐渐消除，用户终于可以采取某种方式，真正参与商品的创造价值环节。这个环节互联网是做加法，加入用户需求，因此被称为互联网加法。对于创造价值的设计和制造两个要素，最终用户能参与制造的可能性不大。在这个环节的典型案例就是小米，雷军将制造环节外包给制造商，自己则牢牢抓住设计这一要素，并在设计中通过与用户广泛且深入地互动，培养用户的参与感。而满足用户需求，创造用户价值，是一切商业的根本目的。

猪产羊毛的梦想成真

一般而言，企业能够满足的用户需求可以简单分为三个层次：功能、体验、个性。而免费，就是羊毛出在猪身上。免费有三大商业模式，包括直接交叉补贴、三方市场、免费加收费。互联网力量的来源，是它能以更高的效率替代线下竞争者。一个经典的案例是马云当年对做传统零售的卫哲说，只用增加几台服务器，就能把销售提高一倍。高速成长吸引了风险资本的进入，在风险资本的"补贴"下，互联网产品能够以免费的模式迅速积累起大量的用户，许多领先公司都能从某一成功产品发展为行业性平台，推行所谓"羊毛出在猪身上"的策略——免费提供搜索服务，却向广告客户收钱；免费提供硬件，却从软件服务收钱；免费提供开网店服务，却从推广赚钱；免费提供安全服务，却从贩卖流量赚钱；免费提供社交服务，却从游戏收钱。在移动互联时代，这一策略向更为复杂的方式进化，免费提供线上服务，却从线下收钱；免费提供 Wi-Fi 服务，从后续的服务收钱；免费提供社区服务，从交易中赢利；免费提供交易服务，从金融服务收钱，如此不断寻求跨界的机会，在大数据和云服务日益完善的环境下，形成更加高级复杂的生态系统。正如作者所言："猪产羊毛"的本质是争夺用户，在个人计算机时代形成最宝贵的流量，在移动时代获取最宝贵的时间，最终为用户创造价值。

互联网化的美好愿景

互联网来势凶猛，加快了生活节奏，加速了时间的流逝感，所以才有马云"互联网是以小时为单位竞争"的感慨。互联网发展对未来到底有何影响，作者给出自己的预测：（1）购买将可以发生在生产前：定制化，反向购买。所有面对消费者的生产行业都有可能被重构。（2）第三方付费模式将会进一步重构价值链。（3）品牌将会被重构：品牌也是信息不对称性的一种体现，这个不对称性是指信用或信任。人们不信任小品牌、杂品牌，转而去购买大品牌；作者认为品牌的内涵将有可能从基于信息不对称的信任，转变为基于用户参与的情感。传统企业如何能凤凰涅槃后重获新生，作者认为需要有决断的勇气，更要有非凡的智慧、过人的毅力；需要有战略变革的高度，更要有组织变革的深度。他还总结出有助于实现转型的3个战略建议：（1）逐步放弃基于信息不对称的既得利益，找到新的赢利点。互联网就是要让信息变得对称，不可能保护信息不对称。（2）认真权衡后做出基本决定，做产品还是做平台。如果做平台，一定要懂得怎么突破引爆点，如何用大资本来支撑运营；而做产品有两种思路，一种是做标品，苦练超级效率，做出价格特别低廉的超级大产品，才有可能成为爆品；另一种是做高附加值产品，只有你才能做得出来，无可取代，每一个都特别贵。这种产品就特别考验核心能力，是不是更懂消费者，产品是否有差异。（3）做颠覆推演，设计转型路径图，考虑在移动互联网时代，推导如何颠覆自己的公司。

阅读方式的尺短寸长　各取所需的美好未来

——《读屏时代：数字世界里我们阅读的意义》

当数字阅读以排山倒海之势来袭时，年轻人已经深陷手机须臾不能离身的机不可失氛围中，许多人杞人忧天地哀叹纸质书的末日临近。现实究竟如何，众人各执己见，莫衷一是。最近，美国语言学教授内奥米·S.巴伦在新书《读屏时代：数字世界里我们阅读的意义》中，对人们比较迷茫的问题给出清晰的答案。该书的主旨是超越怀旧和习惯的议题，归纳出纸质阅读和数字阅读引导人们以特定方式阅读的特性，以了解纸质阅读趋向数字阅读的潜在后果。作者提醒我们：过分追求数字阅读会导致固有阅读价值的丢失。

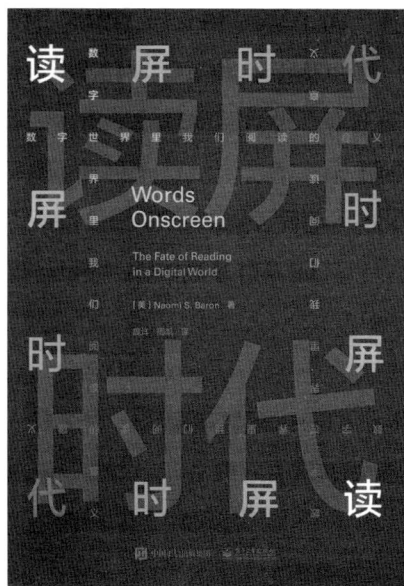

阅读方式的前世今生

该书讨论了数字阅读是否正在重塑我们对阅读的理解，比较了阅读纸质书与电子书的优劣。自古以来，有关阅读的话题一直是人们关注的焦点。各国的大众阅读率一直被认为是社会文明和进步的标志之一。世界各国的权威机构每年都会发布针对国人的阅读习惯报告，其结论均显示危机重重，不容乐观。作者指出，阅读的习俗并非一成不变，读书的目的是为了学会生活，归根结底是了解生活的每一面。书籍带给我们无数历代智者的经验和想法，从而帮人们走出狭隘。书本可以教育并娱乐人，开阔视野，将人们从悲痛中解脱，在沉闷无聊的时光中感受快乐。培根曾言：有些书浅尝辄止即可，有些书囫囵吞枣即可，而有些书就需要细细咀嚼和慢慢消化。因此在汗牛充栋的当下，需要具有一定的策略进行取舍。回溯历史，数字阅读的革命早于网络的出现，1971 年由迈克尔·哈特发起。随着"苹果"iPad 和 Kindle 数字阅读器的问世，数字阅读的浪潮接踵而至，但如何集中注意力是关键。人们为读者节约时间和金钱的历史由来已久，特别是在信息泛滥的时代。数字出版最新且最大的发展是缩短了作品的出版周期，导致以短为美的主题不断发展。毫无疑问，阅读短篇读物既充满乐趣又有教育意义。作者认为，有时候是由于时间所限，人们选择浏览而非真正的阅读。适合电子屏幕的短篇阅读潜力巨大，但深度阅读不应被抛弃，碎片化阅读会影响我们的长篇阅读。社会心理学研究已证实人们固有的看法：与阅读消遣小说或从不读书相比，阅读严肃小说能让你更具有同理心，更具备社会洞察力；而爱读小说的人在现实中更容易感同身受地理解他人。

纸墨书香与冰冷屏幕

技术的进步对阅读方式究竟有何影响？作者认为必须透过表面的大肆炒作，深入探讨其实质上的利弊，真正了解技术如何重塑人们对阅读的定义，而该书就是作者对这一问题深思熟虑后的洞见。作者比较了纸质书与电子书的差异，阐述了纸质书的独特魅力。纸质书给予我们多重的感受、嗅觉、触觉等，方便专注的阅读，不受互联网上其他信息的干扰，可以方便在书页旁边做笔记。纸质阅读是一种主动性的行为，投入了思考及互动。对于纸上的文字，人们会给出更发自内心和更深刻的回应，读者会更情绪化，能与书中的人物产生更深的联系，更渴望知道故事的结局。数字阅读的优势在于：随时有可读的东西，具有私密性，不必打印，省钱，更便利、节约成本、重量轻，可以调节字体大小，通过点击链接获得更多信息，并把免费书籍提供给全世界的读者。数字阅读时代，使用电子媒介阅读与记录更能对信息资源进行有效的整合，从而更方便管理资源与信息，以及整合它们形成一体化而成为一种新的阅读习惯与趋势。然而其弊端在于读者很容易被屏幕上的其他诱惑干扰而导致分心、经常走马观花而难以专心致志地深入阅读。凯文·凯利指出，电子书不能被拥有，只能被读取。电子书诱使我们略读而非深度阅读，引诱我们搜索式阅读而非通读全篇。对于只想读一遍的书，数字阅读最为理想。数字阅读的主要影响是改变了持续阅读与搜寻式阅读之间的平衡，并向后者倾斜。使得阅读的含义越来越多地等同于"查找信息"，而不是深思和理解。电子书就像汽车旅馆的房间一样，简洁、实惠。纸质书的特点是要花重金买一本几乎只看一遍的书。它就像家中真实存在的物品，你可以一直喜欢和珍藏着。如果将阅读比喻成驾车，数字阅读更像定速行驶，而纸质阅读更适合随意停车；电子书会加速而不会放慢阅读，而纸质阅读能提供足够的精神空间以帮助读者放慢速度，让其精力集中于阅读的内容上，并可以很方便地回顾以往的内容。讨论各自的优缺点时，阅读的目的非常重要，是为了消磨时间、放松还是工作。阅读的类型也不容忽视，休闲类文本一般只读一次，对于这种一次性阅读，纸质书与电子书的效果或许完全一样。对于篇幅较短或不需要分析和重读的消遣类文本而言，数字阅读显然毫无问题。人们越多地从纸质阅读转向数字阅读，就会越少进行重读。

数字阅读与人文危机

作者坦言：世界正从大吃小转变成快吃慢，我们被速度奴役，重视速度和效率却忽视了质量，共同屈服于快节奏的生活。它打乱了我们的生活习惯，渗透到日常生活中，迫使我们吃快餐，从而把自己搞得狼狈不堪。对数字技术日趋痴迷的关注已经影响了人与人面对面的交流，导致我们对技术的关心超过了对彼此的关爱。数字阅读还引出一个关于阅读本质的问题，阅读是个人与文本的独特互动还是实际上的一种社交体验。作者指出，数字阅读正在将我们从深度阅读导向略读。深度阅读是以缓慢和冥想的方式将一本书化为己有，而略读只是匆匆浏览表面文字，从而错过书中真正的观点。屏幕文化使我们不能长时间集中注意力，缺乏想象力，同时减少了接触抽象内容的机会。人类交流的各个基本要素如眼神交流、肢体语言、语调、音色和身体接触都会因为在线社交网络而在沟通中消失。作者也讨论过电子邮件、即时消息及短信是否会危害语言。他认为，无论语言发生任何变化，都不能将大部分责任归咎于电脑和手机。虽然电视、互联网的视觉功能或许可以极大地提高视觉智能，但付出的代价却是损害人们进行深度思维加工的能力，包括获取知识、归纳分析、批判性思维、抽象和反思的能力。相比打字机和电脑，用手写字在认知上更有优势，因为前者我们只是从预先设置好的符号里进行选择。神经影像学数据表明，手写可以帮助学龄前儿童在阅读学习方面表现得更好。数字内容转瞬即逝的特性使我们类似游客而不是主人，只想使用电子书，而不是拥有它。研究显示美国人下载的电子书中 60% 没有读过，在网上大约 57% 的书未被读完。数字阅读的本质是：即使我们关掉微博、电视专心读书，还是会有一群读者与我们一起翻阅书本，标出其中的精华部分。社交阅读中社交占主导地位，而阅读知识仅为满足社交的一个托词，社交阅读的另外一种形式源于我们阅读时作的标记。不可否认，书籍是现存最强的社交利器。互联网真正的问题是它渐渐地侵蚀了人类自我意识和从阅读中享受孤独的能力，而这些正是纸质书流行以来阅读赋予我们的。

读屏时代的独门秘籍

在这个快节奏的时代，读书的人越来越少。窃以为没有必要一味地在意电子书与纸质书的差别，如何提高读者的兴趣、吸引更多的读者更为重要。电子书与纸质书不应该是完全割裂地存在，相辅相成才会相得益彰。长久以来，阅读专家通常将读书的方式分为略读、浏览、泛读及精读 4 种。要想提炼文章主旨或找出特殊信息，略读和浏览是不错的方法，在数字时代，这种片段式阅读日趋普遍。持续性阅读中一个普遍的希冀是为了乐趣读书，其中的精读被定义为：可以促进理解的一系列复杂过程，包括推理、演绎、类比、批判性分析、反思和洞察。随着技术的发展，以及我们通过数字设备进行阅读的舒适度不断增强，阅读方式的改变仍将继续。先哲告诉我们：对待任何改变，如果不能战胜它们，那就加入它们。为此，作者给出读屏时代的独门秘籍：既要能够进行纸质阅读，又要适应数字阅读；不管是娱乐性还是学术性阅读，都要找到有效进行专注阅读的方法；面对面活动时要全神贯注，为学生和孩童树立榜样；尊重纸质版和其他任何媒介上作品的著作权；努力进行持续性阅读，阅读篇幅长且内容丰富的作品；不要以为学生知道如何进行有意义的数字阅读，我们有责任教会他们；不要只是因为读者拥有和使用许多数字设备，就以为自己知道读者的阅读偏好。时至今日，虽然数字阅读正不断侵占纸质文本已经是既成事实，但许多人依然对纸质书抱有不释情怀。笔者坚信：无论阅读的媒介如何发生变化，读书的意义亘古不变。

策　　划：王　彤
责任编辑：宰艳红
封面设计：姚　菲

图书在版编目（CIP）数据

经典伴书香／游苏宁 著 .—北京：人民出版社，2018.6（2018.8 重印）
ISBN 978 - 7 - 01 - 019355 - 7

I. ①经…　II. ①游…　III. ①书评 - 中国 - 现代 - 选集
　　IV. ① G236

中国版本图书馆 CIP 数据核字（2018）第 097184 号

经典伴书香
JINGDIAN BAN SHUXIANG

游苏宁　著

人民出版社 出版发行
（100706　北京市东城区隆福寺街 99 号）

北京盛通印刷股份有限公司印刷　新华书店经销

2018 年 6 月第 1 版　2018 年 8 月北京第 3 次印刷
开本：880 毫米 × 1230 毫米 1/32　印张：13.5
字数：320 千字　印数：11001 - 16000 册

ISBN 978 - 7 - 01 - 019355 - 7　定价：58.00 元

邮购地址 100706　北京市东城区隆福寺街 99 号
人民东方图书销售中心　电话：（010）65250042　65289539